スポーツと国際協力

スポーツに秘められた豊かな可能性

齊藤一彦+岡田千あき+鈴木直文●編著

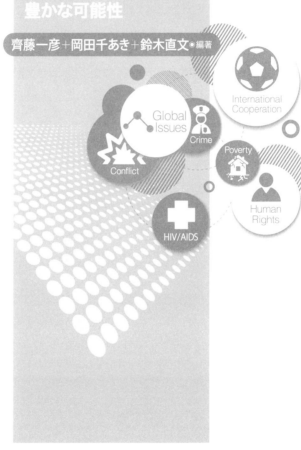

大修館書店

[編著者]

齊藤一彦	広島大学准教授	第2章-2 [3] [4]、第4章-3
岡田千あき	大阪大学准教授	第1章-1 (訳)、3、第2章-2 [1] [2]、3、第3章-2、4、第4章-1、2
鈴木直文	一橋大学准教授	第2章-3、第3章-3

[執筆者]

ケビン・ヤング	カルガリー大学教授	第1章-1
前川美湖	笹川平和財団特別基金事業室室長	第1章-2、コラム7
秋吉遼子	東京国際大学客員講師	コラム1
柾本伸悦	広島経済大学准教授	第2章-1、第3章-2
梶川三枝	Sport For Smile 創立者／代表	コラム2
木村寿一	国際武道大学准教授	第3章-1
山平芳美	国際武道大学特任助教	コラム3、第3章-6
山口拓	筑波大学助教	コラム4
白井巧	国際基督教大学非常勤講師	コラム5
與那安貴	野武士ジャパンパリ大会 (2011年) 監督	コラム6
武藤三千代	日本医科大学准教授	第3章-3 (事例研究)
伊藤益朗	ジンバブエ野球会事務局代表	コラム8
黒田次郎	近畿大学准教授	第3章-5
大矢丈之	Jリーグ事業部アジア室アシスタントチーフ	コラム9
松井完太郎	国際武道大学教授	第3章-6
久木留毅	専修大学教授	第3章-7
栗山緑	福岡大学スポーツ科学部	コラム10

(執筆順)

はじめに

　「スポーツ分野での国際協力って本当に必要？」この十数年、この手の質問を何度耳にしただろうか。

　しかし、かつては私自身が全く同じ疑問を持っていた。この疑問を持ちながら青年海外協力隊員としてシリアへ赴き、2年間スポーツ指導（陸上競技）に携わった。赴任当初は青少年への陸上競技の普及と活性化に貢献できればと活動を行っていた。活動を続けていく中で、スポーツを通じた国際協力はスポーツの普及・活性化だけではなく、現地の人々にもっと違う形での大きな影響を与えているような、何とも漠然とした感覚を持つようになった。しかし、それが一体何なのか、当時の私には言葉にして説明することが出来なかった。この謎を解明したいという気持ちから、帰国後大学院に進学し、開発途上国とスポーツをテーマにした研究活動に取り組むことになった。

　当時、この分野の研究はほとんど着手されておらず、そんな研究に意味があるのか？と時折訝しがられながら、思考錯誤の日々を過ごしていた。その頃、まだ両手で数えられる程度ではあったが、国内に同じようなテーマを持っている研究仲間の存在があった。この数少ない研究仲間で研究会を立ち上げ、開発途上国のスポーツや国際協力のあり方、またこの分野の研究のあるべき姿など熱く語った。このことがこの分野の研究を推し進める大きな原動力となっていった。当時の研究会は、大学院生やまだ定職を得ていないメンバーが多く、今思えばアカデミックとは程遠い状態ではあったかもしれない。この研究会は現在も続いており、結束の強い研究仲間となっている。

　その後、少しずつではあるが、着実にこの領域の研究論文数は増えつつある。2020年の東京オリンピック・パラリンピック開催決定を契機に、関心を持つ方々がさらに増え、最近では、この分野の特集雑誌が発行されたり、スポーツと国際協力のシンポジウムが開かれたりなど、十数年前では考えられない状況となっている。学術界の中でも

一領域として正式に位置付こうとしており、この領域を専門的に学べる大学院も設置予定である。

　とはいえ、まだ歴史の浅い領域である。なぜスポーツを通じた国際協力が求められているのか、そこにどのような意義があるのか、そしてそれは国内外では実際にどのように展開されているのか、等々これらを体系的に捉えなおした書籍は見当たらないのが現状である。そこで、前述した十数年来の研究仲間、さらには新進気鋭の若手・中堅研究者や国際協力の現場でご活躍の方々にも執筆者となって頂き、スポーツを通じた国際協力の意義と役割、またその豊かな可能性を整理・体系化しようと挑戦したのが本書である。

　私の力不足もあり、出版構想から完成に至るまでに数年もの年月を要してしまった。何せ未開拓な学問領域であり、参照できる研究論文も数少なく、用語の定義やその使い方に始まり、さまざまな箇所で議論が勃発した。今、ようやく一つの作品として完成には至ったものの、まだまだ検討されなくてはならない課題も山積しているように思う。ぜひとも、読者の皆様からのご意見、ご批判をお寄せ頂き、本書を基にした活発な議論が生まれることを大きく期待している。

　執筆者には何度も修正加筆のお願いをし、しかもかなりの無理難題を押し付けたようにも思う。長期間にわたり辛抱頂き深謝している。特に編者の一人、岡田千あき氏は、本書の中でも多くの部分を執筆され、執筆箇所以外でも執筆題材を惜しげもなく提供下さるなど、本書の完成に多大な貢献をして頂いた。改めて感謝の意を表したい。

　最後になったが、我々の挑戦を寛容に受け入れて下さり、本書の企画から完成に至るまで、多大な尽力を頂いた大修館書店の川口修平氏に、記して深くお礼を申しあげたい。

2015年1月23日

編者を代表して　齊藤一彦

Contents

はじめに……iii

第1章 国際協力としてのスポーツの可能性……1

■1──スポーツとは……2
[1]スポーツとは……2
[2]遊び・ゲーム・スポーツの三角関係……2
[3]政府、国の視点からのスポーツの定義……5
[4]社会の多様化とスポーツ……7

■2──国際協力とは……10
[1]貧しさと潜在能力の欠如……10
[2]「開発」──より豊かな社会への取り組み……11
[3]国際協力が目指すもの……13
[4]日本による政府開発援助(ODA)……15

■3──スポーツを通じた国際協力とは……16
[1]スポーツと「開発」の関係性……16
[2]スポーツを通じた国際協力の三重苦……17
[3]新たな分野としてのスポーツを通じた国際協力……20
●コラム1　5,000人が参加する駅伝大会!?──マレーシア国際駅伝──……23

第2章 スポーツを通じた国際協力の世界的動向……25

■1──国連関連機関によるスポーツを通じた国際協力……26
[1]国連関連機関の政策と意義……26
[2]スポーツを通じた国際協力の研究を進めるための課題……39

■2──ODAによるスポーツを通じた国際協力……41
[1]ODAとスポーツ……41

［2］各国ODAとスポーツ……43
［3］わが国のODAによるスポーツを通じた開発……47
［4］まとめ……59

■3──NGOによるスポーツを通じた国際協力……62
［1］はじめに……62
［2］スポーツを通じた開発NGOの地理的分布……63
［3］スポーツを通じた開発NGOの発展過程……66
［4］わが国のスポーツを通じた開発NGOの現状……75
［5］スポーツを通じた開発NGOをめぐる課題……82
［6］おわりに……86
●コラム2　世界で注目される新しいスポーツのチカラ……89

第3章 スポーツを通じた国際協力の分野……91
■1──教育とスポーツI……92
［1］開発途上国におけるスポーツの役割……92
［2］開発途上国の体育・部活動：ジンバブエ共和国を例に……98
［3］開発途上国における体育と部活動の考え方……101
［4］学校教育におけるスポーツを通じた国際協力を志すにあたって……106
●コラム3　子どもたちの笑顔のために……109
●コラム4　スポーツを通じた国際開発の実践
　　　　　　──NPO法人ハート・オブ・ゴールドのカンボジアでの実践から──……111
●コラム5　体操着がやって来た！──海に囲まれた島国の体育事情──……113

■2──教育とスポーツII
────**ノンフォーマル教育からみたスポーツ活動の可能性**……115
［1］ノンフォーマル教育とは……115
［2］スポーツに関するノンフォーマル教育の事例……120
［3］総括──ノンフォーマル教育からみたスポーツ活動の特徴……127
●コラム6　もう一つのサッカーワールドカップ
　　　　　　──ホームレス・ワールドカップに参加して──……130

■3──健康とスポーツ……132
　[1] はじめに……132
　[2] 健康の定義……132
　[3] 開発における健康とスポーツ……135
　[4] 健康体力調査による国際協力……141
　●**事例研究**──カンボジアにおける健康体力調査……142
　[5] まとめ……145
　●**コラム7**　泳ぐことで救える命がある
　　　　　　──ワールド・スイム・アゲインスト・マラリアの活動──……148

■4──HIV/AIDSとスポーツ……150
　[1] HIV/AIDSの世界規模での広がり……150
　[2] HIV/AIDS問題の解決、緩和に向けて……153
　[3] HIV/AIDS啓発とスポーツ……155
　[4] スポーツを通じたHIV/AIDS啓発……156
　[5] HIV/AIDS問題に対してスポーツができること……162
　●**コラム8**　ジンバブエの夢球場……167

■5──スポーツとCSR……169
　[1] プロスポーツ界の社会貢献……169
　[2] アメリカのプロスポーツのCSR事例……171
　[3] 日本のプロスポーツのCSR……176
　[4] ブランドとしての社会貢献活動……180
　●**コラム9**　スポーツ界からの貢献……185

■6──障害者スポーツと国際協力……187
　[1] 障害者スポーツを通じた国際協力というフィールド……187
　[2] 障害者スポーツ支援と開発途上国支援のアナロジー……191
　[3] 障害者がスポーツを行う意義……193
　[4] 関係者のモチベーション維持……197
　[5] インターネットを通じた国際協力……199

■7──オリンピックを通じた国際交流と貢献……202
［1］オリンピックと国際平和……202
［2］オリンピック・コングレスにおける国際交流と貢献の推進……204
［3］ユースオリンピックゲームズを通じた国際交流と貢献……206
［4］近年の国連とIOCの動向……210
［5］日本におけるオリンピックを通じた国際交流と貢献の動向……212
［6］まとめ……214
●**コラム10**　スポーツと平和……217

第4章 スポーツを通じた国際協力の将来展望……219

■1──「スポーツと国際協力」の新しい時代へ……220
［1］東京オリンピック招致とスポーツ・フォー・トゥモロー……220
［2］スポーツ庁の設置へ……223

■2──スポーツを通じた国際協力を進める際の留意点……225
［1］グローバル化の流れの中で……225
［2］スポーツの特性の光と影……226

■3──スポーツを通じた国際協力に携わるには……228
［1］開発途上国での経験……228
［2］専門性──学位のもつ意味……229
［3］専門性を身につけるには……230

第1章

国際協力としての
スポーツの可能性

- ■1──スポーツとは
- ■2──国際協力とは
- ■3──スポーツを通じた国際協力とは

■1
スポーツとは

概要●スポーツとは何か。スポーツ文化はいかにして生まれ、私たちの社会にどのような影響を与えているのか。そのことを理解するために、ここではまず、「遊び」「ゲーム」「スポーツ」の三角関係を整理する。その上で、国家・政府の視点からスポーツの定義をめぐる動向を紹介する。

[1] スポーツとは

　スポーツは、世界中で非常に人気があり、人々の生活に密着した社会的慣習の一つと言える。たとえ食糧の確保や健康の維持が困難であっても、そしてただ単に生き延びることが「遊び」よりも優先順位が高くても、また、いわゆる「商業化されたスポーツ」についてほとんど知る機会がない極度の貧困下においても、多くの人々がスポーツに関する認識をもっており、なんらかのスポーツに参加している。スポーツに対する従来の概念を広げて遊びやゲームの類も含めると、ほとんどの国々において、家族と過ごす時間や仕事の時間を除けば、スポーツほど人々の生活時間を占めている社会的慣習はみられない。競技者、すなわちトップアスリートとしてスポーツを行う人にとってはスポーツは仕事の場でもあるが、大半の人にとって、遊びやゲーム、スポーツは、生活における余暇の一つである。一流競技者、プロ選手と呼ばれるアスリートが、選手として仕事をすることによってしばしば多くの報酬を得ている一方で、遊びやゲーム、スポーツに参加するほとんどの人々は、娯楽として、または単に「好きだから」という理由でスポーツを行っている。

[2] 遊び・ゲーム・スポーツの三角関係

　体を動かす文化がいかにして生まれ、コミュニティにどれほど大きな影響を

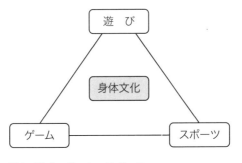

図1 遊び、ゲーム、スポーツ

与えているかを理解するためには、「遊び」「ゲーム」「スポーツ」の3つの単語の意味の違いを整理する必要がある。これらの単語は、しばしば近い意味で用いられ、同じ概念を指すことも多い。「遊び」「ゲーム」「スポーツ」には明らかな関連があり、図1のように身体文化を中心に三角形の頂点を構成しているが、重要ないくつかの点において各々が異なる意味を有している。

①遊びとは

「遊び」は、子ども時代に始まり、一生を通じて続くものである。決まった開始時間や終了時間がなく、自律的で自由な活動であり、場所を選ばずにいつでもどこでも行われる。一定の空間があれば十分であり、特別に整備された競技場やコート、リンク、プールなどは必要とされない。また、「遊び」には、自由な表現や探検の類も含まれ、例えば、子どもが校庭で誰かの真似をしたり、海岸で走ったり、踊ったりしているのも「遊び」に含まれる。「遊び」の最もわかりやすい特徴は、おそらく、結果が重要でないという点であり、実際、楽しみや喜びを提供する以外、「遊び」自体に、期待され、約束されていることは、何もない。多くの研究者が、「遊び」の本質や意味を研究しているが、なかでも最も有名なのは、オランダの歴史研究者、ヨハン・ホイジンガの『ホモ・ルーデンス』[*2]であり、この中でホイジンガは「遊び」の3つの特性——①表現が自由で体系化されていない、②普段の生活から独立して別のものとして存在する、③特定の目的や目標がない、を明確に示した。スポーツ社会学者を含め、現代

---

*1 ここでの身体文化とは、単に「身体を動かす」ことや「身体活動」を意味するだけでなく、行われる身体活動が意味づけの基盤となる文化規範や社会通念（例えば、性差の捉え方など）を含むものである。

*2 ヨハン・ホイジンガ著の『ホモ・ルーデンス』は、1950年に英訳、1963年に高橋英夫により『ホモ・ルーデンス　人類文化と遊戯』（中央公論社）に邦訳された。

における人間行動の研究者は、ホイジンガの「遊び」に関する視座の改良を重ねているが、彼の初期の著作は半世紀以上経った今も広く引用され、その後の研究に多大な影響を与えている。

②ゲームとは

「ゲーム」には、時間、場所、地形の制約、境界線などの取り決めがあることから、一定レベルで体系化された活動とみなすことができる。「ゲーム」の実施には、公式あるいは非公式のルールが用いられ、勝者と敗者という単語が共通して用いられる。「ゲーム」は本来、「競争的である」という性質をもち、参加者は精神的な駆け引きと身体的な技術を用いて勝敗を競う。比較的活動量の低い「ゲーム」としては、トランプやボードゲーム、テレビゲーム、あるいは文字を書いたり、絵を描いたり、演じたりするようなゲームがあるだろう。これらの「ゲーム」は、運動の体系化や身体活動の強度という意味において、フリスビーフットボールとも呼ばれるアルティメット・フリスビー[*3]、ストリートホッケー[*4]、かくれんぼなどの比較的活動量の多いゲームとは異なるが、これらの活動のすべてにおいて勝敗が重要であることは共通している。

③スポーツとは

「遊び」「ゲーム」と「スポーツ」の最も大きな違いは、体系化の程度と何を争っているかにあるだろう。これは「スポーツ」が本格的な、言い換えれば非常に高いレベルで体系化されていることを意味し、管理、統制、規律などの基準をもとにルールを標準化し、身体活動行為そのものを組織化していることを示している。すなわち「スポーツ」は、「遊び」や「ゲーム」をより特殊な形に体系化したものと考えることができ、これにより「スポーツ」は他のものとは違う「独自の性質をもつもの」と位置づけられている。コークリーとドネリーは、スポーツを「個人的な楽しみや報酬獲得に動機づけられた参加者が、激しい身体運動や比較的複雑な身体技法を用いて行う慣習化された競争活動」と定義している（Coakley, 2009）。「スポーツ」は、「遊び」や「ゲーム」（なかでも体力が明らかに、あるいは厳しく求められないゲーム）と異なっているがゆえに、身体的な調和や強さ、スピード、柔軟性、忍耐を必要とする、ということは一般的に理解されやすいであろう。そのため、チェスは、通常はスポーツとみなされないが、ダーツやビリヤード、ボウリングについては、バタフラ

[*3] フライングディスク（いわゆるフリスビー）を用いて、コート内でパスをつなぎ、相手陣のエンドゾーン内でキャッチすることによって得点を競うゲーム。

[*4] グラウンドや体育館などにおいて、アイスホッケーのルールを用いて行われるゲーム。アイスホッケーで使われるパックの代わりに弾みにくいボールが使用される。

イで泳いだり、フィギュアスケートをしたり、長距離を走ったりするよりも活動強度は下がるものの、スポーツとみなされるのである。

多くの研究者の間で三角形の頂点をなす「遊び」「ゲーム」「スポーツ」の基本的な差異については意見が一致しているが、一部の人にはスポーツと考えられるものでも他の人には考えられない、またその逆の場合もある。さらに、かつて、スポーツの過剰な商業的側面の強調に対抗する手段として取り入れられた「遊び」や「ゲーム」が、後に体系化された「スポーツ」となり、その一部は、プロスポーツとして発展したことからも、人間が行う様々な種類の身体活動や身体文化は、3つの頂点をもつ三角形に当てはめた時に、必ずしも関係性が定まっているとは言えないことがわかる。典型的な例では、1960～70年代に始まったスケートボードや水上、雪上のトリックスキーなど、いわゆる「前衛的」で「マイナーな」活動があるが、これらは高度に体系化され、過激で商業的な形に変貌を遂げた「スポーツ」である。最近人気が高まっているXゲームズ（エクストリームゲームズ[*5]）がその一例である。

[3] 政府、国の視点からのスポーツの定義

一部の国の政府が採用している「スポーツ」の定義が、コークリーとドネリーによって明確に示されている（Coakley, 2009）。スポーツカナダ（カナダのスポーツ振興のための公的機関）は、スポーツを「公正で倫理的な手段をもって勝者を決めることを目的に、2名以上の参加者間で行われる、競争のために組織化されたルールを有する身体活動の形態」と定義している。ここで重要なのは、スポーツカナダが、「スポーツ」の定義の範囲に「ゲーム」や「遊び」を含めていないことである。ここから、長年に渡るスポーツ政策策定の際の中心概念として採用されたのは、「ある程度組織化されたレベル」から「高度に組織化されたレベル」のスポーツであったことがわかる。

カナダでは、早くから市民やコミュニティを活気づけ、社会のあらゆる障壁を打破し、より健全でまとまりのある社会を作るために「組織化されたスポーツ」の力に期待を寄せてきた。この際問題となるのは、当然ながらすべてのコ

---

*5 夏季、冬季に開催されるエクストリームスポーツの祭典。エクストリームスポーツとは、通常のスポーツより過激な要素（危険度や高さ、速さなど）をもつことが特徴とされているが、ファッション、音楽などの若者文化と密接に関係することから、「過激」という以外にも広い定義をもつ。山、海、川といった自然の中で競われるものやバイクやスケートボードといった「乗り物」を用いるものもあり、様々な特徴を有している。

ミュニティが、高度に組織化されたスポーツを行う手段や資源を持ち合わせていないことである。誰もが望みさえすればスポーツを行うことができるという前提を容易に立てることはできず、特に、貧困の中で生きている人々、戦時下にある人々、定番の商業化されたスポーツにアクセスできない、またはそのようなスポーツの文化的価値を認識していない文化圏の人々の視点から見ると「スポーツ」を行う環境は極めて不平等である。

　例えば、カナダの労働者階級のコミュニティで非常にきつい肉体労働をする人々が、身体的に疲労困憊している1日の終わりにジムに行く姿は想像しがたい。また、例えば、経済的に貧しい開発途上国の一部では、(広くアフリカ文化圏でよく見られるような)「遊び」のように身体の動きが簡略化されているスポーツの原型のような活動しか行われていない。アフリカの国々でもサッカーが行われるが、紐を使って草や紙を丸め、木の枝をゴールポストに見立てている。

　このように行われている活動が、「スポーツ」とみなされるか否かは、そのスポーツを取り巻く社会的かつ経済的な環境に左右される。カナダでは、富裕層がゴルフやテニスといったカントリークラブ的なスポーツをし、中産階級の人々はトレーニングのためにジムに通う一方、労働者階級にある先住民族は、歴史的に重要視されてきた「民族ゲーム」をよく行っている。民族ゲームは、努力や知識のほかには、資源をほとんど何も必要としない活動（Heine and Young, 1997）と説明される。

　「遊び」「ゲーム」「スポーツ」について、政策上の定義の違いを理解することは重要である。「スポーツ」について非常にあいまいな定義が付与されることがしばしば問題視されてきたが、カナダのような国々では、むしろ近年になって政府機関が公に「あいまいな」定義を支持し始めている。例えば、『開発と平和に向けたスポーツの力の活用』(Harnessing the Power of Sport for Development and Peace, 2008) の中で、スポーツは、「遊び、レクリエーション、組織化されたスポーツまたは競技スポーツ、先住民のスポーツやゲームなど、心身の健康や社会交流に貢献するあらゆる形態の身体活動」と定義されており、この定義には、3つの三角形の頂点がすべて盛り込まれている。

　世界的に有名なスポーツを通じた国際協力を行う団体であるライト・トゥ・プレイは、この資料の作成に深く関与しており、実際の活動においても開発と平和に貢献するあらゆる形態の身体活動を手段として用いている。このように近年、他の多くの国々と同様にカナダのスポーツ政策においても、スポーツに関わるアクセスや費用などの周辺環境の問題に、より包括的かつ細心の注意を

払うべきであるという認識が生まれつつある。それは、スポーツ政策の存在そのものが、極端な場合には多くの人々を排除し、スポーツから隔絶することになるという矛盾を生みかねないためである。このことは、非常に限定的にスポーツを捉えていた従来の「上から目線」から脱却し、とりわけ社会的に困難な状況に置かれた人を含めたあらゆる人々のために社会の発展を目指すという、身体活動に本来備わっている価値を尊重する方向へと向かっていることを示している。

[4] 社会の多様化とスポーツ

　社会におけるスポーツの価値に関する議論は、スポーツ社会学研究の根本を成すテーマの一つである。それはスポーツが、何もないところや社会（そして経済、文化、政治など）に関連のない環境では存在し得ないからである。スポーツは（ゲームや遊びといった非常に緩やかに組織化された形態のものでさえ）、歴史や社会の文脈の中で構築されるものであり、グループが違えばスポーツが意味するところも異なる（Donnelly and Young, 1985）。さらにスポーツは、より広範な社会構造や開発過程から独立して発展することは決してない、というのも最も重要な視点の一つである。参加がどのように行われていようとも、スポーツが社会的行為であるという事実は、少なくとも以下の4つの文脈をもって再認することができる。

(1) スポーツは他の社会的慣習と密接に関係している——他の主要な社会的慣習として、経済（例えば、報酬や施設費用、大会開催とその際のセキュリティ、賞金や賞品と利権、広告）、政治（イデオロギーやプロパガンダ、象徴としての機能）、家族（家族が予定を立てたり、変更したりする際の決定要因）、教育（学校での評価や価値、フェアプレーや規律、スポーツマンシップ）、性の問題（性差、性的特徴や、引きしまって逞しく魅力的なスポーツ体型のマスメディアでの取り扱い）、宗教（世俗の宗教として、また、アスリートの神格化、祈りの場としての競技場、信徒としての観衆、スポーツの迷信や神話が形成する信仰体系）などが挙げられる。

(2) スポーツは社会との関わりにおいて組織化されている——どの競技のスポーツイベントも、これまで踏襲されてきた社会における「パターン」を反映している。例えば、あるスポーツでは、男性だけが参加することができ、女性は参加できない。ある民族グループは、スポーツ界に「存在しない」こととされている。同様に、スタート時には、（例えば、誰が勝者で誰が敗者か）

結果がわからない試合のフィールドで予想し得なかったことが起こっている。言い換えれば、スポーツの場で発生するあらゆる事象は、マクロな意味でもミクロな意味でも社会学的に理解することが可能である。

(3) スポーツから文化の捉え方に関するヒントが得られる――スポーツがいかなる状況下でも行われるようにするためには、スポーツの形態が適切なものであることはもちろん、文化的な意味を持ち合わせていることが重要である。スポーツの中には、ある国々では行われており人気があるが、その他の国ではそうではないという場合がある(例えば、アルペンスポーツはスイスやオーストリアなどの国々では人気があるが、気候、地形、文化などが異なるアフリカの国々ではほとんど知られていない。日本の相撲はヨーロッパ文化圏ではほとんど行われていない)。スポーツの中には、異なる文化に適合する形で変化が加えられるものもある。サッカーの起源となった民族ゲームは、オーストラリア、北アメリカ、ヨーロッパで形態や構造が大きく異なっていたと推測されるのはそのためである。

(4) 社会的な変革の中には、スポーツを通して行われるものがある――社会がスポーツを通じて再生し、変化する様子はしばしばみられ、これらが社会階級の現実を表象する場合もある。スポーツの場において子どもたちは何らかの社会的な役割を担うことになり、人々は対人関係の中で緊張感をもちながら協力することを学ぶ。また、スポーツそのものに変化がないわけではなく、スポーツの場においても社会運動が起こり得るという認識も重要である。暴力反対、フェミニズム運動、市民権闘争、性的マイノリティの権利の確保、反グローバリゼーションなどの運動をスポーツの世界で目にするのはそのためかもしれない。

端的に言うと、人間の身体文化の形態(「遊び」「ゲーム」「スポーツ」)が異なっていたり、参加するグループの性質が大きく異なっていたとしても、身体文化の世界が、世界中で大きな意味をもっていることは確かである。どのような形態をとるにせよ、特に以下の3点を考える上でスポーツが役立つであろうことが複数の社会学者によって示されている。①文化(例えばスポーツ)は、他の社会的慣習や社会の発展といかにリンクしているか、②何に意味があって、何に意味がないかという点で、社会と社会の間にどのような差異があるのか、③「遊び」は、いかにして参加者が文化的規範、政治的イデオロギー、市民としての自由、正義を学ぶ場となり得るのか、である。

重要なことは、スポーツほど日々の生活の中で自然に「社会」を学ぶことに

貢献する可能性にあふれる社会的慣習など、他にはほとんどないであろうということである。

（ケビン・ヤング、訳：岡田千あき）

[参考文献]

Coakley, J. and Donnelly, P. (2009) Sports in Society: Issues and Controversies. New York: McGraw-Hill (Second Edition).

Donnelly, P. and Young, K. (1985) "Reproduction and Transformation of Cultural Forms in Sport: A Contextual Analysis of Rugby." International Review for the Sociology of Sport, 20 (1/2): 19-39.

Huizinga, J. (1950) Homo Ludens: A Study of the Play Element in Culture. Boston: Beacon Press.

Heine, M. and Young, K. (1997) "Colliding Identities in Arctic Canadian Sports and Games." Sociological Focus, 30 (4): 357-372.

Harnessing the Power of Sport for Development and Peace: Recommendations to Governments (2008) 'Right to Play' (Secretariat to The Sport for Development and Peace International Working Group). Ottawa: Government of Canada
http://www.righttoplay.com/news-and-media/Documents/SDPIWG_Summary_Report.pdf

Sport Funding and Accountability Framework (September, 2009) 'Canadian Heritage' (Sport Canada). Ottawa: Government of Canada.
http://www.pch.gc.ca/pgm/sc/pgm/cfrs/criteriasfaf4-eng.pdf

■2
国際協力とは

概要●国際協力とは、国際社会の平和と安定、発展のために、開発途上国・地域の人々を支援することである。第二次世界大戦後、先進諸国から開発途上国への積極的な支援が行われるようになった。そして近年では、中国やブラジルなどの新興国による途上国への支援活動も活発になっている。

[1] 貧しさと潜在能力の欠如

　貧困は多面的な概念であり、時代によってもその定義は変遷しているが、まず始めに貧困を絶対的貧困と相対的貧困とに分けて考えることが必要であろう。絶対的貧困とは、最低限の生存・生活を充足させるための基準を設け、その基準を「貧困ライン」と定義し、その基準を満たすだけの所得がない状態を指す。一方、相対的貧困とは、ある社会の中で所得別に分類したグループの中で、最も所得の低いグループに属する人々の状態を指す。また、相対的貧困とは、「貧困」が各々の時代や場所における生活様式や経済の発展段階に応じて異なることを認め、あえて絶対的な定義で規定しないという考え方である。

　世界銀行は、購買力平価に基づいた為替レートを利用して、1人1日1.25ドルを貧困ラインに設定している。その尺度に基づくと、世界では2011年の時点で依然、7人に1人、約10億人の人々が極度の貧困状態におかれ、1日1.25ドル未満で生活している。そして、国連の統計によると世界の開発途上国の中でも特に貧しい後発開発途上国（Least Developed Country：LDC）は、2014年時点で48か国ある。LDCでは、1人当たり国民総所得（Gross National Income：GNI）が、年間約10万円（905ドル）を下回っている。

　近年、アジア地域を中心に世界的に絶対的貧困人口は減少しつつあるが、世界における所得格差はむしろ拡大している。世界的な貧困を完全に解消し、格差のない社会を実現するためには、地球上の国々の社会・経済の状況を完全に

等しくしなければならない。それは、いわば原始共産制的世界の実現を意味するが、これは現実的とは言えないだろう。一方、資本主義はむしろ人間社会に存在する格差を利用し、人々の間に競争を促し、生産活動を活発化させようとする。近年の開発の目標は、開発途上国をこうした資本主義社会へと軟着陸させること、そして極度な貧困状態にある人々を救済することにその主眼が移っている。

国際的な貧困の定義は様々あるが、代表的なものとして、経済協力開発機構（Organization for Economic Co-operation and Development：OECD）の下部機構である開発援助委員会（Development Assistance Committee：DAC）による貧困の5つの要素を挙げる。それらは、①所得や資産といった経済面、②人権や自由といった政治面、③立場や尊厳といった社会・文化面、④保健や教育といった人間面、⑤脆弱性への保障や保護面、である。これは貧困の程度をみるのではなく、その多様な側面を理解しようとするものである。

このような所得以外の要素も加味した貧困状態を測る政策的な指標として、1990年に国連開発計画（United Nations Development Programme：UNDP）によって、人間開発指標（Human Development Index：HDI）が提唱された。現在のHDIの構成要素は、1人当たり国民総所得（GNI）、就学年数、出生時平均余命である。このHDIの構築に関わったアマルティア・セン[*1]は、貧困とは単なるモノの欠如ではなく、人が何を成し得るかという潜在能力（capability）の欠如であると指摘する。人の潜在能力とは、その人にとって達成可能な異なった機能（functionings）の組み合わせであり、機能とは、個人の人生において価値をもつ行動や状況を示している。

[2]「開発」──より豊かな社会への取り組み

「開発」とは、西欧諸国がたどってきた工業化と近代化への道筋が発展の王道であり、すべての途上国はその経路を遅れて進んでいくという「単線的近代化論」に依っている。そして、その近代化のプロセスを進むことを助けるのが開発援助である。「開発」は英語ではdevelopmentであるため「発展」とも訳される。英語のdevelopmentとは、閉じられたものを開くことを意味するde envelopに由来する。そこから転じて「潜在的、原初的、未成熟的などの状態

＊1 アマルティア・センは、1998年にノーベル平和賞を獲得したインドの経済学者である。経済学による貧困撲滅の限界を指摘し、ケイパビリティアプローチを提唱した。ケイパビリティアプローチは、1980年代に主流となる「人間開発」の概念の基礎となった。

から、可視的、活動的な状態や、精緻さや大きさ、完成度が向上した状態になったり、そうさせたりすること」(川田、1997年) を指す。日本語の「開発する、される」は他動詞であり、ある特定のものや地域を「外部から」開発するという意味合いが強い。一方、「発展する」は自動詞で、個人や集団の活動が活発になったり、進歩していくという意味合いを含んでいる。

開発は、西欧社会の単線的近代化論に依拠しつつ、1960年代以降に旧植民地国が新しい国家を建設する際のイデオロギーも提供した。旧植民地国には、旧宗主国からの独立を下支えする新しい思想と国家目標が必要であり、このような方向性は、Developmentalism (開発主義) として促進された。旧植民地国の新しい政府が、旧宗主国の発展を模倣しながら経済的な発展を第一に考えることが、旧宗主国との関係を基本的には維持しつつ、新国家の独立に意味をもたせるために重要であったためである。

より具体的に開発とは、
(1)望ましい社会のあり方
(2)長時間かけて社会が変化していく過程
(3)政府やそれ以外の組織が社会を意図的に変化させようとする行為
といった意味をもっている (Thomas, 2000)。

第二次世界大戦後の1949年に行われたアメリカのトルーマン大統領の就任演説を契機に開発という考え方が定着していく。この演説の中で、トルーマン大統領は"underdeveloped"(低開発)という言葉を用いて、「科学の進歩と産業の発展がもたらした我々の成果を、低開発国の状況改善と経済成長のために役立てよう」と呼びかけた。アメリカによってヨーロッパに供与された復興援助プログラムであるマーシャル・プランを契機に現代の開発援助は開始された。戦前は、国内の貧困問題は国内で対処すべき課題とされていたが、戦後、世界は先進諸国と開発途上国とに二分され、その格差が南北問題として言及されるようになった。国連は、1961年からの10年間を「開発の10年」と呼び、開発途上国の経済成長率の年間5%向上を目指す初めての取り組みが実施された。経済成長に主眼を置いた開発援助は、冷戦下の世界において東西陣営による援助合戦として繰り広げられた。しかし、1990年代に入り、先進諸国では長年の開発援助の効果を疑問視する声が広がり、経済状況の悪化なども相まって「援助疲れ」がみられるようになった。

[3] 国際協力が目指すもの

①国際協力の種類と担い手

　開発を通じてより豊かな社会を実現するための一つの手段として、国際協力が挙げられる。国際協力とは「国籍の異なる複数のアクターが、それぞれの最終的な目的は異なっても、あることを達成するのに一緒に努力すること」とされ（髙木, 2004）、国際協力に関連する枠組みとして、国際貢献、開発援助、政府開発援助（Official Development Assistance：ODA）が挙げられる（図2）。いずれも途上国の人々に対する支援の要素を含んでいるが、最も広い範囲の活動を含むのが、国際貢献でこの中には軍事的貢献も含まれている。そして、開発援助とは、主に先進国によって途上国の開発のプロセスを支援するために資金や技術などを移転する取り組みであり、開発援助が政府によって実施される場合にODAと呼ばれる。国際協力について考える時、しばしば「国際公共財」という概念が用いられる。国際公共財とは、地球環境、国際交通網、国際的な平和や公正などを総称し、その便益は複数の国や地域の人々によって享受される。例えば、国連憲章で謳われている世界の平和、開発、安全保障の促進もまさに国際公共財を供給するための取り組みであり、この国際公共財の利用と維持整備の場面で国際協力が実行されている。

　政府開発援助には、二国間援助（bilateral assistance）と多国間援助（multilateral assistance）があり、さらに資金が贈与（無償）か借款（有償）かによっても分類できる（斎藤, 2005）。日本による二国間援助では、日本がもつ経験や知見を活かした援助ができる一方で、日本が経験したことがない課題については援助のために必要な知見をもたないという側面もある。多国間援

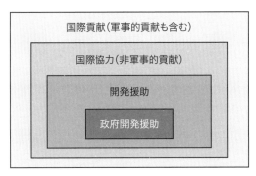

出所：下村ほか（2009）p.4をもとに筆者作成
図2　国際協力に関連する諸概念

助は、国連などの国際機関によって実施され、世界における最も有効な処方箋をもって問題解決にあたることができるというメリットがあるが、資金を提供するのみで顔の見えない援助にならざるを得ない。

　そして、国際協力には多様な担い手が関わっている。協力の主体は、先進国、開発途上国自身、そして、政府間のみならず、非政府組織（non-governmental organizations：NGOs）による支援や協力もある。近年では、中国やブラジルなどの新興国による途上国等への援助活動も活発であり、対象分野も経済・社会分野に限らず、スポーツを含む文化交流や日本語教育など多様化している。

②国際協力の指針としてのミレニアム開発目標（MDGs）

　2000年に開催された国連ミレニアム・サミットにおいて、189の国連加盟国代表が、21世紀の目標として、より安全で豊かな世界づくりへの協力を約束する「国連ミレニアム宣言」を採択した。さらにその後、この宣言と1990年代に開催された主要な国際会議やサミットでの開発目標をまとめた「ミレニアム開発目標」（Millennium Development Goals：MDGs）が合意された。MDGsは、2015年までの1日1.25ドル未満で生活する人口比率の半減を核とする8つの目標を掲げ（図3）、これまでの国際的な開発目標と合意を一つの枠組としてまとめたものである。比較的単純な数値目標と期限を明示したことには意味があり、現在では、MDGsは途上国の国家計画や貧困削減戦略、そして、先進国の援助政策の指針となっている。2010年には、世界の貧困人口の比率を半減する目標は達成され、現在は、2015年以降の貧困削減・開発目標を設定するための取り組みが、国連を中心に活発に行われている。

 ゴール1 貧困と飢えをなくそう

 ゴール2 みんなが小学校に通えるようにしよう

 ゴール3 ジェンダー平等と女性のエンパワーメントを推進しよう

 ゴール4 子どもの死亡率を減らそう

 ゴール5 妊娠・出産する女性の健康状態を改善させよう

 ゴール6 HIV/エイズ、マラリア、その他の病気が広がることを予防しよう

 ゴール7 人々の生活の向上と地球環境の保全を両立させよう

 ゴール8 みんなで協力して世界から貧困をなくそう

図3　ミレニアム開発目標（MDGs）[*2]

[*2] UNDPホームページ　http://www.undp.or.jp/mdgsafrica/ [2015.01.09]

[4] 日本による政府開発援助（ODA）

　日本では、アジア諸国に対する戦後賠償という独自の背景をもって開発援助が開始された。国際的な平和と安定のために軍事的手段を行使できないこともあり、ODAを含む国際協力は重要な外交手段の一つである。日本のODAの実績は、2010年には約8,600億円（約110億ドル）で米、英、独、仏に続く世界第5位の拠出国となっている。現在の日本のODAのいわば憲法ともいえる「ODA大綱」[*3]の中で、日本のODAの目的は、「国際社会の平和と発展に貢献し、これを通じて我が国の安全と繁栄の確保に資することである」とされており、この目的を達成するため、①開発途上国の自助努力支援、②「人間の安全保障」の視点の重要性、③公平性の確保、④わが国の経験と知見の活用、⑤国際社会における協調と連携、を基本方針として示している。さらに、重点課題として、①貧困削減、②持続的成長、③地球的規模の問題への取り組み、④平和の構築、を挙げている。また、日本と緊密な関係をもち、日本の安全と繁栄に影響力をもつアジアを重点地域であるとし、アフリカについても、多くの後発開発途上国を抱え、紛争や深刻な開発課題を有していることなどから、必要な支援を行うとしている。

（前川美湖）

[参考文献]
外務省（2011）『2011年版政府開発援助（ODA）白書　日本の国際協力』外務省.
川田順造（1997）「いま、なぜ『開発と文化』なのか」、川田順造・岩井克人・鴨武彦・恒川惠市・原洋之助・山内昌之編『いま、なぜ「開発と文化」なのか』岩波講座開発と文化1、岩波書店.
国連開発計画（2011）『人間開発報告書2011：持続可能性と公平性—より良い未来をすべての人に』.
後藤一美・大野泉・渡辺利夫編（2005）シリーズ国際協力第4巻『日本の国際開発協力』日本評論社.
斎藤文彦（2005）『国際開発論—ミレニアム開発目標による貧困削減』東京大学出版会.
下村恭民・辻一人・稲田十一・深川由起子（2009）『国際開発—その新しい潮流』有斐閣選書.
髙木保興編（2004）『国際協力学』東京大学出版会.
Nussbaum, Martha and Sen, Amartya (1993) The quality of life, United Nations University.
Thomas, Alan (2000) "Meanings and Views of Development," in Allen, Tim, and Alan Thomas eds., Poverty and Development into 21st Century, Oxford, Oxford University Press.

---

*3　1992年に制定され、2003年に現在の新大綱に改定された。新大綱では、「国民的利益」、すなわち国益の重視が盛り込まれたことが特徴である。2014年現在、新大綱の改定からも10年以上が経ち、さらなるODA大綱の見直し作業が進められている。

■3
スポーツを通じた国際協力とは

概要●スポーツと国際協力をどのような関係で捉えることができるであろうか。本書では両者を「スポーツを通じた開発」という概念で理解する。それは、一見するとスポーツとは関係が薄いと考えられる社会課題の解決にスポーツのもつ力を動員しようとする考え方である。しかし、こうした考え方は未だ一般的ではなく、市民権を得ているとは言い難い。

［1］スポーツと「開発」の関係性

　「スポーツ」と「国際協力」「開発」という単語の示す意味を明らかにしてきたが、ここでは、スポーツと国際協力のつながりを考えてみたい。国際協力とほぼ同義の「開発」とスポーツの関係性を見てみると、例えば図4のように整理することができる。

　「スポーツの開発」(Development of Sport) は、スポーツのあらゆる側面からの発展を目指した活動や研究を意味している。例えば、ボールを遠くに投

スポーツの開発（Development of Sport）
・スポーツ振興の形
・スポーツ界全体の発展

スポーツと開発（Development and Sport）
・スポーツが個人・社会・国に及ぼす影響
・スポーツに関わる世界の発展

スポーツを通じた開発（Development through Sport）
・スポーツによる個人・社会・国の変化
・スポーツによる様々な分野の発展

図4　スポーツと「開発」の関係性　　　　出所：岡田 (2011)

げるための動作、より速く走るためのコンディション作り、スポーツのもつ教育的な意味、スポーツによって地域にもたらされる経済効果、試合の場での緊張とパフォーマンスなど、スポーツにまつわる多種多様な課題に関わる分析が存在し、現在も世界中で、文系、理系、文理融合の様々な分野において研究が進められている。

「スポーツと開発」(Development and Sport) は、スポーツが個人や集団、社会や地域に与える正負の様々な影響を検証しようとするものである。日本では、1980年代にリゾート法が施行され、国際的にもスポーツ施設の複合化やレジャーの多様化に伴う大型リゾート開発が増加した。オリンピック大会をはじめとする国際大会では商業化が加速され、スポーツが「儲かる」産業として注目を集め始めたのもこの頃からである。しかし一方で、スポーツによる自然環境の破壊が問題視され、環境に配慮しながらスポーツの発展を目指すことが重要であるという論調が生まれる。急速に発展する社会の中で、スポーツが与える負の影響とスポーツ振興のバランスに関する研究が求められ始めたのである。

本書で扱う「スポーツ」と「開発」は、上述の2つに当てはまらない第3の分野である「スポーツを通じた開発」(Development through Sport) を意味している。スポーツを通じた開発とは、一見、スポーツとは関係が薄いと考えられる社会課題の解決にスポーツのもつ力を動員しようとする考え方である。ここでの社会課題とは、「地球規模の課題」(Global Issue) と呼ばれる、例えば、貧困、紛争、ジェンダー、感染症、HIV/AIDSなどといった国際社会での課題を示す場合が多く、単一のプロジェクトや団体、国や地域組織などでは解決が困難であり、時には複数分野にまたがるものである。

これらの課題は、特に開発途上国で深刻であり、国際連合 (United Nations：UN) を始め、世界中の誰もが解決のための処方箋をもたないことが特徴である。国や地域、居住地や個人によっても解決に向けた道筋が異なり、その複雑さゆえに「糸口」や「きっかけ」、「起爆剤」や「刺激」としてのスポーツの活用が試みられているのであろう。しかし、スポーツを通じた開発の考え方は未だ一般的ではなく、学問分野としてはもちろん、国際協力の現場においても市民権を得ているとは言い難い。以下にその理由を考えてみたい。

[2] スポーツを通じた国際協力の三重苦

スポーツを通じた国際協力は、現場が主導して始められた珍しい形態の分野

である。多くの国際協力分野では、様々なレベルにおける政策や計画に基づいて活動が進められるのが一般的であり、「なぜこの活動が必要なのか」という点については、その是非はともあれ、関係者間で事前に共有されているものである。

しかし、スポーツを通じた国際協力では、現場での活動が先行したため、後に各々の活動の意味づけを行うことが必要となった。国際協力に携わる関係者は様々な場面でスポーツを活用していたが、その成果が検証される機会が極端に少なかったためである。スポーツを活用した活動の詳細が語られ始める中、徐々に明らかになってきた最大の障害は、「スポーツを通じた国際協力」のもつ「イメージ」であると考えられる。

①後発分野であるがゆえのイメージ

「スポーツを通じた国際協力」という研究分野は、スポーツ科学としては後発の分野であり、一つの専門科学としての先行研究や分析手法の蓄積を有していない。これまで行われてきた多様な視点からのスポーツ科学研究の成果は（現場で活動を行う実務者と比較した際に）、科学者達がスポーツの価値について声高に主張することを躊躇させている。意識的か無意識的かに関わらず、先進国の視点に限って進められてきたスポーツ科学の研究の蓄積は、スポーツが国際協力の手段として「あらゆる形で」役立つという想像力をスポーツに関わる人々から奪っていると推測される。

細分化、多様化したスポーツ科学分野の発展が、「スポーツがなぜ国際協力の手段になり得るのか」、「スポーツがどのように人々の幸福追求に寄与するのか」といった極めてシンプルで根源的な問いへの探求を困難にし、また、その必要性を認識する機会をも奪っているのではないだろうか。スポーツ科学研究は、各々の専門分野の中で熟成され、完結するという性格をもつことから、新しい分野である「スポーツを通じた国際協力」が帰着地を見つけられずにいるのが現状である。

②紛争や貧困の解決に「娯楽としてのスポーツ」が結びつかない

次に、国際協力分野から見た「スポーツ」はどのようなものであろうか。開発途上国の紛争や貧困、感染症や人権侵害といった深刻な課題が山積する中で、スポーツはぜいたく品と捉えられがちであり、たとえ何らかの国際協力的価値が見出されたとしても、他の分野と比較すると優先順位が下がることは否めない。わかりやすい例として、「お腹が空いている人になぜスポーツが必要なのか」という疑問が様々な場面で提示されるが、「お腹が空いていてもサッカーをしたい子どもはいるものだ」という釈然としないやりとりがなされることが多い。

　そこで一旦、優先順位が低いことを事実として認識し、その理由を考えてみよう。第一に、スポーツが娯楽や気晴らしと捉えられ、国際協力や開発の目的としては、いささか不真面目な印象を与えていると推測される。しかし、このことは、開発途上国に住む人々に娯楽は必要ではないのか、という新たな問いを生み、また、逆説的に捉えるならば、スポーツが「非日常の機会」としての役割を果たす可能性を示唆している。非日常の機会の創出は、開発課題を直接的に解決することは少ないが、解決に向けた取り組み、すなわち、近年強く求められている人々をエンパワーすることにつながる可能性を秘めている。第二に、国際協力分野におけるスポーツは、教育や保健などの一部に組み込まれているか、あるいは、他の社会課題にアプローチする際の「媒体」とされている。スポーツそのものの発展を目的としていないために実態が捉えづらく、その意味では例えば、「開発と女性」(Woman in Development：WID) や「情報技術 (Information Technology：IT) の活用」などの分野と似通っている。これらは、いくつかの開発課題にまたがる複合的な理念であり、課題であり、手段であるという特性をもつ独特な位置づけのものである。スポーツを通じた国際協力は、日本語では「スポーツ」がカタカナであることも一因かもしれないが、分野の特性として、不真面目でわかりづらく、独特なものと捉えられがちである。

③「スポーツを通じた国際協力」を考える土壌

　最後に、スポーツを通じた国際協力が、日本国内において直面している課題について考えてみたい。近年、国内でボランティアや社会貢献が広がるにつれ、人々の国際協力に対する関心の拡大がみられている。しかし、日本における国際協力は、移民や旧植民地の存在によって開発課題が人々の生活の中に入り込み、国内の課題に近い重みで受け止められる欧米諸国とは状況が異なる。国際協力が、私たち日本人の生活に近接しているとは言い難く、国際協力そのものに対する関心が低い中で、スポーツを通じた国際協力はより一層必要性を認識しづらい分野と言えるであろう。

　スポーツに関しても、競技力向上や生涯スポーツの推進、子どもの体力低下や学校部活動の存廃など国内での課題が山積みであり、手段としてのスポーツを考える前に目的としてのスポーツに関わる課題が優先されることは否めない。おそらくこのような理由から、国際基準からみると、スポーツを通じた国際協力を考える土壌は、残念ながら今の日本には整っていない。しかし、全く異なる見方をすれば、スポーツを通じた国際協力的視点、すなわち、開発途上国の課題から日本国内の課題を見渡せば、何らかの活路やヒントが見出せるかもしれない。地球規模の課題の解決の手段としてスポーツが活用される事例は、その成否はともあれ、スポーツと社会や人間の関わりをより深く考えるための示唆に富んでいる。

[3] 新たな分野としてのスポーツを通じた国際協力

　スポーツ分野、国際協力分野、日本国内におけるスポーツを通じた国際協力の三重苦を示したが、これらは全て新しい分野であるスポーツを通じた国際協力に関する説明の不足がもたらした問題である。

　2006年に「スポーツと開発のための国際ワーキンググループ」(International Working Group of Sport for Development and Peace：IWGSDP) は、『開発と平和のためのスポーツ―現場から政策へ―』(Sport for Development and Peace –From Practice to Policy–, 2006) と題した報告書を発表した。

　これまでに述べたようにスポーツを通じた国際協力が現場での活動から始まり、後に政策へとフィードバックされている事実は、この「現場から政策へ」という題名からも明らかである。これまで長い間、国際協力の現場の関係者が経験則に基づいて、スポーツを「なんとなくいいもの」として捉え、活用を試みてきた。これらの経験や知識を整備・体系化し、手段としてのスポーツの有

効性と限界、および弊害を検証し、国際協力の実践に活かす試みは、国際社会においても2000年以降に開始された新しい取り組みである。さらに近年では、オリンピックやワールドカップなどのメガイベント招致の際に、ジェンダーや環境への配慮と同様に国際的な課題への戦略的な貢献も必要とされるようになっている。本書は、これらの世界的な流れの中で説明不足を補い、三重苦を乗り越えるために、スポーツを通じた国際協力のアウトラインをわかりやすく示すことを第一の目的としている。スポーツを通じた国際協力の一分野としての自立に向けて、先駆的な役割を果たすことを願って、できるだけ多様な分野における具体的な事例を取り上げていく。

（岡田千あき）

[参考文献]
岡田千あき（2011）「国際協力の新しい分野」、河森正人・中村安秀編『グローバル人間学の世界』大阪大学出版会.
2004 Athens Roundtable Forum (2004) "Harnessing the Power of Sport for Development and Peace" Right to Play.
IOC Department of International Cooperation International Olympic Committee (2002) "The International Olympic Committee and the United Nations System" IOC.

Office for the International Year of Sport and Physical Education (2005) "CONCEPT – Education Health Development Peace" United Nations.

Sport for Development and Peace (2005) "Sport for Development and Peace International Working Group Meeting" United Nations.

Sport for Development and Peace International Working Group (2006) "Sport for Development and Peace International Working Group -From Practice to Policy" Sport for Development and Peace International Working Group.

Swiss Agency for Development and Cooperation (2005) "Sport for Development and Peace" Swiss Agency for Development and Cooperation.

United Nations (2003) "Sport for Development and Peace: Toward Achieving the Millennium Development Goals" United Nations Publication.

United Nations (2009) "Games of the XXIX Olympiad and the XIII Paralympic Games in Beijing- The UN System in Action" UNOSDP.

UNODCCP (2002) "Sport – Using Sport for Drug Abuse Prevention" United Nations Publication.

column 1

5,000人が参加する駅伝大会!?
―マレーシア国際駅伝―

　クアラルンプール近郊の官庁街に朝日が差し込み、陽が昇ろうとするその時、四方八方からEkiden＝駅伝に参加する若者が集まってくる。その数なんと約5,000人、1,000チーム！　これから、日本では考えられない大規模な駅伝大会が始まろうとしている。駅伝は、駅伝競走の略であり、日本で発祥したスポーツである。日本で駅伝というと、お正月の風物詩とも言える箱根駅伝やニューイヤー駅伝などが代表的だが、その参加チーム数はせいぜい10〜40チーム程であるため、第6回マレーシア国際駅伝大会（2011年）に約5,000人、1,000チームが参加し、約3,000名にも及ぶボランティアが大会運営に携わったことは括目に値する出来事である。第1回大会はわずか140に過ぎなかった参加チームが着実に増えているのはなぜか。なぜ、日本発祥のスポーツである駅伝が、亜熱帯で多民族国家のマレーシアに伝わり、これだけ人気を博しているのだろうか。

　マレーシア国際駅伝は、マレーシア青少年・スポーツ省が主催し、国際青少年センター（International Youth Centre）の運営のもと、年に1回行われるスポーツイベントである。1チームは5名で編成されている。①男女混合（18歳以上）、②一般男性（18歳以上）、③一般女性（18歳以上）、④ジュニア男子（13〜17歳）、⑤ジュニア女子（13〜17歳）の5カテゴリーが設けられており、1区間は3〜5kmのため誰でも走れる距離である。"国際駅伝"の名を冠しているが、大会の雰囲気は市民駅伝であり、マレー系、華人系、インド系からなる多民族、多宗教社会で、人々が「チームワーク」を体感する場所となっている。マレーシアに支社や工場をもつ日本企業が、日本本社とマレーシア支社の合同チームを組織したり、各国の大使館やインターナショナルスクールのチームも参加している。主催する青少年・スポーツ省からは毎年、大臣や副大臣が一員として走る「青少年・スポーツ省チーム」が出場し、2011年大会では、大臣が駅伝大会の号砲をならした。

このマレーシア国際駅伝の開催には、日本人が深く関与している。1970年代に始まったマレーシアと福岡市の交流をきっかけに、長年に渡って関係が深められ、1990年代前半に駅伝が紹介された。駅伝の競技運営に関する指導や企業スポンサーの支援を日本から受け、1994年に第1回マレーシア国際駅伝大会が開催された。第2回大会が開催された2007年以降は、首都クアラルンプールから近いプトラジャヤで毎年、開催されている。マレーシア行政府の中心であり、各省庁のオフィスが立ち並ぶプトラジャヤは、日曜日は人が少なく警備がしやすい。それが、プトラジャヤで開催される理由といわれている。日本でいえば、東京の霞が関で駅伝大会をするようなものであり、政府を身近に感じる機会といった意味合いがあるのかもしれない。

　マレーシア国際駅伝は、他の国際的なスポーツ大会と異なり、賞金が用意されていない。5位までのチームにはトロフィーが贈られ、全ての完走者にはメダルが渡される。参加費は1チームあたり、一般は100RM（約2,500円）、ジュニアは30RM（約750円）と非常に安い。参加チームが順調に増えている理由はこのあたりにあるのだろう。駅伝というと、ランナーが苦しそうな顔をしながら必死に走る姿が想像されがちであるが、マレーシア国際駅伝では、ランナーの多くに笑顔が見られ、純粋に駅伝を楽しむため、あるいは仲間との絆を深めるために参加している者が多いようである。

　若者のスポーツ離れを危惧した国際オリンピック委員会のジャック・ロゲ会長（当時）が発案者となって、2010年8月にシンガポールで第1回ユースオリンピックが行われた。かねてより、青少年の育成を重要施策の一つとし続けてきたマレーシア政府も、駅伝が青少年に及ぼす効果に期待したのだろう。日本からマレーシアに海を渡った"Ekiden"がマレーシアの人々に認知され、"Tasuki"が多民族国家であるマレーシアの人々の結びつきを強くし、スポーツを通じた青少年の育成に寄与することを願っている。

（秋吉遼子）

第2章

スポーツを通じた国際協力の世界的動向

■1──国連関連機関によるスポーツを通じた国際協力
■2──ODAによるスポーツを通じた国際協力
■3──NGOによるスポーツを通じた国際協力

■1
国連関連機関による
スポーツを通じた国際協力

> 概要●本節は、国連関連機関が国際協力や開発を推し進める中で行ってきたスポーツ政策を時代ごとに整理し、その主な動きと歴史的な意義を検証した。当初、スポーツを通じた国際協力はユネスコ主導で実施されてきたが、現在は、MDGsや国際フォーラムといった国際連携の潮流の中で、多くの機関がスポーツのもつ可能性により注目するようになってきている。

　第1章では、スポーツとは何か、国際協力とは何を意味するのかについて明らかにし、両者の関係を整理してきた。特に、「スポーツを通じた国際協力、開発」が本書の主要なテーマになることを確認した。しかし、スポーツを通じた国際協力は、その効果や成果が見えにくいこともあって、活動の意義や方向性を明確に打ち出すに至らない状況にある。

　そこで本節では、世界の世論を先導してきた国際機関である国際連合が、国際協力において、これまでどのようにスポーツ政策を確立してきたのかを明確にしたい。具体的には、スポーツ政策を実施している国連の主な関連機関は、どのようにスポーツを通じた国際協力を行ってきたのか、また、現在どのような方向に向かっているのかについて、時代ごとに整理してその意義を明らかにし、その歩みを辿ることにする。

[1] 国連関連機関の政策と意義

　国際協力の枠組みには、国際貢献や開発援助、政府開発援助（ODA）が挙げられ、ODAはさらに二国間援助と多国間援助に分けられる（第1章-2）が、国連による国際協力は後者の多国間援助に相当する。そして、第二次世界大戦後から現在に至るまでの国連のスポーツ関連政策を整理すると、おおよそ、第1期：1952～94年、第2期：1995～2000年、第3期：2001年～現在に分けることができる。

①第1期：1952〜94年の政策動向

　国連のスポーツ関連政策を整理する上で、国際協力事業の中にスポーツを先駆的に導入した「国際連合教育科学文化機関」（United Nations Educational, Scientific and Cultural Organization：ユネスコ）の存在を見逃すことはできない。ユネスコは、教育、科学、文化の協力と交流を通じて国際平和の実現と福祉の促進を図るという目的の下、国連の専門機関として1946年に設立された。本部はパリにある。「戦争は心の中で生まれるものであるから、人の心の中に平和の砦を築かなければならない」という理念に基づき、教育、科学、文化に関するあらゆる種類の活動を展開している。[*1]

　このユネスコのスポーツによる取り組みの端緒は、1952年の第7回総会において、教育部門に体育・スポーツ関連セクターを設けたところにみることができる。国際協力を手掛ける機関として、青少年の健全育成の手段としてスポーツに着目した初めての試みであり、その後もスポーツと国際協力に関するパイオニアとして重要な役割を担ってきている。

　さらにユネスコは1976年に第1回目の「体育・スポーツ担当大臣等国際会議」（Ministers and Senior Officials Responsible for Physical Education and Sport：MINEPS[*2]）をパリで開催した。この会議によって、教育において体育・スポーツが重要な構成要素であるとの認識が共有され、体育・スポーツの国際的な開発戦略がスタートした。そして、そうした政策の推進を支える憲章の制定が初めて議論された。

　1978年の第20回総会においては、世界的規模で行われるスポーツ・フォー・オール運動を通じて体育・スポーツを推進することを目的に、「体育・スポーツ国際憲章」が採択された（表1参照）。本憲章の第1条に「体育・スポーツの実践はすべての人にとって基本的権利である」と宣言されているように、スポーツが基本的人権（スポーツ権）であることが世界100か国以上の政府代表によって全会一致で承認された事実はきわめて重要である。[*3]

　また、第11条では、「国際協力は体育・スポーツの全般的で十分に均衡のとれた振興に必要不可欠である」と謳われており、ここに初めてスポーツと国際協力の関係が明示された。もっとも、この憲章ではスポーツ権を誰が保障する

＊1　公益社団法人日本ユネスコ協会連盟のホームページ「日本ユネスコ協会連盟について」から引用した（http://www.unesco.or.jp/unesco/nfuaj/　2012年3月27日参照）。
＊2　体育・スポーツ担当大臣等国際会議については、日本体育学会学校体育問題検討特別委員会監訳『世界学校体育サミット』杏林書院、2002年に詳しい。
＊3　「スポーツ権」については、遠山耕平「ユネスコの体育・スポーツ国際憲章」『体育の科学』1979年5月号に示されている。

表1　体育・スポーツ国際憲章

第1条	体育・スポーツの実践はすべての人にとって基本的権利である
第2条	体育・スポーツは、全教育体系において生涯教育の不可欠の要素を構成する
第3条	体育・スポーツのプログラムは、個人および社会のニーズに合致しなければならない
第4条	体育・スポーツの教授、コーチおよび行政は、有資格者によっておこなわれるべきである
第5条	十分な施設と設備は体育・スポーツに不可欠である
第6条	研究と評価は体育・スポーツの発展に不可欠の要素である
第7条	体育・スポーツの倫理的、道徳的価値の擁護は、すべての人びとが不断に配慮しなければならない
第8条	情報および資料は体育・スポーツの振興を助ける
第9条	マスメディアは体育・スポーツに積極的に影響を及ぼすべきである
第10条	国家機関は体育・スポーツにおいて主要な役割を果たす
第11条	国際協力は体育・スポーツの全般的で十分に均衡のとれた振興に必要不可欠である

出所：ユネスコ体育・スポーツ国際憲章、http://www.njsf.net/national/right/international_charter.pdf　2012年4月11日参照

のか、つまり国や自治体などの公共機関が保障するのか、という点ではかなりの曖昧さを残していた。この「曖昧さ」は、スポーツ権を国家の義務とするには世界の開発途上国の現状が経済的・政治的に未熟であった点に起因する、という見方もできよう。

またユネスコはこの第20回総会で、「体育・スポーツ国際委員会」（Inter-Governmental Committee for Physical Education and Sport：CIGEPS）の設置も宣言している。この委員会では、

①平和実現のためのスポーツの重視
②学校と社会の中での恒久的教育システムにおける体育とスポーツの発展
③文化、環境、男女平等、社会差別撤廃の領域においてスポーツが持つ重要性の認識
④体育とスポーツの地域別、国別政策とプログラムの開発
⑤体育とスポーツ開発のための国際基金による資金の獲得

を活動の柱に、30か国からなる委員（議員の半数が2年毎に改選）が10の部会に分かれて議論している。

さらにユネスコは、国連関連機関の中では最も早く、1984年に国際オリンピック委員会（IOC）との協力活動を開始している。また1988年には、104の加盟国の代表およびオブザーバーとしてIOCや複数のNGO等を集めて第2

回体育・スポーツ担当大臣等国際会議をモスクワで開催した。ここでの議論は、体育・スポーツの国際枠組みの構築によりスポーツの発展を目指すという第1回会議の課題だけでなく、ドーピングなどの副次的に発生する問題や弊害に及んだ。また、国連開発計画（United Nations Development Programme：UNDP）の事業内での体育・スポーツの取り扱いも議論の対象となった。UNDPの中心テーマは開発途上国の経済・社会開発にあったため、体育・スポーツ分野に力点を置いているわけではなかったが、この提案がきっかけとなってUNDPは体育・スポーツと国際協力を考える上で重要な役割を果たす機関へと歩みはじめた。

　これらユネスコの主導的な活動もあり、1993年の国連総会では翌年を「スポーツ国際年とオリンピックの理想」（International Year for Sport and Olympic Ideal）と定めた。この取り組みは、国連・IOC・各国・NGOが共に、スポーツによって平和でより良い世界を築くことを誓った内容になっている。

　この国連決議の背景には、「オリンピック休戦」（Olympic Truce）の考え方があった。別名「聖なる休戦」（エケケイリア）とも呼ばれる。紀元前776〜394年までの約1200年間にわたってギリシアで行われた古代オリンピックでは、競技開催期間中とその前後1か月間（後に2か月間）、いかなる戦闘行為も休止され、選手および観戦者の移動中の安全が保証された。国連総会はこの慣習を尊重し、紛争当事国であり、国連加盟国でもある国々に対し、94年の第17回冬季リレハンメル大会開催中の戦闘行為の停止を求めた。「もし『オリンピック休戦』が、対立や争いを短期間抑えるだけのものであったにせよ、国際社会へ希望を力強く伝えるものとなろう」とコンスタンチノープルのキリスト教総主は言明しており、他にもユダヤ教、イスラム教など各宗教の指導者30人以上も本声明への同意を示す署名を行っている。その後、2年に1度の夏季冬季オリンピック大会の前年に同様の国連決議がなされてきているが、実際にはリレハンメル大会期間中において、旧ユーゴスラビア連邦内の紛争の一時中断が実現したに過ぎない。後にも先にも完全なオリンピック休戦が実現されたのはこの時だけである。

　第1期を総括するために、この時代の背景をみてみる。この時期は、アメリカを中心とする資本主義陣営と、ソビエトを中心とする共産主義陣営との対立（冷戦）とほぼ重なる。また、戦後のオリンピック史の区分によると、1984年のロサンゼルス大会を一つの境として、それ以前を冷戦下での政治・経済的背景に規定されながら、冷戦体制がオリンピックに持ち込まれた時代と、それ以後のオリンピックの商業主義化による肥大化や、それに伴う環境破壊や勝利至

上主義によるドーピングといった問題が新たに問われ始めた時代に分かれる（内海，2012）。

　冷戦体制の中、国連機関によるスポーツを通じた国際協力はユネスコ主導で実施された。体育・スポーツの世界的な普及の中で、それを享受することが基本的人権であることが認識され、IOCとの連携の下で「オリンピック休戦」などの平和活動が受け入れられ始めた。ここに大きな意義が見出せる。また国連総会が「スポーツ国際年とオリンピックの理想」を設けて、スポーツの一層の普及と普及による世界平和の推進への認識を深めたのも、この時期の特徴である。

②第2期：1995〜2000年の政策動向

　この時期は、地球温暖化やオゾン層破壊といった地球的規模の環境問題が特に注目された時代であった。それはスポーツでも例外ではなく、スポーツ・イベントは、自然環境との共存が求められるようになってきた。

　そのような中で、最も中心的な役割を担ってきたのは、国連環境計画[*4]（United Nations Environment Programme：UNEP）であった。UNEPは、1972年の「人間環境会議」で採択された「人間環境のための行動計画」の勧告により提案され、同年の国連総会決議に基づき設立された。国連機関の実施する環境に関する活動を総括すると共に、取り上げられていない環境問題に関する国際協力の推進を目的に活動している。UNEPによるスポーツ関連の活動は、①スポーツ活動における環境への配慮の推進、②スポーツ人気を利用し、若い人たちの環境意識の促進や環境への尊厳意識の向上を図る、③オリンピックゲームのための環境ガイドラインの普及、の3点を目的に行われている。具体的には、1994年にIOCと協力合意を結び、「スポーツと環境委員会」を発足させた他、2000年シドニー五輪の「夏季オリンピック大会に向けた環境ガイドライン」を制定した。また、1995年から2001年まで隔年実施されていた「スポーツと環境の世界会議」の1997年大会では、「スポーツと環境マニュアル」、1999年大会では、「スポーツと環境のアジェンダ21」を定めている。

　この時代はアンチ・ドーピングに対する意識も高まった。特に、薬物統制を目的とする国連薬物統制計画[*5]（United Nations International Drug Control Programme：UNDCP）にとって、世界の競技スポーツの勝利至上主義の過熱化は、その意に反するものであろう。ドーピング問題は、過去には旧東ドイ

＊4　UNEPについては "About UNEP, Sport and the Environment"（http://www.unep.org/sport_env/about.aspx）を参照。

＊5　UNDCPの基本情報は、UNDCPのウェブサイト（http://www.unodc.org/）を参照。

ツに典型的に見られたように、国家政策として展開された経緯もあり、また近年の高度化したスポーツドーピングは、人間の身体に多大な影響を及ぼすことも指摘されており、スポーツ界のみでなく、世界規模で取り組むべき課題にまで深刻化した。そのような背景もあってUNDCPは、1995年には「Sports against Drugs」というアンチ・ドーピングの世界的なキャンペーンを実施している。また、1999年には、ドーピングに反対する運動を世界的規模で推進するために世界アンチ・ドーピング機関（World Anti-Doping Agency）も設立されている。この機構は、独立した国際的監視機関である。

　この時期のユネスコは、平和とスポーツの結びつきを深めるため、IOCといった国際スポーツ組織・各国政府機関との連携を強化する動きをみせている。具体的には、1984年から協働していたIOCと1998年に正式な協力同意を締結し、①平和文化、②芸術と文化、③体育教育とオリンピック理念の3分野における協力を約束している。1999年には、両機関が合同で「スポーツを通じた平和社会の実現」への活動のイニシアティブを取ることを宣言し、7月に「平和文化のための教育とスポーツの世界会議」を共催した[*6]。本会議には、UNDP、UNEP、UNDCP、世界保健機関（World Health Organization：WHO）、国連食糧農業機関（United Nations Food and Agricultural Organization：FAO）、国連難民高等弁務官事務所（United Nations High Commissioner for Refugees：UNHCR）、国際労働機関（International Labour Organization：ILO）、万国郵便連合（Universal Postal Union：UPU）、世界気象機関（World Meteorological Organization：WMO）、国際電気通信連合（International Telecommunication Union：ITU）にユネスコを加えた11の機関と世界銀行、各国政府機関、NGO等から約260名という多くの関係者が参加した。

　この会議の意義は、各地域フォーラムのフォローアップが行われた他、これまでのMINEPSやCIGEPSの積み重ねを再確認し、各援助機関が歩調を合わせてスポーツを通じた国際協力を実施する起点となったことにある。実践的な動きとして本会議では、2000年を「平和の文化のための国際年」（International Year for the Culture of Peace）と定め、複数の国連機関や開発団体の積極的な参与を求めた。同時に、ユネスコとIOCが引き続き活動のイニシアティブを取ることが確認され、21世紀に向けたスポーツを通じた開発の基礎ともなる新たな概念が、平和文化のための教育とスポーツの世界会議の声明として提

---

*6　平和文化のための教育とスポーツの世界会議については、1999年に発行されたDepartment of International Cooperation International Olympic Committee "The International Olympic Committee and The United Nations System"を参照。

示された。

またユネスコは1999年11月、国際スポーツ科学体育学会連合会(The International Council of Sport Science and Physical Education：ICSSPE) やIOCとの共催、WHOの協賛を得て、「世界体育サミット」を開催した。このサミットには、政府代表者、政府間およびNGO、研究機関からの代表として、80か国から250人を超える代表者がドイツのベルリンに集まった。このサミットは、体育とスポーツの重要性の認識を一層強化するものであった。

さらにユネスコはこの世界体育サミット直後の1999年12月に、ウルグアイのプンタ・デル・エステで第3回体育・スポーツ担当大臣等国際会議であるMINEPSⅢ[*7]を開催している。この会議では過去のMINEPSⅠ、Ⅱの再検討が行われ、残された問題や今後の課題を明らかにする一方、過去に採択された「国際体育・スポーツ憲章」や「オリンピック憲章」を始めとした様々な国際憲章との整合性から、新たなスポーツの活用も議論された。この議論は、1990年代に開発途上国の開発分野におけるスポーツの役割が高まったこととあいまって、体育・スポーツそのものの発展やその弊害に関する議論に加えて、国際社会への貢献および開発協力の視点からのスポーツの活用に焦点が当てられた。

最終的にMINEPSⅢでは、表2に示す「プンタ・デル・エステ宣言」が採択された。同宣言の最初の項目では、「真の国際協力と相互理解の精神のもとに、参加者は、各国政府、政府間機関、NGOおよび世界中の人々の力を集結することを目指す」としている（SSF笹川スポーツ財団，2001）。

このプンタ・デル・エステ宣言で各国参加大臣は、体育・スポーツが生涯教育や人間的・社会的発達の過程における不可欠な要素であり必須の部分として重要であることを繰り返している。こうした活動は、移民問題があらゆる大陸で起こっている時代において、異なる民族的・文化的マイノリティの社会的団結、相互寛容および結合に寄与することができるとしている。また各国参加大臣は、ユネスコが国連のシステムにおけるスポーツと体育の中心として重要であることも本宣言で強調している。特に、Commission 3の「国家的、地域的、国際的レベルでの体育・スポーツの分野における新しい形の協力と協議」の項目の中の4つ目には、途上国への援助が掲げられており、主に小学校と中学校での体育・スポーツの先進国と開発途上国のギャップを少なくするようなユネスコの取り組みが期待されている。

2000年9月、ニューヨークの国連本部で開催された国連ミレニアム・サミッ

[*7] 第3回体育・スポーツ担当大臣等国際会議については、ユネスコが1999年に刊行した"MINEPS Ⅲ Final Report"を参照。

表2　プンタ・デル・エステ宣言　提言

Commission 1	持続可能な経済発展と体育・スポーツの貢献
Commission 2	体育とスポーツ、それは教育への権利の統合的な部分であるとともに、基礎的な要素であり、生涯教育の過程である。
Commission 3	国家的、地域的、国際的レベルでの体育・スポーツの分野における新しい形の協力と協議 1) スポーツにおける倫理的行為 2) MINEPS Ⅲの勧告を実行するのを援助する構造 3) インフラ整備と設備 4) 途上国への援助 5) スポーツと体育の促進

出所：日本体育学会学校体育問題検討特別委員会（2002）「プンタ・デル・エステ宣言」『世界学校体育サミット』杏林書院、pp. 201-209

トに参加した147の国家元首を含む189の国連加盟国代表が、21世紀の国際社会の目標として、より安全で豊かな世界づくりへの協力を約束する「国連ミレニアム宣言」を採択した。この宣言と1990年代に開催された主要な国際会議やサミットでの開発目標をまとめたものがMDGsと呼ばれる「ミレニアム開発目標」（Millennium Development Goals）である。MDGsは国際社会の支援を必要とする課題に対して2015年までに達成するという期限付きの8つの目標、21のターゲット、60の指標を掲げている。

　第2期を総括するためにこの時代の背景をみてみると、世界はこの時期、1990年前後の東西冷戦の終結を迎え、ソ連や東欧などのような旧社会主義国は、資本主義経済システムの中へ組み込まれ、世界はメガ・コンペティション[*8]の時代に入っていった。また、先進諸国は、新自由主義経済を推し進めた結果、多国籍企業とヘッジファンドがほとんど規制のないままに世界中を動き回り、開発途上国と先進国の格差、いわゆる南北格差が拡大していった。また、これに付随して、環境問題が地球的規模で拡大していった時代でもあった。スポーツ関連の動きとしては、1994年の冬季オリンピック・リレハンメル大会から環境問題が取り上げられるようになり、2000年の夏季オリンピック・シドニー大会では、以前の諸大会よりは、環境に関する大胆な改革を行っている。

＊8　メガ・コンペティションとは、地球的規模で世界中の企業が国境や業界を超えて競争を行う状態のことである。東西冷戦の終結による自由主義経済の拡大、ITの発達、国際化などによって経済はますますボーダーレス化している。既成の競争相手だけでなく、異業種からの参入や外国籍企業との競争など激化しており、この競争に勝った企業は大きくシェアを獲得し、敗れた企業は生き残りが難しくなってきている。

オリンピック自体も、政治的なボイコットも少なくなり、多くの国々が参加するようになった。また、オリンピックファミリーの財政が確立して、オリンピック独自の運動を展開できるようになった。

先進国と開発途上国間の格差拡大や環境破壊が深刻化する中で、開発途上国の発展や持続可能な開発は、世界の安定化のために重要な課題となり、そのためにUNEP、UNDCP、ユネスコといった国連機関が、それぞれの目的に対応したスポーツへの貢献を世界規模で転換してきたのがこの時期の特徴である。また、国連を始めとして、各国政府、民間セクター、財団、研究機関、NGOを含む市民社会、個々人による支援活動の連携の必要性が高まり、国連によるIOCなどの国際的スポーツ組織との協力体制を少しずつ確立してきたのもこの時期の特徴である。

③第3期：2001年〜現在の政策動向

この時期の国連機関の動きとして注目したいのは、2001年に元スイス大統領アドルフ・オギ氏を特別顧問とする「開発と平和のためのスポーツに関するタスクフォース」[*9]（The Sport for Development and Peace International Working Group：SDP IWG）が国連内に設置されたことである。

このタスクフォースは、開発事業における手段としてのスポーツの効果的活用および実践モデルの構築、さらにはその具体的なプログラム策定や評価方法の検討を目的に設置された。各機関がそれぞれに異なる目的のもとに実施したスポーツに関連する開発事業の経験を蓄積し、連携を図ることにより、特にMDGs実現を短期目標としている。

タスクフォース最初の活動成果としては、2003年2月に55か国から380名の参加者を集めて「第1回スポーツと開発国際会議」を開催し、「マグリンゲン宣言」を採択したことである。マグリンゲン宣言では、「スポーツと遊びに接するのは人間の基本的権利であり、スポーツを通じて開発、平和、教育、健康を促進することを全ての関係者に求める」ことが謳われている（安倍, 2006）。その後2005年12月には70か国から400名を超える参加者によって第2回スポーツと開発国際会議も開催している。この際も、教育、健康、開発、平和を創造する手段として、スポーツを活用することを強調しているが、特に

---

*9 開発と平和のためのスポーツに関するタスクフォースについては、2003年に発表されたUnited Nations "Sport for Development and Peace: Toward Achieving the Millennium Development Goals"、参照。このタスクフォースは、ユニセフ特別顧問キャロル・ベラミーを長にユネスコ、WHO、ILO、UNDP、UNHCR、UNEP、UNV、UNODC、UNAIDS等の国連機関をはじめ、NGOであるRight to Playもメンバーとなっている。

表3　国連決議58/5「教育、健康、開発、平和を創造する手段としてのスポーツ」

1．政府、国連、その基金および計画、適切な場合には専門機関、ならびに、スポーツ関連の機関に対し、以下を呼びかける。
　a．開発プログラムや政策を推進する際、すべての人々にとってのスポーツと体育の役割を促進し、健康に対する認識、物事を成し遂げる精神および文化とのつながりを強めるとともに、集団的な価値観を定着させること。
　b．国連ミレニアム宣言に含まれるものをはじめ、国際的に合意された開発目標、および、開発と平和というより幅広い目標の実現に向けて貢献する手段の一環として、スポーツと体育を位置づけること。
　c．平和の文化、社会的平等および男女平等を促進し、対話と調和を提唱するために、スポーツと体育が連帯と協力の機会を作り出せるよう、集団的な取り組みを図ること。
　d．経済と社会の発展に向けたスポーツと体育の貢献を認識し、スポーツ基盤の整備と復興を奨励すること。
　e．各地でのニーズ評価に基づき、健康、教育、社会と文化の発展のための手段として、スポーツと体育をさらに促進すること。
　f．補完性を確保し、スポーツと体育をあらゆる人々にとって身近な存在とするため、家庭、学校、クラブ／リーグ、地域社会、青少年のスポーツ団体、政策決定者、さらには一般市民や民間を含むあらゆる関係者間で、協力とパートナーシップを強化すること。
　g．才能のある青少年が、安全と身体的・道徳的健全性への脅威を受けることなく、その運動能力を高められるようにすること。
2．政府、国際スポーツ団体およびスポーツ関連組織に対し、あらゆる学校レベルで行われている教育と矛盾しないパートナーシップ構想と開発プロジェクトを策定、実施し、ミレニアム開発目標の達成に貢献するよう促す。
3．政府および国際スポーツ団体に対し、開発途上国、特に後発開発途上国と小島嶼開発途上国が、スポーツと体育に関する能力育成について行う取り組みを支援するよう呼びかける。
4．国連に対し、スポーツ組織、スポーツ協会、民間を含め、幅広い利害関係者との戦略的パートナーシップを確立し、開発のためのスポーツ・プログラムの実施を支援するよう促す。
5．政府と国連システムに対し、特に国家、地域および地方レベルで、積極的な参加を通じて市民社会を関与させ、対象者に声が届くようにすることで、コミュニケーションと社会的流動化のためにスポーツを用いる新しい画期的な方法を模索するよう促す。
6．すべての関係者が国際スポーツ団体と密接に協力し、「よい実践の規範」を策定する必要性を強調する。
7．政府に対し、あらゆるスポーツ活動について国際ドーピング防止条約の策定を加速させるよう呼びかけるとともに、国連教育科学文化機関に対し、関係するその他の国際・地域機関と協力して、このような条約策定の調整を図るよう要請する。
8．教育、健康、開発および平和を促進する手段として、2005年を「スポーツと体育の国際年」と宣言することを決定するとともに、政府に対し、その意欲を強調するためのイベントを開催して、スポーツ選手の支援を求めるよう呼びかける。
9．事務総長に対し、本決議の実施、ならびに、国家および国際レベルで2005年の国際年を祝うためのイベントの準備状況に関し、「スポーツと体育の国際年」と題する検討細目の下で第59回総会に報告を行うよう要請する。

第52回本会議　2003年11月3日

出所：国連プレスリリース（2003）「国連総会決議2005年は『スポーツと体育の国際年』」
http://unic.or.jp/new/pr04-077.htm　2012年3月25日参照

活動を実施する際の「スポーツを通じた教育と健康の質の向上」「貧困の撲滅」「平和と社会的寛容の促進」を柱とした「マグリンゲン実施要項2005」が参加者によって採択されたことは意義深い（安倍，2006）。ちなみにスイス・マグリンゲンでのこの国際会議は国連、国際スポーツ連盟、スイス連邦スポーツ局、スイス開発庁などが主催した。

このようなSDP IWGの積極的な取り組みもあり、2003年11月には、「教育、健康、開発、平和を創造する手段としてのスポーツ」が国連決議58/5として採択され、2005年を「スポーツと体育の国際年」と制定した。その制定目的は、教育、健康、開発、および平和を促進する上でスポーツと体育が果たす重要な役割について、国際社会の理解を高めることにある。この決議の具体的な内容は、表3に示す通りである。そこでは、人びとの健康、国際開発、国際平和、経済開発、地域開発、MDGs達成といったあらゆる領域で、スポーツと体育の役割が位置づけられている。

特にこの決議では、項目1-fにあるように、政府や国連だけではなく、家庭、学校、クラブ／リーグ、地域社会、青少年のスポーツ団体、政策決定者、さらには一般市民や民間を含むあらゆる関係者間で、協力とパートナーシップを強化しようとしていることにも注目したい。また、項目3では、政府および国際スポーツ団体に対し、開発途上国へのスポーツと体育に関する能力育成への支援を呼びかけていることも重要である。

このようにあらゆる領域で、あらゆる機関が、あらゆる機会においてスポーツを手段として開発援助に活用するという役割が明確にされた一方で、そのことによって、スポーツの役割が拡散してしまう傾向があるという課題も考えられる。しかしながら、国連が現在や未来のスポーツに向ける期待の大きさがこの決議からよく理解できる。

この決議が採択された背景として、国連は次の4点を挙げている。すなわち、①2003年1月にパリで開催されたスポーツ・体育担当閣僚懇談会で体育とスポーツの役割が十分に認識、促進されるようにするとの公約が表明されていること、②児童の権利に関する条約および「子どもたちにふさわしい世界」と題する国連子ども特別総会の成果文書で、教育は子どもの個性、才能および精神的・身体的能力を最大限に発揮させることを目指すものとすることが強調されていること、③ユネスコの体育・スポーツに関する国連憲章、および、2000年4月の世界教育フォーラムで採択されたダカール行動枠組み、ならびに、スポーツと体育の役割を強調するその他関連文書の存在、④開発と平和のためのスポーツに関する国連機関間タスクフォースの報告書、の4つである（国連a，

2004）。

　また2004年11月には、ニューヨークの国連本部において、テニスプレーヤーであるスイスのロジャー・フェデラー氏とINGニューヨークシティ・マラソン記録保持者であるケニアのマーガレット・オカヨ氏、コフィー・アナン国連事務総長、開発と平和のためのスポーツ国連事務総長特別顧問アドルフ・オギ氏、チュニジア国連常駐代表のアリ・ハシャーニ氏によって記者会見が開かれている。この会見では、政府やスポーツ選手、連盟、産業、クラブ、NGOに対し、2005年を契機に、8つのMDGsを達成するための取り組みの強化や連携を図るよう呼びかけが行われており、特にMDGsの目標ごとのスポーツの可能性を明示している（国連b，2004）。

　そして2005年の「スポーツと体育の国際年」は、賛同した70か国で活動が計画され、何千ものプロジェクトが世界中で実施されたことで、教育、健康、開発、平和の一翼を担うスポーツや体育が確立されるようになり、それ以外の52か国でも、国際年に関係する国際会議や地域会議などの記念行事が開催されている（安倍，2006）。このような数多くの先駆的な活動は、スポーツと体育がスポーツ組織、アスリート、国連機関、開発機関、政府、NGO、スポーツ産業、研究機関、メディアなどといったすべてのスポーツ関係者を、開発と協力の分野において団結させることに成功したと考えられる（国連，2006）。

　さらに、2009年と2011年には「スポーツ・平和・開発に関する国際フォーラム」が開催されている。このフォーラムは、IOCが主催し、第1回は国際オリンピック休戦基金と、第2回は国連平和と開発のためのスポーツ事務所（United Nations Office on Sport for Development and Peace：UNOSDP）と共催で実施している。このUNOSDPは、国連事務総長の特別顧問の指揮のもと、スポーツ振興を促進することでより良い社会に変革できるように、国連の各組織を導いたり調整したりする国連機関のことである。

　第2回のフォーラムに参加した各国政府関係者、国際競技連盟、各国オリンピック委員会（NOC）、NGO、研究者ら約350名を前に、潘基文国連事務総長は、スポーツを通した平和と開発に関するIOCの業績を讃え、スポーツが「ミレニアム開発目標」達成のための有効なツールであることを確認し、社会の発展と平和構築・維持活動に今後ますますスポーツの力が重要であることを指摘している。この他、IOC、国際競技連盟やNOC、NGO、世界保健機関や国連児童基金といった関係組織によるプレゼンテーションも行われ、平和構築・維持活動、コミュニティ開発のツールとしてスポーツを活用している様々なプログラムが紹介された。このように国連機関や国際スポーツ組織はスポーツの持

表4　スポーツ・平和・開発に関する国際フォーラムにおける提言

〈提　　言〉

このフォーラムは：
1) 平和と開発に向けたスポーツを推進するにあたり、オリンピック・ムーブメント、各国政府、国連諸機関、市民社会のパートナーシップを強化するよう呼びかける。
2) 全ての関係者に対して、社会の発展と平和構築にとっての有効なツールであるスポーツをより一層活用し、ミレニアム開発目標達成に向けた包括的な取組みにスポーツを取り入れるよう勧告する。
3) 国連加盟国に対して、長期的に持続可能でコストのかからないスポーツ・プログラムを導入していくことを念頭に、草の根活動のシナジーを強化し、コミュニティ支援の充実と社会的資源の有効活用を要請する。
4) 各国、特に援助国の政府及び国際組織に対して、スポーツを開発援助（ODA）の対象とするように勧告する。また、国連システムに対して、人間開発指数（HDI）の指標にスポーツあるいは学校体育へのアクセスを加えるよう勧告する。
5) 各国政府が質の高い体育授業の導入とスポーツ・フォー・オールの推進により多くの支援を行うこと奨励する。
6) 社会開発と平和構築にとって戦略的に重要なパートナーであるビジネス・セクターや国際・地域金融機関とのより緊密な協力関係の必要性を強調する。
7) 社会経済の発展におけるスポーツの影響を評価し、モニタリングする共通のツールを増強し、同分野における科学的根拠を増やし、優れた実践を押し進めるためにより多くの学際的研究がなされるよう呼びかける。
8) IF、NOC、その他のスポーツ団体に対して、政府関係機関、民間セクター、一般社会の組織等と協力して、社会の発展と変革のパートナーとしての活動を強めるよう勧告する。
9) 持続可能なレガシーを生み出す経済発展を目的として、IFによる世界規模のスポーツ・イベントの開催を奨励する。
10) 国連加盟国に対して、IOCと共に、2012年ロンドン・オリンピック・パラリンピック競技会に向けて発効されるオリンピック休戦（Olympic Truce）に協力し、個々であれ集団であれ、この理念に従うよう要請する。また、国連憲章の目的と原則に従って、全ての国際紛争が平和的に解決されるよう努力することを要請する。

出所：嘉納治五郎記念　国際スポーツ研究・交流センター（2011）「スポーツ・平和・開発に関する国際フォーラムにおける提言」http://100yearlegacy.org/Activity/detail.html?id=130　2012年5月22日参照

つ平和や開発の効果をますます強く認識すると共に、相互の連携を強化する方策を探求した。特に、1980年代から財政的基盤を盤石にしてきたIOCのリーダーシップが顕著になってきている。

　この第2回フォーラムでは、表4のようなスポーツ・平和・開発に関する10項目の提言が採択され、各国政府、国連組織、スポーツ界、NGOら全ての関係者に対して未来に向けたアクションを呼びかけた。特に、4つめの提言「各国、特に援助国の政府及び国際組織に対して、スポーツを開発援助（ODA）の対

象とするように勧告する。また、国連システムに対して、人間開発指数（HDI）の指標にスポーツあるいは学校体育へのアクセスを加えるよう勧告する」という内容は注目しておきたい。

　第3期を総括するためにこの時代を振り返ってみてみると、2001年は、近代世界史において大きな転換期であった。それは9月11日に起きたアメリカでの同時多発テロを皮切りに世界はテロの時代に突入したことである。その後アメリカはアフガニスタン紛争、イラク戦争を行うことになる。また、2002年インドネシアでのバリ島爆弾テロ事件、2004年スペイン列車爆破事件、2005年ロンドン同時爆破事件といったテロ活動が活発となった。その後アメリカを始めとする先進諸国は、国際テロ組織とテロ支援国家と言われたイラク・イラン・北朝鮮などの国々との戦いに明け暮れることになった。

　このような世界情勢を踏まえ、スポーツ・イベントも選手や観客への安全確保に莫大な予算を費やすことになった。例えば、2004年に開催したオリンピックのアテネ大会は、2000年に開催したシドニー大会の約5倍の警備費である1500億円を費やした。また、2008年の北京大会では、チベット独立運動や新疆ウイグル自治区の少数民族被抑圧の抵抗運動もあり、スポーツにおいても民族・宗教・文化の対立の一端が垣間見えた（内海，2012）。

　国連機関によるスポーツ政策も、この時代はテロの根源となっている貧困を削減するために、開発途上国の開発プログラムや平和構築プログラムの中でスポーツを積極的に活用しようとする国際的な意思統一がなされた時期と言えるのではないだろうか。特に、2005年の「スポーツと体育の国際年」の活動にみられるように、スポーツ組織や国家としての枠を超え、教育、健康、開発、そして平和の一翼を担うスポーツや体育が確立されたことは大きな意義がある取り組みであった。

　そしてそれらが2009年、2011年の「スポーツ・平和・開発に関する国際フォーラム」に引き継がれ、より多くの国連機関・各国政府・国際スポーツ組織が、平和と開発の上でのスポーツの重要性を一層強く認識し、国際的な共同行動の強化をしようとしている時期とみることができる。

[2] スポーツを通じた国際協力の研究を進めるための課題

　最後に国連機関のスポーツ政策を研究していく上で3つの課題を挙げておきたい。
　まず一つは、最新の国連機関のスポーツ政策の動向を把握する必要があるこ

とである。本項では、国連機関のスポーツを通じた国際協力の歩みを時代ごとに大まかに辿ってきた。世界のスポーツ政策は、国連機関だけではなく、各国政府・国際スポーツ組織・NGOなどが連携した活動へと進化してきたが、スポーツ政策の研究という点では特に、SDP IWGやUNOSDPといったスポーツに特化し、世界のスポーツ政策をリードしている組織の動きにぜひとも注目しておきたい。

次に、2003年国連総会決議で採択された2005年「スポーツと体育の国際年」の取り組みや、2015年までに達成すると世界の指導者が2000年のサミットで合意したMDGsを、関係する国連機関や各国政府が、どのようにスポーツを活用し政策レベルで実施しようとしたのかということを明らかにする必要がある。

最後に、国際協力や社会開発の現場レベルで、どのようなスポーツによる国際協力活動が具体的に実施されたのか、またどのような成果があったのかということも明確にしたい。それが科学的な根拠に基づいて実証的に説明できれば、国際協力という分野の中でのスポーツが持つプレゼンスが一層明確に浮かび上がってくるはずである。

(柾本伸悦)

[参考文献]
DFID for International Development Department. (2012) €10m funding match on donation to Sport Relief.
SSF笹川スポーツ財団 (2001)『スポーツ白書2010』.
安倍大輔 (2006)「国連におけるスポーツ政策の展開:『スポーツと体育の国際年』に着目して」『尚美学園大学総合政策研究紀要』第11号、pp. 19-31、尚美学園大学総合政策学部.
岡田千あき (2001)「国連機関による途上国スポーツ援助」『運動とスポーツの科学』7 (1)、pp. 113-118.
国連a (2004) 国連総会決議「2005年は『スポーツと体育の国際年』」プレスリリース04/077-J. 国連.
国連b (2004年11月30日、プレスリリース04/099-J).
国連 (2006) INTERNATIONAL YEAR OF SPORT AND PHYSICAL EDUCATION 2005. 国連.
内海和雄 (2012)『オリンピックと平和〜課題と方法〜』不昧堂出版.

■2

ODAによるスポーツを通じた国際協力

概要●本節は、主要なドナー国となっている国々のODA政策とその中におけるスポーツ関連協力の概要を検証した上で、わが国のODAによるスポーツ関連協力活動を整理したものである。各国のODAによるスポーツを通じた国際協力の特徴をみながら、わが国の当該分野での国際協力のあり方についてもぜひ考えてみてほしい。

[1] ODAとスポーツ

　ODAとは、Official Development Assistanceの略で日本語では政府開発援助である。

　経済協力開発機構に設けられた「開発援助委員会」(Development Assistance Committee: DAC) は、ODAを①州政府、地方政府などを含めた政府機関によって供与され、②開発途上国の経済開発や福祉の向上が主な目的とされ、③返済の際の条件が、民間のものと比べて極めて低い（資金協力の際のグラント・エレメント[*1]が25％以上である）という3点を満たすものと定義づけている。ODAをより分かり易く説明するならば、公共性が高く、「政府」が主体となって資金や技術、物資を開発途上国に提供すること、およびそのための資金のことを示す。図1に、ここ20年間のDAC諸国の援助額の推移を示す。

　米国の援助額の伸びが著しいが、各国の経済や人口などの規模が異なるため、ODA拠出の総額のみで各国間の貢献を比較することは出来ない。一つの指標として1970年の国連総会で定められた「各国のODAの拠出を国民総所得（GNI）の0.7％にまで引き上げる」という国際目標が有名であるが、2013年にこの目標を達成した国は、ノルウェー（1.07％）、スウェーデン（1.02％）、ルク

＊1　グラント・エレメントとは、資金を贈与する場合を100％とした際の借入国の借款条件を示すものである。ODAは開発を目的とするため、民間での借款と比較して借入国にとって有利な条件となっている。

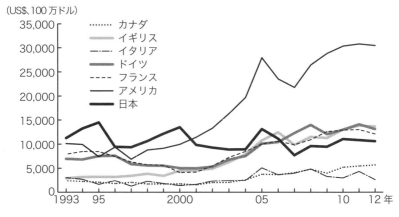

出所：外務省ホームページ "Japan's ODA"[*2]

図1　DAC諸国のODA額の推移

センブルク（1.0％）、デンマーク（0.85％）、イギリス（0.72％）の5か国に留まった。[*3]世界の国々において、各々の国内情勢に配慮する必要性が高まっており、開発援助の「量」から「質」への転換が声高に叫ばれていることも相まって、近年の世界的なODA総額の伸びは低調であると言わざるを得ない。

　その中で、スポーツに関わるODAは拡大を続けている。厳密には、スポーツをODAと位置付けずに援助を行っている国々や、ODAの枠組み外で「スポーツ」に関わる支援活動を行う国々もあるため、「拡大の傾向がみられる」と言うべきかもしれない。しかし、今から20年前には、スポーツに関わる政府の開発協力はほとんど実施されておらず、世界的な援助の潮流を捉える際に「スポーツ」の文字が比較にならないほど登場していることは事実である。日本においてもスポーツに関わる開発協力はそれほど多くは行われていなかったが、2020年の東京オリンピック・パラリンピック開催に向けて、スポーツに関わるODAが急拡大していく見込みである。

　そこで本節では、まず始めにODAとスポーツの関わりにおいて先進的な役割を果たしてきたオーストラリア、カナダ、イギリスの3か国のODAとスポーツの関わりを概観する。続いてこれまで日本で行われてきたODA事業におけるスポーツの位置づけを整理する。オーストラリア、カナダ、イギリスは、「青

[*2] 外務省ホームページ "Japan's ODA" より。
　http://www.mofa.go.jp/policy/oda/white/2013/html/honbun/b2/s1.html [2014.12.02]
[*3] 2012年までにすでに0.7％水準を突破していたオランダは、2013年は0.67％であった。

少年の団体の組織化が進んでおり、スポーツや身体活動を、移民の女子や女性、周縁化された青少年のエンパワメントなどに非公式な形で用い、薬物や銃の蔓延の防止や、深刻化するギャング問題の解決に活用している」(Kidd, 2008, p. 8)ため、ODA事業においても国内での経験を活かしたユニークな取り組みがみられる。さらにこの3か国は、いずれも近年、オリンピック・パラリンピック大会を開催しており、その前後にODAによるスポーツ協力を拡大した実績を有している。各国のODA政策はもちろん、援助理念や国内のスポーツ組織との関係などで異なる点は多いが、これらの国々の事業を考察することで、日本のODAとスポーツの関わりを整理し、検討する際の参考となる資料を提示することが本節の目的である。

[2] 各国ODAとスポーツ

①オーストラリア

オーストラリアは、1974年に各省庁の管轄下で実施されていたODAの統括組織として開発援助庁(Australian Agency for International Development: AusAID)を設立した。オーストラリアの開発援助と言えば、AusAIDが世界的に有名であり、ODA政策の策定から援助の計画、実施までを一括して行っていたが、2013年の政権交代に伴ってその役割を終え、外務・貿易省に吸収合併された。オーストラリア政府は、援助政策の目標を「開発途上国の貧困を削減し、持続可能な発展を達成することにより、オーストラリアの国益を前進させる」[*4]としており、パプアニューギニアや大洋州諸国、東南アジアへの援助を優先的に行い、地理的に近い国々との関係を密にすることによる「国益の重視」を明確に示している。

オーストラリアのスポーツ関係のODAは、AusAIDとスポーツ政策の実行機関であるオーストラリアスポーツコミッション(Australian Sports Commission: ASC)の緊密な連携の下で行われてきた。両機関は、"development-through-sport"について、まず始めに開発課題や目標を明確にした後に、これらに対するスポーツの貢献の可能性を検討する(AusAIDS and ASC, 2013, p. 3)という方針を示している。すなわち、スポーツそのものに対する援助ではなく、開発手段としていかにスポーツを活用するかという点に力点が置かれ、具体的には、①非伝染病のリスクを減らす健康習慣の習得、

---

*4 外務省ホームページ http://www.mofa.go.jp/mofaj/gaiko/oda/02_hakusho/ODA2002/html/siryo/sr4250000.htm [2003.01.10]

②障害者のQOLの改善、③ジェンダー課題の解決や女性や女子のエンパワメント、④社会的な結束などへの貢献が特に期待されている。

　大洋州においては、2001年から「オーストラリア―大洋州プログラム」(Australia South Pacific Program: ASP) が実施されており、この事業では、①地域コミュニティにおける人材育成、②スポーツ関連活動への継続的な参加の促進、③リーダーの育成、ヘルスプロモーション、社会統合、のいずれかあるいは複数への貢献、が目標である。2006年からは、「オーストラリアスポーツアウトリーチプログラム」(Australian Sports Outreach Programme: ASOP) が始まり、大洋州とカリブ海の19の国々の地方自治体や公共団体に対する直接的な支援も行われるようになった。その他にも、スポーツを通じた社会開発事業への資金提供も行われており、開発途上国の住民組織が独自にスポーツプログラムを実施し、スポーツを中心に暮らしに沿ったコミュニティを作ることを後押ししている。

　オーストラリア政府は、18歳から30歳までの若者を3か月から1年の間、"Youth Ambassador" として開発途上国に派遣する制度を有している。スポーツは、15分野のうちのひとつに位置づけられ、競技指導からマネージメント、大会運営まで多岐に渡った活動が行われている。

❷カナダ

　カナダのスポーツODAは他国と異なる仕組みを有している。諸援助国がODAや国際協力の枠組み、あるいはスポーツの枠組みにおいてスポーツODAを位置づけ、拡大を試みてきた中で、カナダは1991年に政府主導でスポーツを通じた開発 (International Development through Sport: IDS) を行う専門機関を設置した。後にその役割をコモンウエルスゲームズ・カナダ (Commonwealth Games Canada: CGC) へと移管したが、新組織においても「国際的なスポーツと開発のコモンウエルス諸国のリーダーである」[*5]という自負を持っている。コモンウエルスとは、主に英国の旧植民地を中心に構成される国家間共同体であり、4年に一度、加盟国が参加する国際大会が開催されている。直近の2014年グラスゴー大会には71か国が参加したが、メンバー国には開発途上国が多く、国によってはオリンピック大会以上の盛り上がりをみせる。CGCはコモンウエルスの理念を受け継ぎ、カナダの競技力向上とIDSを一手に担うユニークな組織であり、主にコモンウエルス加盟国に対して実施したIDS事業の対象者は、200万人近くに上っている。

＊5 Commonwealth Games Canada ホームページ
　　http://www.commonwealthgames.ca/about-cgc/about-cgc.html [2014.12.04]

表5　2013-2014年のCSOs

派遣国	職務内容	受入団体
インド	強化コーチ、財務 (Competitive Coaching and Finance)	YUWA
ドイツ	スポンサー対応、助成金申請 (Sponsorship and Grant Opportunities)	Skateistan
アメリカ、ブラジル	戦略策定、イベント管理 (Strategic Planning and Event Organization)	Jugando por la Libertad (Nukanti Foundation)
アメリカ	成長計画 (Growth Plan)	Sports for Juvenile Justice
ケニア	コミュニケーション、ウェブ開発 (Communications and Website Development)	Moving the Goalposts
コロンビア、ジャマイカ	パラリンピック委員会の発展 (National Paralympic Committee Development)	IPC
タークス・カイコス諸島	プログラム開発 (Program Development)	Women in Sport Association (WIS)
スワジランド	ジェンダーの平等に向けた行動計画策定 (Development of Gender Equality Action Plans)	Swaziland National Olympic Committee (SNOC)
ボツワナ	選手のウエルネス向上 (Athlete Wellness)	African Youth Games

出所：Commonwealth Games Canada ホームページ[*6] より筆者作成

　カナダは、スポーツに特化した人材を派遣する事業 "Sport WORKS" を実施している。この事業は、オーストラリアの "Youth Ambassador" や日本の青年海外協力隊のように派遣分野の一つとしてスポーツを設けるのではなく、IDSに特化した人材のみを送ることに特徴を有している。2001年にカナダの青少年雇用政策の一環として始まったCanadian Sport Leadership Corps（CSLC）が元になっているが、現在はCanadian Sport Officers（CSOs）と名称を変えており、CSOとして派遣されるためには、体育・スポーツ関係の修士号や競技歴など、スポーツに関わる専門的な知識や経験が必要とされる。派遣期間は、1週間から1年と幅があり、これまで30を超える国々で200人を超えるCSLC、CSOsが活動を行った。表5[*6]に2013-2014年の派遣国・職種を示す。

[*6] Commonwealth Games Canada ホームページ
　　http://www.commonwealthgames.ca/sportworks/sport-leaders-abroad-program/sport-leaders-abroad-program.html [2014.12.04]

③イギリス

　イギリスは、「貧困削減」を開発援助の目的として明確に示し、国際開発省（Department for International Development: DFID）が開発協力の案件形成から実施、評価までを一手に担っている。2002年に成立した「国際開発法（The International Development Act）」では、開発協力を外交や経済と切り離した国の責務であるとし、世界の貧困削減が長期的な意味での国益であるとする独自の視点を示した。DFIDは、「スポーツは開発において最も重要と言うわけではないが、我々の目的達成に貢献する。スポーツは、地域の力の結集や子どもや若者に新たな社会、身体技能の習得を促し、共通に合意されたルールの下での競争や闘争の場所を提供する」（DFID: 1998, p. 22）とスポーツを用いた国際協力について明示しており、特にスポーツ政策の実行機関であるUK Sportと連携してアフリカの旧植民地諸国を中心とした複数国に小規模な贈与を行ってきた実績を有する。

　UK Sportは、イギリスの総合的なスポーツ力の強化を担っており、「世界的成功（World-class success）」のための5つの戦略を掲げている。5つの戦略とは、①全世界のスポーツ振興、②海外拠点とネットワークへのアクセス支援、③イギリススポーツの活性化と海外への影響力強化、④人間・社会・開発の実現へのスポーツの活用であり、自国のスポーツに関わる総合力の向上のために「UK Sport国際スポーツ開発協力戦略（UK Sport's International Development Assistance Strategy）」も打ち出している。国内のみでなく国外での存在感を示すことで、長期的な視野でイギリスのスポーツを振興するというスケールの大きな話であり、スポーツ開発協力は確固とした「戦略」と捉えられている。イギリスでは、DFIDが開発の視点からのスポーツ、UK Sportがスポーツ振興の視点からの開発協力を担い、2者の連携を軸としたスポーツ協力の礎が築かれていった。

　この実績が評価されたか否かは定かではないが、イギリスは、2012年ロンドンオリンピック・パラリンピック大会の招致に成功した。開催が決定した2005年以降、DFID、UK Sportに加えて、大会組織委員会、文化・情報・スポーツ省（Department of Culture, Media and Sport: DCMS）、ブリティッシュカウンシル、ユニセフなども連携し、"International Inspiration"プログラムが開始された。本事業では、「スポーツ・身体教育、プレイなどを通じて、英国を含めた21か国、1200万人の子ども達の人生を豊かにする」ことが目的とされ、具体的には、①学校と周辺におけるスポーツ教育の実施、②スポーツ環境と競技力の向上、③スポーツを通じた人間・社会開発、が目標として示され

た。事業の特徴として、開発途上国のみでなくイギリス国内でも活動が行われ、さらにオリンピック・パラリンピック大会の開催に向けて、イギリスの子どもたちが諸外国やその国の体育・スポーツ事情に関心を持つための情報を提供する機会として活用されたことが挙げられる。21か国、1200万人という目標は、2011年のエジプトでの活動をもって達成されたが、ロンドン大会終了後も活動は継続されており、2014年現在、累計で2500万人の子ども達がプログラムに参加し、25万人の実務者（教員、コーチ、リーダーなど）が活動し、イギリス国内の55の施策、戦略、法改正などに影響を与えた[*7]と言われている。

イギリスのスポーツ協力は、ODAの枠組み、スポーツの枠組みの両方から、さらにはオリンピック・パラリンピック大会の開催を契機に、他の関係機関を巻き込んだ包括的なムーブメントとなったところに特徴を有する。この点で、2020年に東京大会を迎えるわが国の参考になることが多いが、イギリスのスポーツ協力が歴史的に積み重ねてきた実績と経験を元にしたものであり、オリンピック・パラリンピック大会の招致の際に突如として現れた政策ではないということを忘れてはならない。イギリスと比較すると、日本のスポーツ協力は、突如出現したものであるとみなされるかもしれないが、実は戦後間もない時期から様々なスキームを使って草の根での活動が行われている。次項以降で日本のこれまでのODAによるスポーツ協力の実績を整理してみたい。

（岡田千あき）

[3] わが国のODAによるスポーツを通じた開発

わが国では、開発途上国の発展への自助努力を支援することを理念に、政府開発援助（ODA）が実施されている。日本のODAには二国間援助と多国間援助（国際機関に対する拠出）という形態があり、二国間援助はさらに、「贈与」と「政府貸付」に分類される（図2）。これらの中で近年、スポーツ分野が関連するものは、「無償資金協力」の中の「草の根・人間の安全保障無償」「文化無償」（一般文化無償、草の根文化無償）においてであり、「技術協力」の中では「青年海外協力隊派遣」「シニア海外ボランティア派遣」「草の根技術協力」においてである。また、これらを実施する専門機関に国際協力機構（JICA: Japan International Cooperation Agency）がある。

---

*7 UK Sport ホームページ
　https://www.uksport.gov.uk/news/coes-london-2012-international-inspiration-legacy-promise-reaches-25-million-around-the-world [2014.09.09]

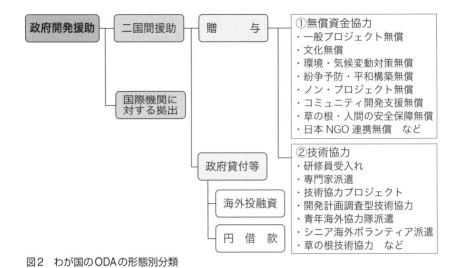

図2　わが国のODAの形態別分類

　以下、それぞれのスキームにおけるスポーツ分野の取り扱いを整理しよう。
①無償資金協力におけるスポーツ
　無償資金協力とは、開発途上国等に資金を贈与する援助形態であり、開発途上国が経済社会開発のために必要な資機材、設備およびサービスを購入するために必要な資金を贈与するものである。特に、開発途上地域の中でも比較的所得水準の低い諸国・地域を中心として実施されている[*8]。
　近年、スポーツ分野に関しては、無償資金協力の中の「草の根・人間の安全保障無償」及び文化無償資金協力の「一般無償」「草の根文化無償」においての支援実績がある。
(i)草の根・人間の安全保障無償
　草の根・人間の安全保障無償資金協力（以下、「草の根無償」）は、開発途上国の多様なニーズに応えるために1989年に導入された制度である。草の根無償は、開発途上国の地方公共団体、教育・医療機関、並びに途上国において活動している国際及びローカルNGO等が現地において実施する比較的小規模なプロジェクト（原則1,000万円以下の案件）に対し、当該国の諸事情に精通しているわが国の在外公館が中心となって資金協力を行うものである。なお、開発途上国におけるNGOや地方公共団体が実施する文化・高等教育振興事業に

[*8] 外務省ホームページ　http://www.mofa.go.jp/mofaj/gaiko/oda/seisaku/keitai/musho/about.html [2014/03/29] 参照

表6　近年の草の根・人間の安全保障無償におけるスポーツ支援

年度	国　名	案件名／団体名	予算（万円）
2012	モルディブ	ミーム環礁ムラク島ムラク学校における体育館建設計画／ムラク学校	1,169
2012	チ　リ	チジャン市初・中等教育校体育館床改修計画／パドレ・ビセンテ・ラス・カサス教育財団	739
2012	パラオ	ベタニア高校体育館整備計画／ベタニア高校	975
2011	パラオ	アイライ小学校体育館整備計画／アイライ小学校	873
2010	アフガニスタン	ゴール県チャグチャラン市における体育教育兼防災避難施設建設計画／ナウエ・ハリルッド開発サービス機構	436
2010	チ　リ	サンタ・ファナ市中等校体育館修復計画／サンタ・ファナ市	918
2010	パラオ	パラオ・ミッション・アカデミー体育館改築計画／パラオ・ミッション・アカデミー	480
2009	コスタリカ	ホセ・マヌエル小学校体育館建設計画／ホセ・マヌエル小学校教育委員会	942
2009	コスタリカ	ポアシート中学校体育館建設計画／ポアシート中学校運営委員会	946

出所：外務省ホームページ　ODA検索サイト（2014年3月）より筆者作成

ついては後述の「草の根文化無償資金協力」のスキームにて支援が実施されている。草の根無償は、草の根レベルに対する裨益効果が高い事業、小規模な支援によって特に高い援助効果を発揮する事業、人道上機動的な支援が必要な事業等を中心に、基礎生活（Basic Human Needs）分野及び人間の安全保障の観点から特に重要な分野を支援することを基本方針としている。[9] 近年のスポーツに関わる実績は表6に示すとおりである。

(ii)文化無償

文化無償資金協力は主に文化・高等教育振興を目的とした機材供与や施設整備等の購入にかかる資金の贈与を行うものであり、1975年に開始された。その中でも政府機関を対象とする「一般文化無償資金協力」（以下、「一般文化無償」）とNGOや地方公共団体を対象に小規模なプロジェクトを実施する「草の根文化無償資金協力」（以下、「草の根文化無償」）の2つの枠組みがあり、

---

* 9　外務省ホームページ　http://www.mofa.go.jp/mofaj/gaiko/oda/shimin/oda_ngo/kaigai/human_ah/［2014/03/30］参照

表7　近年の一般文化無償におけるスポーツ支援

年度	国　名	案　件　名	予算（万円）
2011	キルギス	体育庁柔道器材整備計画	5,200
2010	南アフリカ	南アフリカ柔道連盟柔道器材整備計画	6,650
2009	ガボン	ガボン柔道柔術連盟柔道器材整備計画	4,270
2009	ブルキナファソ	ブルキナファソ柔道連盟柔道器材整備計画	6,180
2009	ウルグアイ	観光スポーツ省柔道器材整備計画	2,900
2009	グアテマラ	ラ・デモクラシア国立公園スポーツ器材整備計画	3,360
2009	ニカラグア	ニカラグア柔道連盟柔道器材整備計画	5,840
2009	ペルー	体育庁柔道器材整備計画	4,450

出所：外務省ホームページ　ODA検索サイト（2014年3月）から筆者作成

表8　草の根文化無償におけるスポーツ支援（2012年度の約束状況）

国　名	案　件　名	予算（万円）
カンボジア	武道場建設計画	978
ミャンマー	ミャンマー柔道振興計画	939
タジキスタン	空手道場整備計画	724
レバノン	レバノン柔道連盟柔道器材整備計画	199
ウガンダ	青少年育成のためのグラウンド整備計画	989
ガーナ	ラボネ高校野球・ソフトボールグラウンド整備計画	999
ジンバブエ	障がい者用テニスコート整備計画	703
ジンバブエ	セケ教員養成校スポーツコート整備計画	759
パナマ	ミゲル・A・リバス体育館器材整備計画	360
ペルー	アレキパ州特別基礎教育センター柔道教室整備計画	160
モルドバ	モルドバ国立体育大学器材整備計画	531

出所：外務省ホームページ　ODA検索サイト（2014年3月）より筆者作成

それぞれにおいてスポーツ関係の支援が実施されている。[10]

「一般文化無償」「草の根文化無償」それぞれの近年の実績については表7、表8に示すとおりである。

　以上、ODAの無償資金協力のスポーツに関連する援助実績をまとめてみたが、ODA予算全体からみれば、0.1〜0.2％程度の規模でしかない。またこれらの援助についてその目的や期待される効果などを明記してあるものは管見の限り、見当たらない。

　上記支援の中でも、金額の規模が最も大きい「一般文化無償」は、2020年

---

* 10　外務省ホームページ　http://www.mofa.go.jp/mofaj/gaiko/culture/musyo ［2014/04/01］参照

東京オリンピック・パラリンピック競技大会に向けて、スポーツ・フォー・トゥモロー・プロジェクトにも活用されると期待されているようであるが、その支援に関する理念、あるいは方策の検討などが今後の課題である。

②技術協力

ODAの中の「技術協力」を実施する専門機関がJICA（独立行政法人国際協力機構）である。JICAは、1974年に政府開発援助（ODA）の技術協力と無償資金協力の一部を実施する特殊法人「国際協力事業団」として設立され、2003年10月に独立行政法人となり、国際協力機構となった。近年、JICA事業の中で実施されているスポーツ分野での活動としては、「青年海外協力隊派遣」「シニア海外ボランティア派遣」などのJICAボランティア派遣事業と「草の根技術協力」などがある。

これまでわが国が実施してきたスポーツを通じた国際協力としては、予算規模や実施内容などからみて、JICAボランティア派遣が最大規模であるといえよう。以下にJICAボランティア事業を整理する。

(i) JICAボランティア事業

JICAボランティア事業では、目的として、下記の3つが掲げられている。
1. 開発途上国の経済・社会の発展、復興への寄与
2. 友好親善・相互理解の深化
3. 国際的視野の涵養とボランティア経験の社会還元

この活動は、「国民参加型事業」と位置づけられており、日本から派遣されるボランティアが主体となり、相手国の人々と生活や活動をしながら上述の目標を達成しようとするものである。

その中でも、青年海外協力隊事業（Japan Overseas Cooperation Volunteers: JOCV）が最も歴史と実績のあるプログラムである。青年海外協力隊事業は1965年に発足し、さらに、後述するシニア海外ボランティアや日系社会ボランティアなど新たなスキームを組み込みながら、現在のJICAボランティアシステムへと至り、2010年にはボランティア派遣数が4万人を突破した。日本においても「協力隊」の名は広く知られている。

現在のJICAボランティア事業が、青年向け（20〜39歳）、シニア向け（40〜69歳）とに大別されて、以下のように事業が展開されている。[*11]

【青年向け（20〜39歳）】

青年海外協力隊　　　　　　　約1,400名/年

---

*11 JICAホームページ　http://www.jica.go.jp/volunteer/outline/history/［2014/04/01］参照

日系社会青年ボランティア　　　　約35名/年
　　短期ボランティア　　　　　　　　約200名/年　（1年未満）
【シニア向け（40〜69歳）】
　　シニア海外ボランティア　　　　　約350名/年
　　日系社会シニアボランティア　　　約20名/年
　　短期ボランティア　　　　　　　　約100名/年　（1年未満）

　それぞれのスキームの概要を整理してみよう。
(a)青年海外協力隊事業
　わが国のスポーツを通じた国際協力の中で、もっとも実績があるのが、「青年海外協力隊」である。当該事業は「計画行政」「公共・公益事業」「農林水産」「鉱工業」「エネルギー」「商業・観光」「人的資源」「保健・医療」「社会福祉」の9部門に分かれており、その中の「人的資源」の中に、スポーツ分野の職種が組み込まれる形態となっている。[*12] スポーツ関係の派遣でこれまでに派遣実績のある職種は、表9の通りである。

　青年海外協力隊派遣開始当初の1960年代は日本のお家芸である「柔道」の派遣が多く、スポーツ部門全体の7割以上を占めていたが、次第に教育協力の重要性の高まりに連動する形で「体育」での派遣が増加してきている。1980年代以降は「体育」での派遣が最も多く、その比率はますます大きくなってきている（齊藤, 2006）。多くの開発途上国で教科体育へのニーズの高まりを見て取ることが出来る。

　表10は、2013年秋募集の要請内容と資格条件（受入れに不可欠な条件）をいくつか抜粋したものである。

　これらは、2013年秋募集の体育・スポーツ分野の要請のほんの一部であるが、これらの例からも、多様な活動形態があることが分かる。勤務形態や要請内容も様々であり、協力隊員に求められる資格のレベルもそれぞれ違っている。特に近年、開発途上国からのニーズはますます多様化する傾向にある（齊藤, 2000）。

　技術協力の効率性という観点からいえば、相手国の関係省庁や体育教員養成学校に籍をおきながら、体育・スポーツ全般にわたっての計画に携わるといった活動の方が波及効果を残しやすいが、一方で高い専門性や語学力なども必要

---

*12　要請一覧（平成25年度秋募集）。なお、1979年以降2012年度までは青年海外協力隊の活動分野の7部門の中の一つ「スポーツ部門」として位置づいていたが、2013年度より組織形態が変わった。

表9 これまで派遣実績のあったスポーツ部門の職種

・体育	・水球	・野球	・柔道
・体育医学	・テニス	・ハンドボール	・空手
・陸上競技	・卓球	・サッカー	・合気道
・スキー	・バドミントン	・ラグビー	・剣道
・体操競技	・バレーボール	・ボクシング	・重量挙げ
・新体操	・バスケットボール	・レスリング	
・水泳	・ソフトボール	・アーチェリー	

出所:齊藤一彦(2000)「開発途上国への国際スポーツ教育協力の現状と課題—青年海外協力隊事業を中心に—」国際協力事業団国際協力総合研修所、p. 30 及び JICA ボランティア技術顧問渡部氏からの聞き取り調査(2014年3月)の結果を加えて作成

表10 青年海外協力隊(2013年秋募集)の要請内容及び資格条件(一部抜粋)

職種	国名・配属先	要請内容	資格条件
陸上競技	インドネシア 青年スポーツ省 ボゴール市青年スポーツ局	市が管理するスポーツクラスで、地域で選抜された中高生の中・長距離選手を同僚コーチとともに指導する。新しい体育学校施設が完成すれば選手・コーチと共に活動拠点を移し、地方選抜選手制度の立ち上げを支援する。	競技経験(3年以上) 体育教育カリキュラムの理解
野球	スリランカ スポーツ省 スリランカ硬式・軟式野球協会	古都キャンディを拠点に、周辺にある地域を出張ベースで回りながら小中高生、大学生、社会人を対象とした野球の指導や審判講習会、野球大会などを実施していく。	男性 競技経験(3年以上)
サッカー	バングラデシュ 青年・スポーツ省 国立スポーツ学院	スポーツ選手養成のために設立された国立スポーツ学校にて、15〜20歳の男子生徒(約70名)に対し、サッカー指導を実施する。	男性 指導経験(3年以上) JFA B級コーチ資格
柔道	モンゴル 教育・科学省 フブスグル県チャンピオンズスポーツ学校	任地は風光明媚な観光地近くの地方都市。公立スポーツ専門学校(小学生〜高校生)にて同僚教師とともに柔道専門教員として生徒を指導し、チーム強化をめざす。	指導経験(2年以上) 講道館2段以上
体育	カンボジア 教育青年スポーツ省 シハヌークビル市教育青年スポーツ局	市の教育行政を統括する機関に配属となり、近隣小学校の体育の実施状況を調査すると共に、現地の教員に対する助言やモデル授業を行う。	実務経験(2年以上) 教諭免許(保体又は小学校教諭)
体育	モルディブ 教育省 ダラヴァンドゥ・スクール	地方島の公立小学校において、1〜7年生の生徒に対して体育の授業を現地教諭と協力して実施する。必要に応じて現地教諭対象のワークショップ等を開催して、将来的には現地教諭だけで体育の授業が実施できるような活動が求められている。	大卒(体育) 教諭免許(保体)

出所:要請一覧(平成25年度秋募集)より筆者作成

とされるため、ボランティア事業である青年海外協力隊というプログラムの中では、困難な部分もあるであろう。

(b)シニア海外ボランティア

先述の青年海外協力隊のシニア版であるシニア海外ボランティアは、1990年に発足したシニア協力専門家から1996年に「シニア海外ボランティア」に改称され、現在に至っている。スポーツ分野の職種の位置づけは青年海外協力隊と同じ「人的資源」の一部である。

日本国内でのボランティア意識の高まりに加え、日本社会の高齢化に伴い、ボランティア活動に関心を寄せるシニア世代も増えてきている。

表11は、2013年度秋募集の要請内容と資格条件（受入れに不可欠な条件）をいくつか抜粋したものである。

全体的に武道の割合が高く、またその武道での段位や指導経験年数など、青年海外協力隊と比べると、より豊富な経験が求められていることが分かる。また日本での経験を前提としている派遣であるため、現地での関係機関に所属し、指導、アドバイザー的な役割を求められるケースも多いようである。シニア世代の持つ高い技術力が開発途上国で活かされる重要なスキームであるが、同時に健康問題や語学問題などシニア世代にとってクリアしないといけないハードルも低くはない。

上述の「青年海外協力隊」「シニア海外ボランティア」は2年間の派遣がベースではあるが、派遣年数が1年未満である「短期ボランティア」も実施されている。短期ボランティア派遣には①ボランティア経験者が応募できる案件、②ボランティア未経験者でも応募可能な案件の2つのパターンに分けて応募、派遣がなされている。

(c)日系社会ボランティア／日系社会シニアボランティア

中南米地域の国々を中心とした日系人及び日系人社会向けのボランティア事業に「日系社会ボランティア」「日系社会シニアボランティア」がある。1985～1995年にかけて、特に日本の青年の海外移住の促進を目的として実施されていた「海外開発青年」事業がその前身である。1996年から開始された日系社会ボランティアは2013年12月時点で中南米9か国に対して1,100名以上、同じく1996年に開始された日系社会シニアボランティアも、北中南米10か国に対して400名以上のボランティアを派遣している。

表12は日系社会青年ボランティア2013年秋募集の要請内容及び資格条件である。4件が要請として挙げられており、「計画・行政」部門の一つとしての派遣である。

表11　シニア海外ボランティア（2013年秋募集）の要請内容及び資格条件（一部抜粋）

職種	国名・配属先	要請内容	資格条件
サッカー	カンボジア 教育青年スポーツ省 カンボジアサッカー連盟	配属先が新規設立したサッカーアカデミーにおいて、中長期計画の策定を支援しサッカーアカデミーの基盤を整備するとともに、若手人材の発掘および育成を行う。また、若手コーチや選手に対して、ワークショップや研修会を実施する。	指導経験（3年以上） JFA B級ライセンス及びキッズリーダ
柔道	ラオス 教育スポーツ省・ラオス柔道連盟	ナショナルチームへの指導・育成を行うとともにラオスにおける柔道の普及・振興活動を支援する。また、文化無償資金協力で建設された武道館の有効活用に向けた支援を行う。	指導経験（10年以上） 柔道4段以上
空手道	モロッコ 青年・スポーツ省フェズ支局	フェズ県内のスポーツ施設においてモロッコ人指導者と協力しながら、身体面、精神面を鍛錬することを目的に空手の指導を行う。	指導経験（3年以上）
合気道	ヨルダン ヨルダンオリンピック委員会ヨルダン柔道連盟（ヨルダン合気道委員会）	合気道委員会に派遣され、首都アンマンにある柔道連盟道場にて、有段者および初心者に対して合気道を指導する。指導内容は、体術、剣、杖、短刀である。	男性 合気道（合気会）5段以上
剣道	ドミニカ共和国 経済企画開発省 ドミニカ剣道連盟	配属先である剣道連盟は、技術と組織運営共に発展段階にあるが、剣士達の士気は高く心は熱い。技術だけではなく心得、作法、剣道の精神を伝え、同僚や練習生と一緒になって同国の剣道の基盤づくりに協力する。	指導経験（5年以上） 剣道5段 居合道3段以上
体育	チリ 保健省ペドロ・アギレ・セルダ国立身体障害者リハビリテーション病院	チリの国立身体障害者リハビリテーション病院にて、担当者に対し、スポーツやレクリエーションを通した身体障害者の社会参加促進のための障害者スポーツを指導する。	実務経験（5年以上） 障害者スポーツ指導員 中級以上

　また、表13の2件は日系社会シニアボランティア2013年秋募集の要請内容及び資格条件である。日系シニアボランティアは、2013年秋募集においては全職種で13の要請だけであり、特に「部門」という区分けが設定されていない。これらの派遣事業は日系人社会を活動対象としたものであるから、職種には日本語や日本文化を伝えるものが多くみられ、体育・スポーツ分野では野球やソフトボールなどの要請が多くみられるのが特徴的である。

表12　日系社会青年ボランティア（2013年秋募集）の要請内容及び資格条件

職種	国名・配属先	要請内容	資格条件
ソフトボール	ブラジル クリチーバ日伯文化援護協会 日系クラブ	選手育成と共に指導者の技術指導の向上を支援する。日本の最新の理論と練習方法を基に、競技技術全般についてアドバイスするほか、主要な国内大会に備えた練習計画等の立案を行う。	競技経験（5年以上）
野球	ブラジル ニッポセントロオエステドブラジル協会	日系コミュニティーや地域社会の活性化を大きな目的に、主に子供達に対し野球の技術、規則、トレーニング方法などを指導する。対象者には配属先の日系協会の野球部員のほか、地域の非日系の青少年も含まれる。	競技経験（5年以上）投手経験者
野球	ブラジル クリチーバ日伯文化援護協会 日系クラブ	選手育成と共に指導者の指導技術の向上を支援する。日本の最新の野球理論と練習方法を基に、競技技術全般についてアドバイスするほか、主要な国内大会に備えた練習計画等の立案を行う。	競技経験（5年以上）
体育	ドミニカ共和国（法）ドミニカ日系人協会	首都サントドミンゴをはじめとするドミニカ共和国全国の日系日本語学校で、ラジオ体操・ドッジボールなど日本の体育の授業を行う。また、サントドミンゴ校に所属し、全国各地の日系人移住地で高齢者を対象に健康維持を目的とした運動の普及を行う。	社会経験（3年以上）指導経験（1年以上）

表13　日系社会シニアボランティア（2013年秋募集）の要請内容及び資格条件

職種	国名・配属先	要請内容	資格条件
ソフトボール	ブラジル マリリア日系文化体育協会 マリリア日系クラブ	女子ソフトボール部の児童・生徒に対し、基本ルール習得レベルから大会出場レベルまで競技力が向上するよう指導する。監督・コーチに対し、基本的な指導技術や適切な練習方法、スポーツ精神を通じた選手とのコミュニケーション方法を指導する。	競技経験（10年以上）投手指導経験
野球	ブラジル コーペルコチア	野球初心者の子供に野球の基本ルールや技術を指導すると共に、競技大会向けの実力をつけるよう支援する。また、基本動作についての指導技術・適切な練習方法についてコーチ・指導者と意見交換・協議し、より良い指導法を検討する。	指導経験（5年以上）

　以上、JICAボランティア事業の一部をまとめた。2年以内という短期間でより多くの人が関わり、日本のプレゼンスを高めることのできるボランティア活動と考えた場合、言葉や文化の壁を超えやすい「体育・スポーツ」は効果的なツールであろうと思われる。

一方でJICAの事業「専門家派遣」となるとこれまで体育・スポーツ分野では前例がない。ボランティアとして草の根活動は実践できても、その活動のレベルを超えた高度な案件には対応が出来ていないのも現状である。開発途上国からのニーズが多様化し、また援助の効率性が問われる今日、体育・スポーツ分野のJICA事業内での位置づけや、長期的視点に立った方策の検討なども今後の課題であろう。

(ii) JICA草の根技術協力事業

　JICAの草の根技術協力事業とは、日本の大学、地方自治体及び公益法人などによる協力活動をODAの一環として実施するものである。

　対象国は　全世界で80か国以上に置かれているJICAの海外拠点を持つ国であり、応募時点では、「地域提案型」「草の根協力支援型」「草の根パートナー型」の3つに区別されている。そのうち、スポーツ分野での支援が行われているの

表14　スポーツ分野のJICA草の根技術協力事業一覧

支援型	年度	国名	案件名	団体名
草の根技術協力支援型	2008	ラオス	ラオス障害者スポーツ振興プロジェクト	特定非営利活動法人アジアの障害者活動を支援する会
草の根パートナー型	2012	ケニア	ケニア国マチャコス地方マシンガ県マシンガ郡キバー・マシンガ区での住民への基礎教育を通じた参加型子どもの健康・教育保障事業	特定非営利活動法人アフリカ地域開発市民の会
草の根パートナー型	2012	カンボジア	カンボジア小学校体育科教育自立的普及に向けた人材育成及び体制構築のための事業	特定非営利活動法人ハート・オブ・ゴールド
草の根パートナー型	2008	カンボジア	小学校体育科教育振興プロジェクト	特定非営利活動法人ハート・オブ・ゴールド
草の根パートナー型	2005	カンボジア	カンボジア小学校体育科指導書作成支援プロジェクト	特定非営利活動法人ハート・オブ・ゴールド
草の根パートナー型	2004	マレーシア	東南アジアにおける車いす製造技術移転および車いすバスケットボール普及講習	社会福祉法人太陽の家
草の根パートナー型	2004	東ティモール	東ティモール・エルメラ県における保健教育促進プロジェクトフェーズⅡ	特定非営利活動法人シェア＝国際保健協力市民の会

出所：JICAホームページより筆者作成

が「草の根技術協力支援型」「草の根パートナー型」である。[*13]

　草の根技術協力支援型には、3年以内の事業で、2,500万円以内という上限が設定されており、2013年度までの実績としては、ラオスの障害者スポーツ振興プロジェクトでの支援実績があるのみとなっている。草の根パートナー型は、5年以内の事業で上限も1億円と規模が大きく、2013年度までにカンボジア、ケニア、マレーシアなどへの支援実績がある。

　これまでの実績からすると、NPOや公益法人などがこの制度で支援を実施しているが、さらに日本の大学や地方自治体などが本事業とタイアップし、途上国支援が、日本の市民や大学生に対しても一定の裨益効果をもたらすような活動形態が望まれる。

　以上、JICA事業の中でのスポーツに関する活動について触れてきたが、過去、数は少ないが、「研修員受け入れ」事業としてスポーツ分野での受け入れがあったり、また、青年海外協力隊経験者が国連ボランティア（UNV）の職種「体育」で送られた実績もあることを付記しておきたい。[*14]

③その他の公的セクターによるスポーツ部門の国際協力

　ODAにおけるわが国のスポーツを通じた国際協力は上述のように、JICAが中核的な役割を担ってきている。JICA以外の公的セクターとしては、「国際交流基金」「講道館」「日本体育協会」などの国際協力・国際活動もあり、以下に簡単に触れておきたい。

　国際交流基金（The Japan Foundation）は、文化交流を通じて国際相互理解と、国際友好親善を促進することを目的として、1972年に外務省所管の特殊法人として設立され、2003年に「独立行政法人国際交流基金」となった。わが国の国際文化交流の中枢を担う専門機関として、学術、日本研究から日本語教育、芸術、出版・映像メディア、スポーツ、生活文化まで幅広い分野で人の交流を基本とした事業を展開している。国際交流基金では「文化芸術交流」「海外における日本語教育」「日本研究・知的交流」を活動の柱としており、このうち、スポーツ部門が関わっているのが「文化芸術交流」である。さらにその中「文化協力」「日本文化紹介派遣」という主に2つの枠の中で、近年スポーツ分野の実績がみられる。主に専門家の派遣や講習会の開催などが、国際交流基金が全額負担する主催事業と、経費の一部を援助する助成事業とに分けて実

---

* 13　JICAホームページ　http://www.jica.go.jp/partner/kusanone/index.html [2014/04/10] 参照
* 14　齊藤一彦（2000）「開発途上国への国際スポーツ教育協力の現状と課題―青年海外協力隊事業を中心に―」『平成11年度国際協力事業団客員研究員報告書』国際協力事業団国際協力総合研修所、pp. 12-14

施されている。これまでの派遣実績は、武道分野の派遣が多く、特にその中でも柔道や空手が多くみられる。武道以外にもバレーボールや新体操等の指導者派遣がなされている。[*15]

　講道館は柔道を通じた国際協力・交流活動を広く展開している。上述の青年海外協力隊事業においても柔道の技術補完研修を実施しており、また国際交流基金の人物派遣も、講道館からの推薦によるものが多い。[*16] その他、講道館独自の派遣事業、海外柔道連盟招聘による派遣等も実施しており、また、開発途上国からの柔道の指導者や選手の受け入れなどでも大きな役割を担っている。

　日本のアマチュアスポーツ界の統一組織である日本体育協会（Japan Armature Sports Association: JASA）も特にアジア諸国を中心にスポーツを通じた国際交流を実施している。さらに日本オリンピック委員会（Japan Olympic Committee：JOC）はこれまで競技力の高い選手や指導者の派遣などを中心とした国際交流を実施してきている。東京オリンピック・パラリンピックに向けて、これらの組織に期待されるものはますます大きくなるであろう。

[4] まとめ

　本節では諸外国及びわが国のODAとスポーツを中心に整理してきた。ボランティアベースでのスポーツを通じた国際協力という点では、日本が最も組織だった活動を行ってきており、国際協力に関わる派遣人数などからすれば、非常に大きい規模であるといえる。これらのようにボランティア事業、すなわち国民が広くスポーツを通じて参加できるスタイルとしては、日本のボランティア事業が卓越したシステムを有している。では、日本が最もスポーツを通じた国際協力が盛んかといえば、そうともいえない。

　例えば、ドイツなどでは、ODA政策の中に、スポーツに期待する役割を明確に示されており、「スポーツ」や「身体活動」と名のつくプロジェクトが複数存在する。一方で日本は、ODAやJICAの中でも、スポーツという大きな分類及び分野などはなく、ボランティア派遣レベルを超えた事業には至っていない。プロジェクト派遣や専門家の派遣などもこれまでほとんど行われておらず、スポーツを通じた国際協力を深化させるレベルには至っていないのが現状である。あるいはイギリスやアメリカなどのように、キリスト教精神に基づきボラ

---

* 15　国際協力基金 2012 年度年報
　　http://www.jpf.go.jp/j/about/outline/result/ar/2012/pdf/dl/ar2012.pdf [2014/04/10] 参照
* 16　前掲書 14　P.19

ンティア活動が盛んに実施されている国々においては、ODAではなく、民間あるいは個人ベースのスポーツボランティアも数多くあり、一概に比較することは困難である。

　2020年、東京五輪開催に向け「スポーツ・フォー・トゥモロー」が行われようとしている今日、諸外国での取り組みを参照しつつ、わが国のODAの中で「スポーツを通じた国際協力」をどのように位置付けていくのか、また、NGOとどのように連携をとっていくのか、まさに喫緊の課題になっているといえよう。

（齊藤一彦）

[参考文献]

AusAID and ASC (2012) "Development-through-sport: A joint strategy of the Australian Sports Commission (ASC) and the Australian Agency for International Development (AusAID) 2013-2017", Australian AID

Coalter, F. (2010) "The Politics of Sport-for-development: Limited Focus Programmes and Broad Gauge Problems?" International Review for the Sociology of Sport, Vol. 45-No. 3, pp. 295-314.

Darnell, S. C. (2010) "Power, Politics and 'Sport for Development and Peace': Investigating the Utility of Sport for International Development", Sociology of Sport Journal, Vol. 27, pp. 54-75.

Darnell, S., Black, D. (2011) "Introduction: Mainstreaming Sport into Development Studies", Third World Quarterly, Vol. 32-No. 3, pp. 367-378.

DFID (1998) "The Role of Sport in International Development", DFID

Guest, A. M. (2009) "The Diffusion of Development-through-Sport: Analysing the History and Practice of the Olympic Movement's Grassroots Outreach to Africa", Sport in Society, Vol. 12, No. 19, pp. 1336-1352.

Hayhurst, L. (2009) "The Power to Shape Policy: Charting Sport for Development and Peace Policy Discourses", International Journal of Sport Policy and Politics, Vol.1, No. 2, pp. 203-227.

Kidd, B. (2008) "A new social movement: Sport-for-development and peace", Sport in Society, Vol. 11, No. 4, pp. 370-380.

岡田千あき・山口泰雄（2009）「スポーツを通じた開発―国際協力におけるスポーツの定位と諸機関の取り組み―」、神戸大学大学院人間発達科学研究科『神戸大学大学院人間発達学研究科研究紀要』第3巻第1号、pp. 39-47.

岡田千あき（2014）「『スポーツを通じた開発』の発展に向けた論点整理」日本運動・スポーツ科学学会国際健康・スポーツ分科会第12回大会発表資料.

小林勉（2014）「国際開発とスポーツ援助―スポーツ援助の動向と課題―」、スポーツ社会学会編『スポーツ社会学研究』第22巻第1号、pp. 62-78.

齊藤一彦（2000）「開発途上国への国際スポーツ教育協力の現状と課題―青年海外協力隊事業を中心に―」『平成11年度国際協力事業団客員研究員報告書』国際協力事業団国際協力

総合研修所.
齊藤一彦（2006）「開発途上国への体育・スポーツ分野の国際協力に関する研究―青年海外協力隊の派遣動向分析―」『運動とスポーツの科学』pp. 35-41.
参議院（2010）「カナダの対外援助に関する調査」第6回参議院政府開発援助（ODA）調査派遣報告書.
経済産業省（2007）「平成18年度経済協力評価事業（経済協力の推進に係る政策評価）―報告書―」
GTZ (2002) "Hands On! A Manual for Working with Youth on SRH" GTZ
Nadja Schott (2002) "Games and Sports for the youth of Calcutta's urban slums" in 'Youth between political participation, exclusion and instrumentalisation' GTZ
VSO (1998) "A Handbook for Teaching Sports", VSO/Heinemann Books
政府開発援助2013年度

■3
NGOによるスポーツを通じた国際協力

概要●スポーツを通じた開発の実践は、その大部分がNGOの活動に支えられている。そうしたNGOの数はここ20年余の間に急速に増加した。もともとスポーツを通じた開発自体を目的として成立したものだけでなく、従来からの開発分野にスポーツを取り入れるもの、スポーツ分野からの開発への参入等、多様な展開をみせているが、いくつかの課題も浮き彫りになっている。

［1］はじめに

　この節では、スポーツを通じた開発に携わる国内外のNGOの現状について概観する。スポーツを通じた開発の分野は現在急成長している最中で、同分野に携わる組織が日々増えている状況である。今後もしばらくは増加傾向が続くだろう。特にNGOは、スポーツを通じた開発のプログラムを現場で実行したり、技術的・資金的に支援したりする組織として、その中核をなしている。団体の新規設立に加えて、既存の開発協力NGOやスポーツ関連団体が同分野に参入するケースも増えている。一方で、参入後長続きせずに消滅する団体も数多くある。したがってこの節で述べることは、日々刻々と変化する現況を捉えきれるものではないことに注意して、読者自らが変化を捉え続けるための一助にして欲しい。

　NGOに限らずスポーツを通じた開発に携わる組織の数は、この20年余の間に急速に増えており、特に2000年代に入ってからは顕著である。2003年からスイス開発アカデミー（Swiss Academy for Development：SAD）が運営するウェブサイト「スポーツと開発の国際プラットフォーム」（International Platform on Sport and Development：www.sportanddev.org）は、スポーツを通じた開発に携わる団体や個人の情報共有やネットワーキングを推進してきた。国際機関、各国政府機関、民間営利団体、民間非営利・非政府団体、スポーツチームや連盟、大学・研究機関を含む様々な団体が、自らサイトに登録

表15　sportanddev.org登録団体の内訳（2012年4月時点）

種　　別	登録数	割合（%）
NPO/NGO	299	76.5
スポーツ連盟・団体	36	9.2
営利企業	23	5.9
大学・研究機関	17	4.3
国際機関	12	3.1
政府機関	4	1.0
合　　計	391	100

することができる。もちろん、世に存在するスポーツを通じた開発に関わる団体の全てが登録されているわけではないが、同種のネットワークの中では最も早く立ち上げられたものの一つであり、登録団体数からも最も網羅的なものであると考えてよいだろう。筆者らの記録によれば、サイトに登録されている団体の総数は、2008年時点ではおよそ150だったものが2012年3月時点でおよそ380、6月に400、9月時点では430に上っている。2012年に入ってからも加速度的に伸び続けていることがわかる。

　本節の前半は、主にこの「スポーツと開発の国際プラットフォーム」を元に構築したデータベースを用いて、スポーツを通じた開発を実践するNGOの実態に接近することを試みる。表15は、2012年4月時点までにデータベースへの入力が完了した391の団体の組織形態別の内訳を示している。NPO/NGOの項目が全体の4分の3を超える299団体存在し、スポーツを通じた開発の実践が非営利・非政府部門によって大きく支えられていることがわかる。以後、この299団体を「スポーツを通じた開発NGO」として扱って議論を進めていく。次項では、この分野の活動がどのような地理的な拡がりをもっているのかについて論じる。次いで3項では、同分野の歴史的な発展過程について、設立団体数とその累積数、および代表的事例から整理する。

　4項は、日本に拠点をおくNGOを扱う。筆者に既知の団体が35件あり、これらについて世界的な傾向との比較からその特徴を明らかにする。最後に第5項は、再び世界の動向に視点を戻し、同分野のNGOを取り巻く諸々の課題を整理する。

[2] スポーツを通じた開発NGOの地理的分布

　次に299団体が拠点をおく地域と、それらが展開する活動の地理的な分布に

ついてみてみる。表16は、299団体が拠点とする地域の実数と割合である。アフリカに拠点をおくNGOが103件と最も多く、ヨーロッパが87件でそれに続く。この両地域で全体のおよそ63％を占め、スポーツを通じた開発の運動がすぐれてヨーロッパ＝アフリカ的な現象であることを示している。リバーモアとビーコム（Levermore and Beacom, 2009）が2009年時点で行った分析でも、同様の傾向が示されている。

以下、北アメリカが42件、アジアが38件、ラテン・アメリカおよびカリブ諸国が25件、オセアニアが4件とつづく。人口規模を考えるとアジアの件数はもっと多くてもよいはずだが、全体のおよそ13％を占めるに過ぎない。表17はアジア地域内での内訳である。南アジアが6割を占め、その他の地域と大きく格差がある。日本を含む東アジアや、開発協力で日本と縁の深い東南アジアはそれぞれ3件と5件と非常に数が少ない。現状ではスポーツを通じた開発の発展から取り残された地域であると言わざるを得ない。

これらのNGOは、どのような地域で活動を展開しているのだろうか。表18は活動場所と拠点とする場所の対応を示している。299団体中、執筆時点で活動場所が特定できていないものが100団体あるので、残りの199団体のデータである。一つのNGOが複数の地域で活動を展開することが一般的なので、199団体の活動場所の総数は790か所を数える。まだデータの信頼性が十分とは言えないのだが、全体の傾向をみる目安にはなるだろう。この表から読み取れることは、次の7点である。

第一に、拠点地域別の活動地域の合計をみると、ヨーロッパに拠点をおく団体が、活動地域の総数の43％と圧倒的な多数を占めることがわかる。団体数で上回るアフリカの場合、拠点地域の周辺の限られた場所で活動が展開されることが多いのに対して、ヨーロッパに拠点をおく団体は広く様々な地域で活動

表16 スポーツを通じた開発NGOの拠点地域

地域	登録数	割合（％）
アフリカ	103	34.4
ヨーロッパ	87	29.1
北アメリカ	42	14.0
アジア	38	12.7
ラテン・アメリカ／カリブ諸国	25	8.4
オセアニア	4	1.3
合計	299	100

表17 アジア地域におけるスポーツを通じた開発NGOの拠点地域

地域	登録数	割合（％）
南アジア	23	60.5
西アジア	7	18.4
東南アジア	5	13.2
東アジア	3	7.9
合計	38	100

表18　スポーツを通じた開発NGOの拠点地域と活動地域の分布

(カッコ内は割合、%)

		活動地域						
		アフリカ	アジア	ヨーロッパ	ラテン・アメリカ／カリブ諸国	北アメリカ	オセアニア	合計
拠点地域	アフリカ	140 (17.7)	0 (0.0)	2 (0.3)	2 (0.3)	1 (0.1)	2 (0.3)	147 (18.6)
	アジア	1 (0.1)	57 (7.2)	3 (0.4)	0 (0.0)	1 (0.1)	0 (0.0)	62 (7.8)
	ヨーロッパ	148 (18.7)	65 (8.2)	103 (13.0)	19 (2.4)	2 (0.3)	3 (0.4)	340 (43.0)
	ラテン・アメリカ／カリブ諸国	3 (0.4)	4 (0.5)	0 (0.0)	32 (4.1)	1 (0.1)	0 (0.0)	40 (5.1)
	北アメリカ	71 (9.0)	37 (4.7)	13 (1.6)	43 (5.4)	30 (3.8)	1 (0.1)	195 (24.7)
	オセアニア	1 (0.1)	0 (0.0)	0 (0.0)	0 (0.0)	0 (0.0)	5 (0.6)	6 (0.8)
	合計	364 (46.1)	163 (20.6)	121 (15.3)	96 (12.2)	35 (4.4)	11 (1.4)	790 (100.0)

を展開する傾向にあることが影響していると考えられる。同様の傾向は北アメリカに拠点をおく団体にもみられる。先進国に拠点をおきながら、途上国の各地で活動を展開するパターンが多いことが窺われる。

　第二に、活動地域の合計の分布については、アフリカが圧倒的多数であることがわかる。世界の貧困が集中するアフリカに、スポーツを通じた開発の支援も集中していることが窺われる。

　第三に、途上国地域内で拠点地域と活動地域が一致している場合が多いことがわかる。アフリカ、アジア、ラテン・アメリカおよびカリブ諸国、オセアニアに拠点をおく場合には、ほとんどが同じ地域内で活動を展開している様子がよくわかる。こうしたいわゆる南から南への支援が、全体のおよそ3割を占めている。途上国内で土着の自助的活動がスポーツを通じた開発の大きな部分を占めていることが読み取れる。

　第四に、同様にヨーロッパ地域内、北アメリカ地域内での拠点と活動地域が一致する場合も一定数ある。両地域に拠点をおく場合には、他の地域で活動するパターンが多数派ではあるものの、絶対数としては同地域内で活動する例が

かなり多いということがわかる。ヨーロッパの場合には、東ヨーロッパへの支援が相当数あることが影響していると考えられる。また、ヨーロッパ、北アメリカとも、国内の社会的弱者に対する支援活動も、一定の規模で行われていることを示唆している。

　第五に、ヨーロッパからアフリカへの支援が5分の1弱で、もっとも多いパターンである。ヨーロッパからアジアへというパターンも全体の1割弱である。ヨーロッパ諸国と旧植民地との関係性が依然として強いことを物語っているといえるかもしれない。データの精緻化が進められれば、国同士の関係性を細かくみることができるので、この点についての検証ができるだろう。

　第六に、ラテン・アメリカで展開される活動では、北アメリカに拠点をおく団体が最も多い。地域的な近接性が影響していることが明らかである。

　第七に、活動地域でみても、アジア地域の件数は依然として多くない。全体の5分の1を超えているので、拠点地域に比べると割合が増えている。しかし、最大の対アジア支援国である日本に拠点をおく登録団体がたった2件と、非常に少ないことの影響は無視できないだろう。

　総じて、スポーツを通じた開発NGOの活動は、ヨーロッパとアフリカを中心に展開していることが明らかである。特にアジア地域は発展から取り残されており、最大の支援国である日本を拠点とするNGOの存在感が問われているといってよいだろう。

[3] スポーツを通じた開発NGOの発展過程

　本項では、スポーツを通じた開発NGOの発展過程とそこにみられる傾向を整理する。図3は、1980年以降の年ごとのNGO設立数であり、図4はその累積数である。299団体中、設立年が不明なものを除いた220団体分を示してある。累積数については、実際は設立後に消滅した団体が存在するかもしれず、必ずしも現存する団体数と合致しているとは限らないが、一応の目安にはなる。一見してわかるように、80年代から毎年数件ずつ設立されるようになり、1990年代終わりから設立数がほぼ毎年10を超えるようになる。そして2008年にピークを迎える。2011年以降は数が少ないが、設立間もないためにサイト登録が済んでいない可能性があることを考慮する必要があり、設立数が下火になったとは言いきれない。

　図3の設立数について1984年以前は数が少ないため、ひとまとめにしてある。これら設立時期の早い組織のほとんどは、はじめからスポーツを通じた開発の

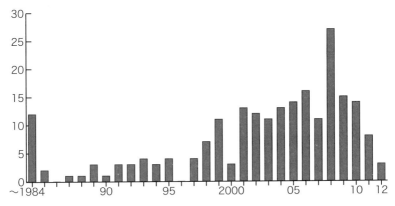

図3　スポーツを通じた開発NGOの設立数

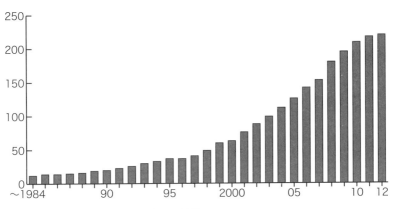

図4　スポーツを通じた開発NGOの累積数

ために立ち上げられたものではない。開発の分野で以前から活動していたNGOが近年になってスポーツの要素を取り入れるようになった場合か、スポーツ団体が開発の分野に参入した場合のいずれかであることが考えられる。この違いはplus sportとsport plusという言い方で説明されることが多い（例えば、Burnett, 2008；Coalter, 2007；Beacom and Levermore, 2008）。様々な開発分野の団体がその目的達成にスポーツの要素を取り入れる場合をplus sport、スポーツの普及を第一義的な目的とする団体が他の開発分野への貢献を目指すようになる場合をsport plusと呼ぶ。いずれの場合も、スポーツを既存の開発アプローチと組み合せることが一定以上の効果をもたらすという認識が広まったことで、新規団体の設立だけでなく既存団体がスポーツを通じた開

発に参入してくるという流れがあることを示している。

　スポーツを通じた開発NGOの発展過程は、3段階で理解することができる。第1段階は、スポーツを通じた開発のプロトタイプといえる団体が設立された1990年前後で、これを「萌芽期」と呼ぶことにする。これらの先駆事例を追って、1990年代後半から2000年代前半に「第二世代」ともいうべき団体が相次いで活動を開始した。この時期から設立団体数の伸びが加速する。年に数件だった設立数がほぼ毎年10件を上回るようになる。これを「拡大期」と呼ぶことにする。2000年代の半ば以降は、成長率が高い水準を維持し、2008年にピークを迎える。この時期は、国連が段階的にスポーツを通じた開発に対するアドボカシーを強化した時期と重なっている（第2章-1参照）。スポーツを通じた開発に対する国際的な認知が確立し、開発分野の主流に接続した時期といえ、これを「主流化期」と呼ぶことにする。以下、それぞれの時期の特徴を詳述する。

①萌芽期（1980年代後半〜1990年代前半）

　萌芽期に設立された代表的なものとして、マサレ青少年スポーツ協会（Mathare Youth Sports Association：MYSA、1987年〜）、SCORE（1991年〜）、オリンピック・エイド（Olympic Aid、1992年〜、2000年にライト・トゥ・プレイ〈Right to Play〉に改称）等がよく知られている。これらの事例は現在までその活動を発展拡大させて存続しており、後発のNGOは多かれ少なかれ彼らの取り組みを範としているといってよいだろう。それぞれの概要を、以下に示す。

　1987年設立のMYSAは、現在、最も成功したスポーツを通じた開発NGOという名声を得ている。ケニアの首都ナイロビの、人口が90万人を超えるといわれる巨大スラム地域マサレにおいて、当時国連アドバイザーとして活動していたカナダ人のボブ・ムンロウ（Bob Munro）氏が設立した。はじめは同地区の子どもたちのためのサッカーチームとコミュニティの清掃活動を行う自助組織として成立した。清掃活動へ参加するとリーグ戦に勝ち点が加算されるというシンプルな仕組みで、子どもたちの参加意欲をかきたてることに成功した。ムンロウ氏自身が最初の5年間は誰にも見向きもされなかったと語っていることから、当初は小さな規模で細々と活動していたことが想像される（Coalter, 2010）。しかし25周年を迎える2012年時点では、男女あわせて1,800を超えるチームが16のゾーンに分かれて年間14,000試合以上のリーグ戦を行うまでに成長し、25,000人以上のメンバーを抱えているという（MYSA, 2012）。

表19　マサレ青少年スポーツ協会（MYSA）の発展過程

年	87	88	89	90	91	92	93	94	95	96	97	98	99	00	01	02	03	04	05	06	07	08	09	10	11
男子サッカーリーグ	●	●	●	●	●	●	●	●	●	●	●	●	●	●	●	●	●	●	●	●	●	●	●	●	●
地域清掃活動		○	○	○	○	○	○	○	○	○	○	○	○	○	○	○	○	○	○	○	○	○	○	○	○
ノルウェーカップ出場				●	●	●	●	●	●	●	●	●	●	●	●	●	●	●	●	●	●	●	●	●	●
女子サッカーリーグ						●	●	●	●	●	●	●	●	●	●	●	●	●	●	●	●	●	●	●	●
HIV/AIDS 予防教育								○	○	○	○	○	○	○	○	○	○	○	○	○	○	○	○	○	○
マサレ・ユナイテッド								●	●	●	●	●	●	●	●	●	●	●	●	●	●	●	●	●	●
シュートバック（写真アート）										○	○	○	○	○	○	○	○	○	○	○	○	○	○	○	○
ジェイル・キッド（受刑児童支援）											○	○	○	○	○	○	○	○	○	○	○	○	○	○	○
ハバ・ナ・ハバ（音楽、ダンス、ドラマ、曲芸）											○	○	○	○	○	○	○	○	○	○	○	○	○	○	○
スポーツ・アンド・コミュニティ・リーダーシップ・アカデミー												○	○	○	○	○	○	○	○	○	○	○	○	○	○
カクマ難民キャンプ支援													○	○	○	○	○	○	○	○	○	○	○	○	○
マサレ・ユース・FC															●	●	●	●	●	●	●	●	●	●	●
図書館																○	○	○	○	○	○	○	○	○	○
ウガンダ、タンザニア、ノルウェーの青少年団体と国際交流																	○	○	○	○	○	○	○	○	○
スーダンで姉妹団体設立																		○	○	○	○	○	○	○	○
モザンビーク・ザンビアへ指導者を派遣																			○						
ボツワナで姉妹団体設立																				○	○	○	○	○	○
ケープヴェルデ・インド・セネガル・南アフリカに指導者派遣																				○					
ネクスト・ヒーロー・キャンペーンでSamsungと提携																						○	○	○	○
Football for Hope Centre の運営請負																								○	○

■ サッカー関連の活動　　□ サッカー以外の活動

出所：MYSAホームページをもとに筆者作成

表19は、MYSAの発展過程を図示したものである。年を重ねるごとに徐々に活動を拡大していった様子がよくわかる。男子サッカーリーグと清掃活動に続いて、女子リーグも早い段階でスタートしており、1994年にはマサレ・ユナイテッド（Mathare United）というプロチームも発足している。MYSA出身の選手で構成される同チームはケニアのプロリーグのトップカテゴリーに所属し、ケニア代表選手も多く輩出している。また、サッカーだけでなくHIV/AIDS教育やリーダーシップ教育、アートや文化活動、図書館の建設等にも活動の幅を広げている。組織の運営は若者たちの民主的な自治によって行うことが徹底されており、政治家も輩出している。マサレにしっかりと根を下ろしつつも、2000年代に入ってからは近隣アフリカ諸国に対してコーチの派遣やノウハウの移転を進めるようになった。こうした発展の過程で、2003年と2004年にはノーベル平和賞候補にノミネートされた他、数えきれないほどの表彰を受けている。

　SCOREは、1991年から南アフリカのケープタウンを中心に活動を展開しているNGOである。最も先駆的な成功例の一つとしてMYSAと並び称されることが多い。設立当初はアメリカにベースをおいていたが、1993年に南アフリカの治安が悪化して活動の継続が危機に瀕したあと、1994年に国内NGOとして再スタートした。この時から現在まで代表を務めるステファン・ハウエル（Stefan Howells）氏は南アフリカ出身でアメリカの大学を卒業、SCOREの南アフリカ進出時に現地コーディネーターとして母国に戻った。MYSA同様、SCOREも現在までに徐々に活動地域を拡大してきた。ケープタウン最大の黒人タウンシップであるカイリチャ（Khayelitsha）で活動をはじめて数年の後、西ケープ州の農村地域での活動を始める。続いて1996年から2001年にかけて他の6州に段階的に拡大する。2000年と2002年にはそれぞれナミビアとザンビアへ進出している。2011年時点で、南アフリか国内の9つの州のうち7つにまたがって44か所で活動を提供している他、ナミビアで13か所、ザンビアで8か所の活動場所がある。

　SCOREのアプローチはMYSAとは異なる。サッカーに限らず様々なスポーツ種目を採用し、都市のスラムや農村の貧しい地域でスポーツ活動を組織的に行うことを通じて、コミュニティの能力開発を進めるものである。活動の提供には世界各地からのボランティアを積極的に活用している。現在のプログラム構成は、年1回SCOREの活動する地域からチームを集めて開催するイベントであるカップ・オブ・ヒーローズ（Cup of Heroes）、ボランティアのデータベース化を行うVIP（Volunteer Involvement Programme）、コミュニティのリー

ダーを育成するトレーニング・プログラムであるリビング・スポーツ（Living Sports）の3つからなる。SCOREが現在までに達成した成果を正確に把握することは難しいが、22か国から国際ボランティアを動員し、20以上の種目を指導し、45の多目的スポーツ施設を建設したことがその影響力を端的に示している（SCORE, 2011）。

オリンピック・エイドは、1992年にリレハンメル・オリンピック組織委員会が2年後の冬季大会開催への準備段階で立ち上げた。著名なアスリートを大使として、戦火や貧困に喘ぐ人々を支援するための啓発とファンドレイジングを行うものであった。1994年までの2年間で1800万ドルを集め、サラエボ、エリトリア、グアテマラ、アフガニスタン、レバノンで病院や学校の建設、難民や障がい児支援に使われた。1996年のアトランタ・オリンピックの際にはユニセフと提携して1300万ドルを集め、合わせて1300万人の子どもと女性のためのワクチンの購入に充てるなど、2000年まではファンドレイジング団体としての活動を続ける（Right to Play, 2011）。

2000年にライト・トゥ・プレイ（Right to Play）と改称し、途上国でスポーツを通じた開発を実行する方向へ舵を切ると、翌2001年にアンゴラとコートジボワールの難民キャンプでのプログラム提供を開始する。現在は、カナダ、ノルウェー、オランダ、イギリス、アメリカに拠点をおいて、アフリカ、アジア、中南米を合わせて20以上の国や地域で活動を展開している。子どもの学習、健康、平和構築、コミュニティ開発を柱に、12,000人を超えるボランティア・コーチが週に100万人近い子どもたちにスポーツを通じたスキル開発のプログラムを提供しているという（Right to Play, 2011）。MYSAとSCOREが途上国に拠点をおきながら、いわば土着化することで基盤を築いてきたのに対して、オリンピック・エイド／ライト・トゥ・プレイは先進国を起点としたNGOとして発達し、広く様々な国や地域に活動を展開している点に特徴がある。ファンドレイジング団体からプログラム提供型のNGOへと転換した時期は次に触れる拡大期と重なっている。

②拡大期（1990年代後半〜2000年代前半）

これら先駆的事例の成立後しばらくは、NGOの設立数は低調なままであったが、2000年をまたぐ時期に加速度的に伸びはじめる。この時期の特徴は、地理的な分布の広がりとテーマの多様化であろう。教育支援、貧困削減、紛争解決、女性のエンパワーメント、HIV/AIDS拡大抑止など多様な目的のプロジェクトが様々な地域で開始された時期であるといえる。

代表的な事例を表20に列挙している。フランスに拠点をおいてアフガニス

表20　拡大期に設立された主な団体

団体名	設立年	拠点国	活動地域	テーマ
ハート・オブ・ゴールド[1]	1998	日本	カンボジア、東ティモール等	平和構築 教育
国境なきスポーツ (Sport Sans Frontieres)[2]	1999	フランス	アフガニスタン、ブルンジ、ハイチ、コソボ等	平和構築 教育
マジック・バス (Magic Bus)[3]	1999	インド	インド	教育
フットボール4ピース・インターナショナル (Football 4 Peace International)[4]	2000	イギリス	イスラエル、アイルランド	平和構築
ライト・トゥ・プレイ (Right to Play)[5]	2000	カナダ他	アフリカ、アジア、中南米各国	平和構築 保健、教育
ムーヴィング・ザ・ゴールポスト・キリフィ (Moving the Goalposts Kilifi)[6]	2001	ケニア	ケニア	ジェンダー
グラスルーツ・サッカー (Grassroot Soccer)[7]	2002	アメリカ	アフリカ各国	保健 (HIV/AIDS)

出所：
1：ハート・オブ・ゴールド　http://www.hofg.org/jp/
2：Sport Sans Frontieres.　http://www.sportsansfrontieres.org/
3：Magic Bus.　http://magicbus.org/
4：Football 4 Peace International.　http://www.football4peace.eu
5：Right to Play.　http://www.righttoplay.com/International/Pages/Home.aspx
6：Moving the Goalposts.　http://www.mtgk.org/
7：Grassrootsoccer.　http://www.grassrootsoccer.org/

タン、ブルンジ、ハイチ、コソボ等の子どもたちにスポーツを通じた教育機会を提供する国境なきスポーツ（Sport Sans Frontieres、1999年〜）、インドの貧困地域でスポーツを通じた社会的包摂を推進するマジック・バス（Magic Bus、1999年〜）、イギリスを本拠として中東和平に向けた若者同士の交流を促すフットボール4ピース・インターナショナル（Football 4 Peace International、2000年〜）、ケニアのキリフィでサッカーを通じて少女たちのエンパワーメントを支援するムーヴィング・ザ・ゴールポスト・キリフィ（Moving the Goalposts Kilifi、2001年〜）、アメリカのNGOでサッカー講習をHIV/AIDSに関する啓発・予防・検診に結びつけた手法を南部アフリカ諸国で展開するグラスルーツ・サッカー（Grassroot Soccer、2002年〜）等である。

　この時期は、スポーツが開発のためのツールとして有効性を発揮し得るという認識が、先の先駆事例やイギリスなど先進国国内の経験から、実践者のレベ

ルで共有されはじめた時期だといえそうである（Coalter, 2007）。2000年代前半にはスポーツを通じた開発や社会変革に関わる団体のネットワーク化が推進された。ネットワーク化を主導したプロジェクトとしては、前々項で扱った「スポーツと開発の国際プラットフォーム」が2003年に発足した他、サッカーに特化したものとしてベルリンに本拠をおくストリート・フットボール・ワールド（streetfootballworld）が2002年にスタートしている。後者は、2011年現在50か国以上にまたがって80以上の団体を結んでいる（streetfootballworld, 2011）。

③主流化期（2000年代半ば〜）

上記の先駆的事例がグッドプラクティスとして認識されるようになり、スポーツを通じた開発のネットワーク化が進んだ結果、2000年代半ば以降、同分野の主流化が加速していく。第2章-1でみたように、国際連合によるアドボカシーが段階的に強化されていったのもこの時期である。特に設立数がピークを打つ2008年は、国連の「開発と平和のためのスポーツ国際ワーキンググループ」（Sport for Development and Peace International Working Group：SDP IWG）がその成果を報告書（Harnessing the Power of Sport for Development and Peace: Recommendations to Governments）にまとめ、ウィルフリード・レムケ（Wilfried Lemke）氏が開発と平和のためのスポーツ特別顧問（Special Adviser on Sport for Development and Peace）に任命された象徴的な年である。

この時期の加速度的拡大の背景として、既述したネットワーク化を通じて政府や民間のドナーと実行組織がパートナーとして結びつきやすくなったことが挙げられよう。実際に、ヨーロッパ各国やカナダ、オーストラリア等の政府、ナイキやアディダス等スポーツ・メーカーを中心としたグローバル企業等、多様なドナーがこの分野に参入している。ピース・アンド・スポーツ（Peace and Sport、2007年〜）やビヨンド・スポーツ（Beyond Sport、2009年〜）等、スポーツによる社会貢献に特化して表彰・助成を行う財団も増えており、イアン・ソープ若者支援財団（Ian Thorpe's Fountain for Youth、2003年〜）や中田英寿氏が展開するテイク・アクション財団（Take Action Foundation、2008年〜）等、有名アスリート個人が主導する財団にも注目が集まった。

また、国連を上回る加盟国数を誇る国際サッカー連盟（Fédération Internationale de Football Association：FIFA）が、開発の分野に乗り出したことも特筆すべきであろう。先のストリート・フットボール・ワールドとのパートナーシップによるフットボール・フォー・ホープ（Football for Hope）

表21　Kick4Lifeの発展過程にみる主流化期の特徴

2005年	マラウィで250マイルをドリブルで縦断、エイズ孤児のために15,000ポンドをファンドレイズする。
2006年	英サウサンプトンFCのスタジアムにおいて団体設立を発表。
2007年	レソトで活動、グラスルーツ・サッカーのモデルを採用し、ボーダフォン財団と連携したTest Your Teamキャンペーンが国内で最優秀HIV/AIDS対策プロジェクト受賞。ストリート・フットボール・ワールドのネットワークに加入。
2008年	イングランド代表のファビオ・カペッロ監督、ハリー英国王子がそれぞれ現地を訪問。
2009年	ユニセフ、GTZ（独開発協力機構）、英プレミア・リーグ等と提携。Score4Africaの最優秀保健プロジェクトを受賞。この年までに25,000人がカリキュラム修了、8,000人がHIV検査を受診。
2010年	FIFA FHCの運営団体に選定される。ビヨンド・スポーツ賞受賞。共同創始者の一人スティーブ・フレミング（Steve Fleming）の著書「ELEVEN」発刊。
2011年	Lesotho Football for Hope Centreがオープン、Kick4Lifeの本部に。識字プロジェクト、リサイクル・プロジェクト等開始。USAIDから助成獲得。グローバル・スポーツ・フォーラムのコミュニティ賞を受賞。

出所：Kick4Lifeホームページより筆者作成

運動や、アフリカ、インド、オセアニアなどサッカーの環境整備に遅れをとる地域への支援を展開する'Win in ...'プロジェクトはFIFAが主導する開発プログラムの代表例である（FIFA 2005, undated）。同時に実行組織のレベルでも、開発のツールとしてのスポーツ利用のノウハウの標準化が進んだことも、普及の速度を早めた一因といえるかもしれない。グラスルーツ・サッカーのサッカーをHIV/AIDS教育に利用するカリキュラムはその一例である。

　このようにこの時期はこれまで草の根で拡大してきたスポーツを通じた開発が、開発分野やスポーツ界の主流に認知され、接続された。これはスポーツを通じた開発を実践するNGOにとって、大きな環境変化である。MYSAやSCOREのような団体があまり人の目を引くことなくゆっくりとその活動を形成していった場合と比べると、資金の調達先や既存ノウハウへのアクセスが格段に容易になっていると考えられる。その反面、資金提供者に対するアカウンタビリティのために、目に見える効果を常に示すことを求められるなど、より競争的な環境での生き残りを強いられている面もある（Coalter, 2010）。こうした環境変化にいち早く対応した後発のNGOの中には、わずか数年で一気に成長してベストプラクティスの地位を確立するような例がみられる。そのような事例の一つがキック4ライフ（Kick4Life：K4L）である。

　K4Lは、2006年にイギリスで立ち上げられ、翌2007年からHIVの感染率

が当時世界第3位（23.6％）だったレソト王国の首都マセルに拠点をおいて活動しているNGOである。共同創立者のフレミング（Fleming）兄弟は、2005年にマラウィをドリブルで縦断してAIDS孤児のためのファンドレイジングを行ったことをきっかけに、プロジェクトの立ち上げを志した。その発展過程は、主流化期の特徴をよく表している。表21はK4Lがこれまでに達成した主な実績の抜粋である。活動開始から5年足らずで、各種の賞を受けるグッドプラクティスとしての名声を得るまでになった。MYSAやSCOREに比べると短い間に急成長したということがわかる。活動開始時からグラスルーツ・サッカーが開発したツールキットを採用していること、民間財団や政府系機関等様々な機関から支援を得ていること、英国王子や代表監督などの著名人を招いてメディア露出を図っていること、ビヨンド・スポーツをはじめ各種の受賞、短期間に目に見える数字で実績を上げていること、FIFAのフットボール・フォー・ホープ・センター（Football for Hope Centre：FHC）の運営を任されていることなどは、K4Lが主流化期の潮流にうまく乗って成長してきたことを物語っている。

［4］わが国のスポーツを通じた開発NGOの現状

　以上のような世界的潮流からみて、わが国のスポーツを通じた開発NGOはどのような位置にあるのだろうか。地理的分布の分析から、東南アジアや東アジアを拠点とする団体が相対的に少なく、これらの地域への最大の対外援助国である日本の存在感が問われていると述べた。上述のデータベースに登録されている日本に拠点をおくNGOの数も、2件にとどまっている。しかし登録されていないものを含めれば、執筆時点で筆者らに既知の団体が35件ある（表22）。ここでは、特定非営利活動法人（認定NPO）、一般財団法人、一般社団法人、任意団体をNGOとして扱っている。ここから世界的な動向を参照しながら特徴を読み取ってみたい。

　まず、設立年およびスポーツと開発の分野への参入年をみると、世界的な動向とほぼ同じ傾向を示していることがわかる。早いものは1990年前後に開始されており、2000年をまたぐ時期に数が増え始め、2000年代半ば以降急増している。ACE、国境なき子どもたち、カンボジア地雷撤去キャンペーン等は、1990年代後半に設立され、2000年代に入ってスポーツの要素を取り入れ始めたplus sport型であり、逆にバレーボール・モントリオール会は1998年に設立され、2006年に開発分野に参入したsport plus型である。支援対象国は多

表22　日本国内に拠点をおくスポーツを通じた開発NGO

団体名	年次	組織形態	国内本部	活動対象国	競技	活動の分類
(特活) ワールドランナーズジャパン	[設] 1989 [法] 2010 [参] 1989	特別非営利活動法人	神奈川 (海外本部 アメリカ)	―	陸上競技	教育・提言
(一財) 世界少年野球推進財団	[設] 1990 [法] 1992 [参] 1990	一般財団法人	東京	世界88か国	野球	開発協力
ペルー野球を支援する会	[設] 1995 [法] なし [参] 1995	任意団体	東京	ペルー	野球	開発協力
(特活) ACE	[設] 1997 [法] 2005 [参] 2002	特別非営利活動法人	東京	インド、ガーナなど	フットサル	教育・提言
(認定) 国境なき子どもたち	[設] 1997 [法] 2000 [参] 2004	特別非営利活動法人	東京	パキスタン、インドネシアなど	サッカー、武道など	開発協力
ジンバブエ野球会	[設] 1998 [法] なし [参] 1998	任意団体	兵庫	ジンバブエ	野球	開発協力
(特活) ハート・オブ・ゴールド	[設] 1998 [法] 1998 [参] 1998	特別非営利活動法人	岡山	カンボジア、東ティモール	陸上競技他	開発協力
(特活) バレーボール・モントリオール会	[設] 1998 [法] 2006 [参] 2006	特別非営利活動法人	東京	ベナン、ネパールなど	バレーボール	開発協力
(一財) カンボジア地雷撤去キャンペーン	[設] 1998 [法] 2011 [参] 2003	一般財団法人	福岡	カンボジア	野球、プロレス	教育・提言
(特活) アジア車いす交流センター	[設] 1999 [法] 1999 [参] 2000	特別非営利活動法人	愛知	タイ、中国	卓球、バスケットボール	開発協力
ネパールで野球ラリグラスの会	[設] 1999 [法] なし [参] 1999	任意団体	大阪	ネパール	野球	開発協力
(特活) オックスファム・ジャパン	[設] 2003 [法] 2003 [参] 2007	特別非営利活動法人	東京 (海外本部 イギリス)	世界90か国以上	トレッキング	教育・提言
(特活) アフリカ野球友の会	[設] 2003 [法] 2004 [参] 2003	特別非営利活動法人	東京	ガーナ、ウガンダなど	野球	開発協力
Joyousball	[設] 2004 [法] なし [参] 2004	任意団体	愛知	コンゴ、タイなど	サッカー	開発協力

スポーツ関連活動の概要
「日本に、走ることを通して貢献するという新しい文化を創作し、根付かせ、拡大してゆく」ことを目的としている。国内でチャリティーランイベントや大会を開催し、収益を地雷廃絶日本キャンペーン（JCBL）などの様々な団体に寄付している。
正しい野球を全世界に普及・発展させると同時に世界の青少年に友情と親善の輪を広げることを目的に、王貞治氏とハンク・アーロン氏により設立された団体。世界少年野球大会のほか、指導者講習会なども開催している。
ペルーに野球指導者の派遣をしていた佐藤道輔野球基金「民間協力隊」が前身。野球指導者の派遣、選手の招へい、ペルー人留学生への支援、野球道具の寄付、資金援助、親善・交流イベントへの参加、孤児院支援等の活動を行っている。
「児童労働に反対するグローバルマーチ」の開催をきっかけに大学生有志により設立された団体。日本国内でのチャリティーフットサル大会の開催を通じて、児童労働（特にボール製造）に関する啓発とファンドレイジングを行っている。
ストリートチルドレン、人身売買や性的搾取の被害に遭った子ども、自然災害の被害者等に対して、刑務所、職業訓練の場などにおいてスポーツに関連する活動を提供している。2012年現在、日本を含めた世界10か国で活動中。
1998年にジンバブエに野球場を作ったFOD（フィールド・オブ・ドリームス）委員会が前身。以後、コーチ派遣や選手の招へいなど様々な活動を継続。2005年から2年間、ジンバブエ人のプロ選手が日本に滞在。詳細は、コラム8「ジンバブエの夢球場」を参照。
1996年より行われているアンコールワットハーフマラソンの開催と国際協力機構から委託された小学校体育科教育振興事業が活動の中心である。代表は、オリンピックメダリストの有森裕子氏。詳細は、コラム4「スポーツを通じた国際開発の実践」を参照。
モントリオールオリンピック時の代表選手や取材記者などによって設立された。国内での教室やイベントの開催のほか、ネパールの難民キャンプでのバレーボール普及や用具・用品の寄付などを他団体との協力の下で行っている。
カンボジアの地雷撤去、被害者救済を中心に世界の地雷廃絶を目的に活動を行っている。ソフトバンクホークスと連携したチャリティー野球事業を行う他、カンボジアでもプロレスイベントを開催するなど、日本国内の地雷啓発も盛ん。
アジアの障害児の生活、教育支援を目的に㈱デンソーを母体に作られたNPO法人。車いすの生産や寄付、スタディツアーの開催などを行う。車いすバスケットボールの指導者講習会やアジアの国々を集めた国際大会も行った。
ネパールでの野球普及、指導者の育成などを目的として、主たる活動として日本人指導者の長期派遣を行う団体。日本語教室を開設し、日本語教師の派遣も行っている。活動の成果として2010年からネパール人初のプロ選手が日本に滞在している。
世界17か国に支部を持つ国際NGO。長期、短期の開発事業に加えて、アドボカシーやキャンペーンなどの啓発事業に力を入れる。日本支部では、年1回、箱根で行われているトレイルウォークでファンドレイジングが行われている。
野球を通じてアフリカの国々との国際交流・社会貢献を進めることを目的に設立された。三角ベースの普及や五輪出場への挑戦、野球用具の寄付など、アフリカの国々で野球に関する様々な取り組みを行っている。
世界中の子どもたちにサッカーボールを届けることを目的に日本国内でボールと寄付金を集める団体。様々な団体に運搬と現地での配布を委託することで、多くの国への配布が可能となっている。

※年次欄の［設］は設立年、［法］は法人化された年、［参］はスポーツと開発の分野へ参入した年を示す。

団　体　名	年　次	組織形態	国内本部	活動対象国	競　技	活動の分類
(特活) Peace Field Japan	[設] 2004 [法] 2004 [参] 2004	特別非営利活動法人	東京	イスラエル、パレスチナ	サッカー、フットサル	開発協力、教育・提言
(特活) アゲインスト・マラリア基金	[設] 2005 [法] 不明 [参] 2010	特別非営利活動法人	千葉	世界35か国	水泳	教育・提言
(認定) 柔道教育ソリダリティ	[設] 2006 [法] 2009 [参] 2006	特別非営利活動法人	東京	アフガニスタン、パレスチナなど	柔道	開発協力
(特活) ロシナンテス	[設] 2005 [法] 2005 [参] 2009	特別非営利活動法人	福岡	スーダン	サッカー	開発協力
Globe Project	[設] 2006 [法] なし [参] 2006	任意団体	神奈川	カンボジア、タイ	サッカー、フットサル	開発協力
(特活) ヒューマンライツ・ナウ	[設] 2006 [法] 2006 [参] 2010	特別非営利活動法人	東京	ミャンマー、インドなど	陸上競技	教育・提言
(認定) ビッグイシュー基金	[設] 2007 [法] 2008 [参] 2008	特定非営利活動法人	大阪	日本	フットサル	開発協力
(一財) Take Action Foundation	[設] 2008 [法] 2009 [参] 2008	一般財団法人	東京	コンゴ、南アフリカなど	サッカー	開発協力
EKIDEN for Peace 実行委員会	[設] 2008 [法] なし [参] 2008	任意団体	東京	タンザニア	陸上競技	開発協力、教育・提言
ブルキナファソの野球を応援する会	[設] 2008 [法] なし [参] 2008	任意団体	北海道	ブルキナファソ	野球	開発協力
スマイルアフリカプロジェクト	[設] 2009 [法] なし [参] 2009	任意団体	東京	ケニア	陸上競技	開発協力、教育・提言
Smile Project	[設] 2009 [法] なし [参] 2009	任意団体	東京	ネパール	フットサル	開発協力
Take the First Step	[設] 2009 [法] なし [参] 2009	任意団体	千葉	ドイツなど	アイスホッケー	開発協力、教育・提言
Sport for Smile	[設] 2010 [法] なし [参] 2010	任意団体	東京	―	―	ネットワーク

スポーツ関連活動の概要
イスラエル、日本、パレスチナの青少年によるサッカー交流を行った「ピース・キッズ・サッカー」が前身。その後もスポーツや自然体験、文化交流などを通じて異民族間の相互理解とパレスチナ問題の啓発を目的に活動を継続している。
泳ぐことによって得られた募金の全てが1張5ドルの蚊帳の購入に充てられる。自分の募金で購入された蚊帳が、どのように配布されたかを団体のHPで確認することができる。岩崎恭子氏を始め多くのメダリストが協力。詳細はコラム7「泳ぐことで救える命がある」を参照。
オリンピックメダリストの山下泰裕氏が代表理事を務め、主に開発途上国に対する畳や柔道着の寄付、指導者の育成、選手の招へいなどの柔道に関する様々な活動を行っている。
2008年より、スーダンサッカー協会にスタッフを派遣し、また、2009年からは活動地において少年サッカースクールを開設している。団体内で医療、衛生、教育などと並行してスポーツを事業として行っており、包括的な開発協力の一部としている。
日本国内でフットサル大会を開催し、そのコートと同じ広さの地雷原の消滅を目的としている団体。2011年4月までに約470万円の寄付を集め、地雷除去団体の協力の下、フットサルコート78面分の地雷除去を完了している。
世界の人権問題に関する現地調査、報告、アドボカシーを行っている団体。毎年、11月20日の世界こどもの日に「チャリティーウォーク&ラン」を開催し、収益を活動資金に充てている。
ホームレスの自立を目指す「有限会社ビッグイシュー」を母体に設立された。活動の一つに文化・スポーツがあり、フットサルチーム「野武士ジャパン」が「ホームレス・ワールドカップ」への出場を目指して活動している。詳細はコラム6「もう一つのサッカーワールドカップ」を参照。
2008年に開催された「Take Action+1」キャンペーンの後に中田英寿氏を代表に設立された。チャリティーマッチやオークション等で得た資金を元に、学校給食の提供や蚊帳、サッカーボールの配布など複数国で様々な事業を展開している。
早稲田大学平山郁夫記念ボランティアセンターや瀬古利彦氏を中心とした「EKIDEN for Peace 実行委員会」により、国内外で行われているチャリティー駅伝大会。UNHCRからのスポーツを通じた難民支援の要請によって始められた。
ブルキナファソで野球(スポーツ)を誰もが平等に行える社会を目指す、ことを目的に元青年海外協力隊員の活動を受けて設立された団体。現地での教育機関の設立と日本への野球留学の双方向での活動が計画されている。
オリンピックメダリストの高橋尚子氏を中心に陸上競技用のシューズを集め、キベラ難民キャンプにおいてマラソン大会などのイベントを開催することを目的としたプロジェクト。2009年から月刊誌『ソトコト』を中心に活動が開始された。
ネパールの小学校にサッカーボールを送ることを目的にチャリティーフットサル大会やイベントを開催する学生団体。ネパールでのワークキャンプの際にボールを持参し、大会開催や文化交流を行っている。
アイスホッケーを通して世界の子どもたちを支援するために活動を行っている。ドイツ国際平和村への寄付を行うほか、東日本大震災チャリティーのために、ゲームやクリニックなどのイベントを開催している。
スポーツを通した社会変革・貢献を推進するプラットフォーム。スポーツを通じた開発に関わる団体に対して、交流や情報交換の機会を提供するとともにスポーツを通じた開発を国内で啓発することに力を入れている。詳細はコラム2「世界で注目される新しいスポーツのチカラ」を参照。

※年次欄の[設]は設立年、[法]は法人化された年、[参]はスポーツと開発の分野へ参入した年を示す。

団体名	年次	組織形態	国内本部	活動対象国	競技	活動の分類
Futsal for Two	[設] 2010 [法] なし [参] 2010	任意団体	東京	—	フットサル	開発協力
(一社) PARACUP	[設] 2005 [法] 2010 [参] 2005	一般社団法人	—	—	陸上競技	教育・提言
WorldFut	[設] 2008 [法] なし [参] 2008	任意団体	東京	カンボジア、ブラジル	サッカー、フットサル	開発協力、教育・提言
WorldHit	[設] 2011 [法] なし [参] 2011	任意団体	東京	—	野球	教育・提言
CUE	[設] 2011 [法] なし [参] 2011	任意団体	兵庫	カンボジア	サッカー	開発協力
(一社) スポーツフライト	[設] 2012 [法] 2012 [参] 2012	一般社団法人	東京	カンボジア、モンゴルなど	—	開発協力、教育・提言
(特活) 世界ベースボール普及協会	[設] 2012 [法] 2012 [参] 2012	特別非営利活動法人	神奈川	ロシア	野球	開発協力

岐に亘る。アフリカが一定数ある一方で、東南アジア諸国を対象とするものが多い。著名アスリートが中心になって立ち上げた事例が比較的早い時期からみられる。同分野に特化したネットワーク型NGOも、世界からみれば後発だが、2010年にスポーツ・フォー・スマイル（Sport for Smile）が発足している。

　世界的な動向と異なる特徴としては、次の4点を指摘できる。第一に、大多数の団体がスポーツ自体の普及を目的としているか、またはスポーツをファンドレイジングの目的に利用していることである。これはMYSAやSCOREを範として拡大した世界のNGOが、様々な開発目的に直接的に寄与するものとしてスポーツ・プログラムを提供していることと対照的である。ただし近年では、活動内容に発展的な変化もみられる。例えば、マラソンを通じたファンドレイジングを中心に活動していたハート・オブ・ゴールドがカンボジアにおける体育科教育カリキュラム開発に携わり、ジンバブエ野球会がサポートするジンバブエ野球連盟が野球を通じたHIV/AIDS教育プログラムを展開するようになっている。これらの事例は、ファンドレイジング型やスポーツ普及型のNGOが、時間の経過とともに徐々に支援対象のニーズに応じた開発プログラムへとより

スポーツ関連活動の概要
フットサル大会の運営を主に行う㈲ヴァンクールのチャリティーフットサル活動。行われている月間200大会以上のすべてのフットサル大会での参加者の1勝＝20円＝給食1食分として、「Table for Two」を通じて開発途上国に給食を届けている。
2005年より共催団体とともにチャリティーマラソン大会を開催している。大会の収益は、共催団体を通じて世界の子どもたちを支援する活動に使われている。2011年大会には、約4500名のランナーと500名のボランティアスタッフが参加した。
国内外においてチャリティーフットサル大会を企画・運営し、収益によって開発協力を行うことを目的に2008年より活動を開始した学生団体。「サッカーは世界を救う」をスローガンにカンボジアやブラジルなどで開発協力事業を行っている。
チャリティー野球大会など野球に関連したイベントの企画・運営を行い、その収益で国際協力活動を行う学生団体。サッカー、フットサルを通じて活動を行う「WorldFut」の元メンバーによって設立された。
カンボジアコンポンチャム州にサッカーグラウンドを建設することを目的に設立された学生団体。街頭募金やチャリティーフットサル大会、バザー、イベント開催などを通じて、140万円の建設資金を準備した。
カンボジア、モンゴルなどへの「スポーツボランティアツアー」を通じて、日本の青少年に国際協力に参加する機会を提供することを目的としている。1999年よりカンボジア教育省の受け入れにより行われている「カンボジアボランティアツアー」が前身。
野球の世界的な普及や野球を通じた国際交流に寄与することを目的に設立された新しい団体であり、野球が普及していないロシア、ハバロフスクでの野球講習会を開催し、元プロ選手の桑田真澄氏が指導者として参加予定である。

※年次欄の［設］は設立年、［法］は法人化された年、［参］はスポーツと開発の分野へ参入した年を示す。

深く関わるようになり得ることを示している。2000年代後半に始まった新しい団体には、現地での開発プログラム提供を視野に入れながら、国内でのファンドレイジングを手始めに行っているものが多いように見受けられる。

第二に、採用している競技種目に特徴がある。最も顕著なのは、野球関連の団体の多さである。詳しくは次項で触れるが、世界的にはサッカーを用いたものが圧倒的に多いと言われている。これは、サッカーが世界で最も人気のあるスポーツと言われ、より多くの人口にリーチできることや、提供する際のコストが低いことなどが背景にあると考えられている。しかし野球は世界的にみるとメジャーなスポーツではないため、まずは普及を目的にした様々な側面からの支援が必要である。施設や環境の整備、用具の導入、選手や指導者の育成（そのための人材の招へいや派遣）など「何もないところに一から広める」ために包括的かつ長期的に活動を行う必要があるといえる。このことが現地への影響力の点でどのような違いをもたらすのかについては、今後の検証が待たれる。

第三に、日本に固有の特徴として、青年海外協力隊の元隊員が中心となって立ち上げた団体が多いことである。第2章-2でみたように、青年海外協力隊の

体育・スポーツ隊員は、世界的にみてもスポーツを通じた国際協力の先駆けと言ってよい。隊員の任期自体は2年から3年と短く、派遣先での持続的なプログラムに発展させることは至難であるが、NGOを立ち上げることで帰国後もなんとか支援を継続しようとする元隊員の姿が浮かび上がる。このような例は、特に野球関連の団体に多くみられる。

第四に、特に最近になって学生団体の立ち上げが相次いでいることである。スポーツに限らず、大学生を始めとした若い世代の国際協力への関心の高さや、海外・国内の問題を表裏一体と考える視野の広がり、インターネット上でのホームページやSNSを活用して活動を行うことにより情報収集や活動参加者・支援者を効果的に集めることが可能になったこと等が背景にあると考えられる。一方、活動の発展性や継続性の面で懸念もあり、今後の展開を注視したい。

以上のように、日本のスポーツを通じた開発NGOは、設立団体の数でみれば増加傾向にあるが、活動の内容をみると未だ成熟しているとはいえない。特に支援対象国で継続的なスポーツを通じた開発プログラムを提供している事例は非常に稀であり、この点が世界の潮流と最も乖離している点であるといえる。

[5] スポーツを通じた開発NGOをめぐる課題

ここまでスポーツを通じた開発の中核を担うNGOの四半世紀に亘る目覚ましい発展の過程をみてきた。開発の目的にスポーツが効果的に寄与することができるという認識はスポーツ、開発の両分野の主流においても浸透しつつある。このことはそれぞれのNGOにとっての機会の増加を意味し、K4Lのように時流にのって急成長する団体も存在する。こうした環境変化は、必ずしも好ましいものばかりとはいえない。急激な主流化に伴って生じている課題として、「援助する側」の論理偏重、メガイベント依存による機会の偏在、スポーツの過度な「ツール化」などを指摘することができる（鈴木，2011）。また種目でみるとサッカーが圧倒的な多数を占めることも、機会の偏在につながりうる（Levermore，2009；鈴木，2013）。

①「援助する側」の論理偏重

コールター（Coalter, 2010）は、スポーツの開発への効果が十分に検証されないままにスポーツ的価値と開発のレトリックが結びつき、非現実的な期待がスポーツに寄せられていると指摘する。またヤング（Young, 2008）はライト・トゥ・プレイ・カナダとカルガリー大学が連携して行った案件に携わった経験から、援助する側の論理が先行して援助される側の受け入れ態勢や事後

の継続体制に注意が払われないことについて警鐘を鳴らしている。

　実際にMYSAやSCOREにとっては、設立後の数年間に外部からの目に晒されることがなく、その間にローカルなニーズに根ざした活動形態を確立することができたことが重要だったという（Coalter, 2010）。資金を提供する側が要求するプロジェクト目標や評価基準はローカルな受益者のニーズと必ずしも合致せず、往々にしてお仕着せになる場合が多いが、両団体はそうした外からの圧力に対抗できるだけの力を内発的に育てることができた。その点主流化期に成立した後発の団体は、ミレニアム開発目標など事前に決められたテーマへの貢献を、明示的な成果として示すことを求められる傾向にある（Coalter, 2010）。並行して、NGOが行う活動のモニタリングと評価の必要性が叫ばれるようになっている（Burnett and Uys, 2000；Burnett, 2008；Coalter, 2006, 2007）。通常これは資金提供者へのアカウンタビリティのためと考えられるが、バーネット（Burnett, 2008）やコールター（Coalter, 2009, 2010）はむしろモニタリングと評価を行うプロセスにおいて、プロジェクトを実施する団体のキャパシティ・ビルディングが促される効果の方を重視すべきだと主張している。

　各種の表彰団体の功罪も検証されなければならない。2010年にはビヨンド・スポーツとピース・アンド・スポーツで各11件と7件の計18件の事例が表彰を受けている（Beyond Sport, 2011；Peace and Sport, 2011）。こうした表彰機構はスポーツを通じた開発自体の認知度を上げるとともに、表彰された団体をより多くの機会に接続する効果をもたらす。しかし、グッドプラクティスが毎年濫発されてしまうことで賞自体が陳腐化したり、本来受賞に相応しくない事例が十分な評価を経ずに受賞してしまったりするリスクも考えられる。K4Lのような「勝ち組」にはますます資金や機会が集中する陰で、多くの零細な団体の活動が資金難や人材難に窮していることも考えられる。

②メガイベント依存による機会の偏在

　スポーツを通じた開発にとって、オリンピックやFIFAワールドカップが発展の契機となることが多い。既に述べたように、現在同分野を牽引する団体の一つであるライト・トゥ・プレイの前身のオリンピック・エイドが生まれたのもリレハンメル五輪がきっかけである。また、ロンドン五輪の招致に伴って、UK Sportが途上国におけるスポーツ開発支援の強化を打ち出している（UK Sport, 2011）。2010年の南アフリカW杯に際しては、「アフリカ大陸初のW杯」として多くのスポーツを通じた開発プログラムが展開された（Cornelissen, 2011）。

世界中が注目するイベントを機にスポーツを通じた開発援助への関心が高まることは、被援助側にとっても資金的・技術的支援を受ける機会の増大というプラス効果をもたらすだろう。しかし、そのような注目が一過性のものになりがちなことについては、十分な注意が払われなければならない（鈴木，2011, 2013；Suzuki, 2012）。筆者の1人がW杯直後に南アフリカで行った調査では、同大会が新規のNGOの設立の機会であった一方で、SCOREをはじめ既存のNGOはイベントを契機に集まってくる一時的な巨額の資金からは一定の距離を置いていたことがわかった。そうした突発的な援助は、時に現地で長い間に築いてきたNGOの活動基盤を一気に壊してしまう可能性があることを警戒したからである（鈴木，2011；Suzuki, 2012）。

　メガイベントへの依存は、機会の偏在も招きやすい。イベントを招致できるのはごく限られた国や都市だからだ。FIFAのFHCは南アフリカのケープタウンを皮切りにアフリカ全土に合計20のセンターを建設する計画で、2014年には全20センターの竣工をみた。この運営を担うのはケープタウンではグラスルーツ・サッカー、ナイロビではMYSA、レソトではK4Lというように、その土地で地位を確立したNGOであることが多い。彼らの活動基盤の強化には寄与するものの、サッカーを用いていない団体や零細な団体との格差が広がる可能性はある。

③スポーツの過度な「ツール化」

　主流化に伴う第三の懸念として、スポーツの過度な「ツール化」が挙げられる。「スポーツはそれだけで社会問題を全て解決することはできない」という言説は「スポーツと開発」を擁護する立場の組織や個人によって頻繁に繰り返されている。確かに、スポーツは開発のための「万能薬」ではない（Pillay and Bass, 2008, 2009）。ただ、国連のように「スポーツは低コストで効率的なツールである」（UN Inter-Agency Task Force on Sport for Development and Peace, 2003）といってしまうのは、語弊があるだろう。

　スポーツが多くの子どもや若者を引きつける力を持ち、したがってその力と様々な教育プログラムや更生プログラムを組み合わせることが効果的であることは確かである（Crabbe, 2009）。HIV/AIDS教育の分野では、グラスルーツ・サッカーに代表されるNGOによってサッカーのコーチングの中に教育的要素を織り込む方法論が確立されてきた。

　しかし、こうしてスポーツが手軽で規格化された開発ツールとして普及することだけで、スポーツが開発に貢献する潜在力を最大限に発揮することになるとは思えない。MYSAやSCOREといった先駆的な事例の場合、「ツール化」

よりもむしろ「土着化」することで成功を収めてきたように思われる。どちらも「スポーツと開発」が主流化する以前から、長い年月をかけて貧しいコミュニティに寄り添って活動を続けてきた。スポーツに関するスタンスや組織展開に違いはあるが、どちらも地域でスポーツを育てることを通じて地域を育てるという意味では共通したアプローチであるといえる。「ツール」としてのスポーツという側面が強調されすぎてしまうことで、時間的・人的コストを惜しまずじっくりと土着のスポーツを組織化することがもたらす開発への貢献を見過ごしてしまうことが危惧される。

④サッカーへの偏重

スポーツを通じた開発に用いられるスポーツ種目は、サッカーが圧倒的に多いといわれる（Levermore, 2009；鈴木, 2013）。サッカーを軸とする開発が有効であると考えられる理論的根拠は、いくつかある。なかでも、世界でもっとも愛好されるスポーツといわれること、それによってより多くの対象に働きかけることができると考えられること、非常に低いコストでプレーできることから貧困層にとって障壁が低いこと等、優れたアクセシビリティを有することは、他の競技に対する大きなアドバンテージであると言えよう。また、マーケット規模が大きいことで、サッカーを通じたキャリア形成の間口や到達点が他の競技より広く高いという見方もできるかもしれない。サッカーが男性優勢の競技であることで女性にとってのアクセシビリティが低いことがマイナス要因と考えられる場合もあるが、逆に女性のサッカーへの参加を推進することが男性優位の社会における女性のエンパワーメントに有効に作用すると考えられることも多い。

反対に、いくつかの懸念も指摘できる。まず、特定のスポーツが支配的になりすぎることで、逆に排除的に作用する可能性である（Suzuki, 2005）。スポーツに参加するか否かは、基本的に個人に選択の自由が認められるべき領域だが、サッカーを選択したものにのみ機会が与えられることで、サッカーを選択しない自由を行使した個人が不利益を被るとすれば、問題である。MYSAのようにサッカーを中心に据えて発達した先駆的プログラムには、この点に配慮して提供する機会の多様性をサッカー以外のスポーツやその他の余暇活動に拡げる例がみられる。また、サッカーが特定の社会階層やエスニシティ等のアイデンティティと結びついている場合の難点にも注意すべきである。既に述べたサッカーの男性性と女性のエンパワーメントのバランスはその一例である。サッカーは、多くの国で人種、宗教、社会階層などと結びつき、社会を分断するといわれることもある。サッカー自体に力があるわけではなく、スポーツを通じ

た開発の実践が行われる個々の文脈の中で、サッカーが有効な場合もあれば、別のスポーツを選ぶべき場合もあることを、忘れてはいけない。

[6] おわりに

　この節では、スポーツを通じた開発の実践を支えるNGOの世界的な動向を概観した。主に「スポーツと開発の国際プラットフォーム」に登録されている団体にみられる傾向をみたが、これだけで無数に存在するといわれるスポーツを通じた開発NGOの全体像をあきらかにしたとはいえない。また、国際開発の主流からみれば、スポーツの存在感は依然として小さいという指摘があることも忘れてはならないだろう（Levermore, 2009）。未だ成長途上の分野ではあるが、個々のNGOにとってより競争的な環境に変化していく兆しがあり、今後の展開を注視したい。個別の成功事例の事例研究を蓄積していくことが求められる一方で、その他の無数の零細な活動の実態にどのように迫るのかが、同分野の研究課題になるだろう。

（鈴木直文、岡田千あき）

[参考文献]
Beacom, A. and Levermore, R. (2008) "International Policy and Sport-in-Development", in Management of Sports Development, V. Girginov (eds), Elsevier, Oxford.
Beyond Sport. Beyond Sport. <http://www.beyondsport.org/> 31 Aug. 2011.
Burnett, C. (2008) "Accounting for Sports Development", in Management of Sports Development, V. Girginov (eds), Elsevier, Oxford.
Burnett, C. and Uys, T. (2000) "Sport Development Impact Assessment: towards a Rationale and Tool", South African Journal for Research in Sport, Physical Education and Recreation, Vol. 22, No. 1.
Coalter, F. (2006) "Sport-in-Development: A Monitoring and Evaluation Manual.", UK Sport, London.
Coalter, F. (2007) "A Wider Social Role for Sport: Who's Keeping the Score?", Routledge, London.
Coalter, F. (2009) "Sport-in-Development: Accountability or Development?", in Sport and International Development, R. Levermore and A. Beacom (eds), Palgrave Macmillan, Hampshire.
Coalter, F. (2010) "The politics of sport-for-development: Limited focus programmes and broad gauge problems?", International Review for the Sociology of Sport, Vol. 45, No. 3.
Cornelissen, S. (2011) "More than a Sporting Chance? Appraising the Sport for

Development Legacy of the 2010 FIFA World Cup", Third World Quarterly, Vol. 32, No. 3.
Crabbe, T. (2009) "Getting to Know You: Using Sport to Engage and Build Relationships with Social Marginalized Young People", in Sport and International Development, Levermore, R. and Beacom, A. (eds), Palgrave Macmillan, Hampshire.
FIFA (undated) Win in Africa with Africa. FIFA. <http://www.fifa.com/mm/document/afdeveloping/pitchequip/cs_wininafrica_37448.pdf> 30 Apr. 2012.
FIFA (2005) Football for Hope: Football's commitment to social development. FIFA. <http://www.fifa.com/mm/document/afprograms/worldwideprograms/footballforhope_e_4 7827.pdf> 30 Apr. 2012.
Grassroot Soccer (2012) "South Africa" Grassrootsoccer: Educate. Inspire. Mobilize. Stop the Spread of HIV. <http://www.grassrootsoccer.org/where-we-work/south-africa/> 1 May 2012.
Levermore, R. (2009) "Sport-in-International Development: Theoretical Frameworks", in Sport and International Development, Levermore, R. and Beacom, A. (eds), Palgrave Macmillan, Hampshire.
Levermore, R. and Beacom, A. (2009) "Sport and Development: Mapping the Field", in Sport and International Development, Levermore, R. and Beacom, A. (eds), Palgrave Macmillan, Hampshire.
Mathare Youth Sports Association. MYSA KENYA <http://www.mysakenya.org/> 23 Sep. 2012.
Peace and Sport. <http://www.peace-sport.org/> 31 Aug. 2011
Pillay, U. and Bass, O. (2008) "Mega-Events as a Response to Poverty Reduction: The 2010 World Cup and its Urban Development Implications", Urban Forum, Vol. 19.
Pillay, U. and Bass, O. (2009) "Mega-Events as a Response to Poverty Reduction: the 2010 World Cup and Urban Development", in Development and Dreams: the Urban Legacy of the 2010 Football World Cup, Pillay, U., Tomlinson, R. and Bass, O. (eds), HSRC Press, Cape Town.
Right to Play. Right to Play International. <http://www.righttoplay.com/International/Pages/Home.aspx> 31 Aug. 2011.
SCORE. SCORE: Changing Lives Through Sports. <http://www.score.org.za/> 29 Aug. 2011.
SDP IWG (2008) Harnessing the Power of Sport for Development and Peace: Recommendations to Governments. United Nations.
streetfootballworld. Home - streetfootballworld. <http://www.streetfootballworld.org/> 31 Aug. 2011.
Suzuki, N. (2005) "Implications of Sen's Capability Approach for Research into Sport, Social Exclusion and Young People: A methodological consideration on evaluation of sport-related programmes targeted at young people in deprived urban neighbourhoods.", in Evaluating Sport and Active Leisure for Young People, Hylton, K., Long, J. and Flintoff, A. (eds), Leisure Studies Association, Eastbourne.

Suzuki, N. (2012) "FIFA World Cup 2010 and Its Legacy on 'Sport and Development' Practices in South African Cities", SUR: Sustainable Urban Regeneration.

鈴木直文（2011）「『スポーツと開発』をめぐる諸問題——実行組織としてのNGOに関する包括的研究にむけて」『一橋スポーツ研究』30：pp. 15-22.

鈴木直文（2013）「FIFAワールドカップと開発——2010年南アフリカ大会が示唆するもの」日本スポーツ社会学会編『21世紀のスポーツ社会学』創文企画、pp. 140-158.

UK Sport. "UK Sport International." UK Sport. <http://www.uksport.gov.uk/pages/uk-sport-international-what-we-do/> 31 Aug. 2011.

UN Inter-Agency Task Force on Sport for Development and Peace (2003) Sport for Development and Peace: Towards Achieving the Millennium Development Goals. United Nations. <http://www.un.org/wcm/webdav/site/sport/shared/sport/pdfs/reportE.pdf> 5 Sep. 2011.

UNOSDP. Sport for Development and Peace: the UN System in Action. <http://www.un.org/wcm/content/site/sport/home> 31 Aug. 2011.

Young, K. M. (2008) "Defiance under Fire: Sport, Peace, and Naivety", in Sport and Society at the Crossroads 5th World Congress of ISSA, Kyoto University, Kyoto, Japan.

column 2 世界で注目される新しいスポーツのチカラ

　日本でスポーツのチカラというと主に夢や希望を与えるもの、あるいは文化として語られることが多いが、世界では社会変革の手段として多用され、社会に大きなインパクトを与えている。そして、昨今、その動きはますます活発になってきている。

◆Sport For Smile とは

　筆者が立ち上げたSport For Smileは、スポーツを通した社会変革・社会貢献を推進するための日本初のプラットフォームである。国内外のスポーツと社会変革を推進する組織・団体と連携しながら、日本でスポーツを通した社会変革ブランドを構築し、コミュニティを形成することを目標としている。そして、障がい者や児童養護施設の子どもたち、難民やホームレスの方々等を支援する団体（SFSアライアンス）と連携し、日本にはまだ十分に伝わっていないスポーツの「新しい」チカラの活用法を伝える活動をしている。

　周知の通り、世界には貧困や紛争や病気に苦しむ人たちがたくさんいる。日本にも課題はたくさんあるが、少なくとも明日銃撃されるかもしれないという恐怖に怯えたり、食べる物が全くないという心配はほとんどない。Sport For Smileは、そのような恵まれた環境への感謝の心と、いま享受している幸運を社会に還元したい、という社会貢献マインドを実現するひとつのツールとして、スポーツという世界共通言語がどのように活用できるかについて、グローバルの視点から情報を配信し、考える機会を提供している。そして、より多くの方々が、スポーツを通したよりよい社会づくりに参加できるしくみを構築するよう取り組んでいる。　　　　　　　　　　（公式サイト：www.sport4smile.com）

◆Sport For Smile 設立の背景

　オハイオ大学大学院に留学中、2004年1月からNBAデトロイトピストンズのコミュニティ・リレーションズ部において、日本人女性初のインターンとし

て勤務する機会を得た。スラムにある学校に図書館を作ったり、NBA選手が子どもたちに本を読んであげるイベントを実施したりしたが、NBA選手が現れたときの子どもたちの大きな歓声と目の輝きは今でも脳裏に焼き付いている。

　「スポーツを通した社会貢献」といっても、NBA選手はスポーツを教えるのではなく、自分たちの知名度を活用して社会的なインパクトを与えるプログラムに積極的に参加していた。私は、その手法に感銘を受け、このような新しい「スポーツのチカラ」を活用して社会を変えることが私のキャリアゴールになっていった。

　しかし残念ながら、世界で起こっている「スポーツと社会変革」のムーブメントが日本にはまだ十分に伝わっていなかった。ならば、そのムーブメントを日本に伝えることが自分の使命だ、と思うようになった。

　そしてオリンピックの招致活動を終えてから、国際会議などで自分の思いを伝えてまわった。国連スポーツ局局長、世界経済フォーラムのスポーツカウンシル委員、世界の金メダリストやプロスポーツリーグの幹部といったグローバルの重鎮たちをはじめ、世界の活動家たちは皆、私の声に耳を傾け、賛同し、そして応援してくれた。そのおかげで2010年7月、私はSport For Smileを設立することができ、国連事務総長付スポーツ特別顧問を主催ユースセッションにお迎えしたり、世界銀行総会公式サイドイベントを実施する機会を得るなど、活動を展開することができた。

　よく誤解されることだが、スポーツ「が」世界を変えるのではない。あくまで世界を変える「ツールとして」スポーツをどう活用するのかが重要であり、Sport For Smileの活動を通して、その本質を伝えたい。様々な分野でガラパゴスと称される日本だが、2020年オリンピック大会の開催を機に、グローバルの波を感知し、少しでも世界に近づくことができれば、と心から願う。

（梶川三枝）

第3章

スポーツを通じた国際協力の分野

- ■1──教育とスポーツI
- ■2──教育とスポーツII
- ■3──健康とスポーツ
- ■4──HIV/AIDSとスポーツ
- ■5──スポーツとCSR
- ■6──障害者スポーツと国際協力
- ■7──オリンピックを通じた国際交流と貢献

1

教育とスポーツⅠ

> 概要●学校教育におけるスポーツを通じた教育が、開発途上国にとって効果的であるためには、スポーツを実践する意義や目的を明確にすることが重要である。スポーツにどのような教育的価値を見出し、教育内容を構成するのかは、各国の将来的な展望に立って考えなければならない。本節では、日本の体育や部活動を参考に開発途上国の近代的発展を目指した人作りに貢献し得るスポーツの教育的効果や役割について考えてみる。

[1] 開発途上国におけるスポーツの役割

①学校教育とスポーツ

　これまでの国際協力は経済開発が中心であり、産業の振興と所得の増加、生活の欧米化などが開発の重点項目であった。しかし、このような産業の振興や生活の欧米化は、先進国主導の開発であり、開発途上国のニーズを無視した援助を正当化しがちである。

　本来、開発途上国の社会生活や社会構造に合った援助が注目されるべきであり、社会開発と同時に、健全な社会を構成するための人作りが非常に重要になる。さらには人道的援助が加わり、教育や保健医療の分野に国際協力の範囲が広がる流れもあり、様々な分野が近代的発展を遂げなければならなくなってくる。そして開発途上国の社会の変化に伴って、その国家を構成する国民にも伝統的な意識から近代的な意識への変化が求められる。つまり、近代的な国家に適応する社会的道徳性と同時に、国際的な協力関係を築くための社会的秩序をもった国民の育成が急務となる。では、そのような開発途上国の近代的発展に寄与する人材の育成に、スポーツはどのように応えることができるのであろうか。

　開発途上国の学校教育においてスポーツを指導する手段や方法、また期待される教育効果や目的は、日本と比較して大きな違いはないであろう。ただし、その国の社会構造や社会的慣習といった文化的あるいは伝統的な風習に配慮し

図1　近代イギリスの名門パブリックスクール・ラグビー校において、教育の手段に取り入れられたフットボール

た教育を考える必要はある。また、スポーツを手段とした教育の中で、どのような効果を期待して目標を設定し、効果的な教育を行っていくかは重要な課題である。

　そもそも近代において、学校教育でスポーツが教育の手段として取り上げられるようになったのは、19世紀初頭にトマス・アーノルドがイギリスのパブリックスクールにおいて、「フットボールが生徒達のチームワークやフェアプレイの精神を養い、人格の形成などに有効である」と考えたことに始まる。18世紀に起こった産業革命による中流階級の拡大に伴って、これまでとは質の違う労働者階級の生徒達が入学するようになった。その対応策としてこれまで危険とされてきたフットボールを教育に導入することで、工業化の発展に貢献し、新しい社会にふさわしいリーダーの育成を目指したことがきっかけであった。開発途上国におけるスポーツの役割について考えると、すでに参考にすべきヒントがここにあると思われる。

　現在では、スポーツが様々な価値をもって社会で活用されていることはいうまでもない。特に日本においては、青少年の健全育成や地域コミュニティの育成、経済発展への寄与、国際友好や親善への貢献などが期待され、活力ある健

全な社会の形成に貢献するものであると考えられている。[*1]そこで、スポーツの教育的効果について、スポーツを教育に活用している日本の学校教育の学習指導要領を参照してみる。中学校学習指導要領保健体育科の目標は、「心と体を一体としてとらえ、運動や健康・安全についての理解と運動の合理的な実践を通して、生涯にわたって運動に親しむ資質や能力を育てるとともに健康の保持増進のための実践力の育成と体力の向上を図り、明るく豊かな生活を営む態度を育てる」と記されている。そして体育分野の目標（第1学年及び第2学年）には、以下のように述べられている。[*2]

○運動の合理的な実践を通して、運動の楽しさや喜びを味わうことができるようにするとともに、知識や技能を身に付け、運動を豊かに実践することができるようにする。
○運動を適切に行うことによって、体力を高め、心身の調和的発達を図る。
○運動における競争や協同の経験を通して、公正に取り組む、互いに協力する、自己の役割を果たすなどの意欲を育てるとともに、健康・安全に留意し、自己の最善を尽くして運動をする態度を育てる。

このように、体育で指導されるべき内容は、スポーツの技能や知識、健康に関わる心身の育成、スポーツの実践を通して学べる思考や態度など多岐にわたり、バランスよく育むことが求められている。それでは開発途上国における体育やスポーツ教育に関わる分野として、生涯スポーツや健康、就労観といった状況を考えてみる。

②生涯スポーツとの関わりにおいて

開発途上国では、日本と同様に学校の部活動で行われているスポーツが一般的に人気である。特に多くの用具を必要としないサッカーは世界的にも盛んであることは周知の事実である。

例えばカンボジアでは、サッカーに加え、バレーボールやバスケットボールなども人気である。中でもバレーボールは、街のいたる所にあるバレーボールコートで仕事が終わった夕刻から賭けバレーが始まる（写真1）。バレーボールは、支柱とネット（ロープでも可）、そしてボールがあればできるスポーツとして、サッカーと同様に学校教育の現場でも積極的に行われている。

また、トンガでは、エアロビクスの振興が目覚ましい。青年海外協力隊員が、同国の生活習慣病の対策のために始めたのがきっかけと言われている。今では女性が気軽に始められる運動として、地域や学校、病院等で実施されている。

---

*1 文部科学省スポーツ振興基本計画より要約。
*2 中学校学習指導要領（2008）より抜粋。

写真1　賭けバレー（カンボジア）　　写真2　ネットボールコート（ジンバブエ）

　エアロビクスのようなダンスは、特にスポーツの専門技術を必要としないので、スポーツの苦手な人にも親しみやすく、特に美容や健康に気を使う成人女性には受け入れられやすいのであろう。

　アフリカのジンバブエでは、宗主国であったイギリスの影響が強く、クリケットやラグビーが盛んである。そして、女性に人気なのがネットボールである。[*3]アメリカからイギリスに伝わったバスケットボールが女性用のルールに改良され、イギリスの統治下にあったオーストラリアやニュージーランド、西インド諸島やスリランカ、南部アフリカで盛んに行われている。このネットボールは、バスケットボールのような大掛かりなゴールがいらず、また、ルールも簡単なため、開発途上国の女子スポーツの振興には有効な種目といえるであろう（写真2）。このように日本であまり知られていないスポーツ種目が、世界的に普及し実践されている場合もある。

　ただ、女性のスポーツを考える時、宗教上の理由で女性のスポーツ参加に制限がある場合や、社会的、文化的な背景や生活習慣を理由に女性のスポーツ参加に消極的な地域も存在することに留意しなければならない。有名なところでは、アラブ諸国のイスラム教国で女性のスポーツ参加が積極的でないことや、ヒジャブの着用による国際大会での失格等の問題が挙げられる。

＊3　ネットボールの特徴は、3.05mのポールの上端に内径38cmのリングが付いているだけで、バスケットボールのようなボードは用いない。ルールはボールを持った選手は走ることができず、受け取る側が動いてパスをもらう。選手はプレイできるポジションが決まっており、移動できる範囲が前衛、中衛、後衛と決められている。基本の動作はパスとシュートのみでドリブルはない。身体接触が禁止され、ボールを持った選手から90cm以上離れなければならない。

開発途上国における生涯スポーツは、日本と同様に、多くの場合が学生時代に行っていた部活動をきっかけとして、すでに慣れ親しんだスポーツの実践を指す場合が多い。ただ、エアロビクスように複雑なルールや特定の用具を必要としない身体活動は、スポーツや運動を苦手とする者が改めてルールを学ぶ必要がなく、スポーツ用具を揃えるといった経済的な負担も少ないので、今後、さらに普及していくであろう。

③健康との関わりにおいて

　1978年、WHOとユニセフによって国際会議が開催され、「西暦2000年までにすべての人に健康的な生活を」という目標がアルマ・アタ宣言として採択された[*4]。この会議では、先進国と開発途上国との間で健康の格差を是正し、2000年までにすべての人を健康にしたいという目標を掲げ、健康教育や母子保健、安全な食料や飲料水の確保、風土病対策や感染症への予防接種などの戦略が挙げられた。しかし、2014年現在でも開発途上国における健康の維持増進に関わる国際的な援助は未だに継続されている。開発途上国では、上下水道が整備されておらず、細菌に汚染された飲料水を飲んで生活している人々、成長に必要な十分な栄養を得られない人々など、劣悪な環境の中での生活を強いられている人々が数多くいる。

　一方で、トンガでの例にもあるように、開発途上国の中にも先進国と同様の肥満や糖尿病、高血圧症といった生活習慣病が増えつつある。伝統的な食生活が崩壊し、高カロリー、高脂肪の食事が増え、自動車社会になり人々の運動量が減ったことが要因として考えられる。先進国の援助による社会生活の変化が、伝統的な食文化や生活習慣の変化を促した要因の一つであろう。

　このような問題に対する学校教育の役割として、公衆衛生や発育発達など保健衛生分野に関わる教育が重要と考えられるが、開発途上国では、日本で「保健」にあたる内容が、理科や社会科などで扱われる場合がある。そのため体育の授業とリンクした内容を用いることが難しく、栄養、休息、運動といった健康の三原則をいかに実践させられるかが課題である。さらに先進国である日本の国民医療費が、国家予算の約3分の1に相当する金額である現状を考えると[*5]、先進国の言う「健康」が本当に開発途上国の人々にとって必要であるかを吟味

＊4　アルマ・アタ宣言では、「人々の健康に関してとりわけ先進国と開発途上国の間に存在する大きな不平等は、国内での不平等と同様に政治的社会的経済的に容認できないものである」と、プライマリ・ヘルス・ケアの理念を打ち出している（WHO、1978より引用の上、筆者訳〈要約〉）。

＊5　平成21年度の国民医療費は約36兆円（厚生労働省HPより）、平成21年度一般会計概算要求・要望額は約89兆円（財務省HPより）。

しなければならない。健康にまつわる課題に対しては、その地域の社会構造や医療システム、生活習慣や労働条件など、様々な要因と関連付けた対策を考えることが必要である。学校教育における運動やスポーツだけのアプローチには限界があり、近代化に伴って急速に変化する生活環境に対して、スポーツが果たす役割を慎重に見極めなければならないであろう。

④就労観との関わりにおいて

開発途上国における近代化に向けた課題の一つに、国家・社会の構成員である人作りがある。伝統的な社会構造から新しい社会構造への変化に伴って、就労意識もこれまでのものとは大きく変化させる必要が生じている。

2006年、日本の経済産業省は「職場や地域社会で多様な人々と仕事をしていくために必要な基礎的な力」として、社会人基礎力を提唱した[*6]。それは社会が求める「前に踏み出す力」「考え抜く力」「チームで働く力」の3つの能力によって構成されている。今日、日本の企業では、基礎学力や専門知識・専門技術などの能力に加え、協調性や積極性といったコミュニケーション能力を求めており、また、新入社員らしい行動力に期待を寄せている。スポーツには、特に「チームで働く力」、すなわち、集団の中で個人の能力を最大限に発揮するためのコミュニケーション能力やチャレンジ精神の育成の役割が期待される。

以前、筆者がジンバブエにある日系企業の自動車生産工場を訪問した際、生産ラインのあるグループが仕事をせずに世間話をしていた。話を聞くと「前のグループの仕事が遅いので暇を持て余している」とのこと。仕事を遅らせているグループとその仕事を手伝わないグループ。もしかすると分業制による合理化を徹底したあまり、非効率な作業工程となってしまったのかもしれない。工場の壁には「KAIZEN」（改善）の文字が記されていたが、就労意識をどう改善し、チームで働く意味をどう理解するかが重要だと感じた。

最近、日本で出版されているビジネス関連の書籍に、スポーツを事例にチームワークを取り上げる本をよく目にする。まさに職場におけるチームワークが、スポーツによって学べることが紹介されている。一方、スポーツ関連の書籍では、2010年に爆発的にヒットした『もし高校野球の女子マネージャーがドラッカーの「マネジメント」を読んだら』は、経営学者であるピーター・ドラッカーの組織管理についての著書『マネジメント』のノウハウをわかりやすく適用している。高校野球の部活動運営に『マネジメント』の論理を導入することによ

---

*6 経済産業省では「職場や地域社会で多様な人々と仕事をしていくために必要な基礎的な力」として、社会人基礎力を提唱している（経済産業省のHPより）。
http://www.meti.go.jp/policy/kisoryoku/index.htm

りチームを強くし、選手や監督、マネージャーが成長していくストーリーが展開されている。仕事、特に就労観とスポーツには密接なつながりがあることを、すでに多くの日本人は理解し認識していることがわかる。

　開発途上国の人々に、スポーツの実践を通して学べる就労観をどう意識づけるのか。それは、「仕事に必要な技術を習得する」こともさることながら、実は「仕事にどう打ち込むのか」という就労に対する姿勢や態度を教えることが、今後、開発途上国の学校教育における重要な課題となるであろう。

[2] 開発途上国の体育・部活動：ジンバブエ共和国を例に

①体育の授業について

　ここ最近、開発途上国の人々の身体能力の高さが注目され、陸上競技の長距離選手のように各国の大手企業がスポンサーとなり選手の育成に着手する事例は増加した。しかし、学校教育へのスポーツに関連した援助に対しては、未だ消極的であると言わざるを得ない。

　その原因としては、開発途上国の発展や近代化に対する効果として、即効性や貢献度を明確に表すことが難しいからであろう。それでも世界各国の政府機関やNGO／NPO等の援助団体によって、開発途上国の教育機関へのスポーツ用具の寄付や、スポーツ施設・備品の設置、体育教師・スポーツ指導者の派遣等、スポーツ環境の整備は少しずつ進められている。とはいえ、現在、開発途上国で活躍している体育教師やスポーツ指導者のブログやレポートを見ると、筆者が1992年から3年間、アフリカのジンバブエ共和国（以下、ジンバブエ）に青年海外協力隊の体育隊員として派遣されていた当時と、その状況はさほど変わらないようである[7]。そこで開発途上国の学校教育における体育・部活動の現状と主な問題点についてその傾向をまとめてみた。

　総じて、開発途上国が抱えている「体育」の主な問題点は、第一にスポーツを行う環境が整備されていないことである。ジンバブエの場合、都市部にある学校内のスポーツ施設は、イギリスの植民地時代あるいはローデシア時代に、非アフリカ系の人々によって建設されたものである。そのため屋外に設置され

---

*7　貝畑四朗氏が2007年4月から2009年3月まで、ジンバブエ共和国の小学校教員養成学校に派遣されていた内容の要旨「ジンバブエにおける学校体育の研究から確立する青年海外協力隊のビジョン」を参考。
　http://www.waseda.jp/sports/supoka/research/sotsuron2006/1K03B045-1.pdf#search='ジンバブエにおける学校体育の研究から確立する青年海外協力隊のビジョン'

写真3　コンクリートのバスケコート（ジンバブエ）　　写真4　体育館（ジンバブエ）

ているバレーボールコートやバスケットボールコートは、正しく維持管理がされぬまま老朽化している（写真3）。さらに、日本のように体育館とプールが設置されている学校は、都市部のごく限られた地域にしかなく、体育館も辛うじてバレーボールコートが1面設置できるぐらいの広さである（写真4）。言うまでもなく、地方や農村部の学校には、体育館もプールも無く、バレーボールのコートやサッカーゴールのネットすらない学校も多い。また、スポーツ用具が高価なため、少ない授業予算からそれらのために捻出できる金額も限られており、全校生徒1000人に対しサッカーボールが5個程度しかない学校は無数にある。

　次に体育教師の資質の問題が挙げられる。これは技術指導や授業プログラムなど、体育・スポーツに関する情報が極端に少ないことが要因と考えられるが、それぞれの教員のやる気に負うところも大きい。筆者がジンバブエの学校に赴任中、1988年発行の中・高等学校体育科のシラバスがあった。しかし、現地の教員ですら見たことがある者は少なく、教員養成学校でこのシラバスを勉強した記憶がないと言う者もいた。そのため、系統だった授業をどのように展開していいのかわからず、目的を持った授業が実施されない。このような問題を解決するために、青年海外協力隊の体育隊員は、現地の体育教師を対象とした講習会を開催したり、授業用資料を作成したりして、体育授業の定着に向けた様々な対策を行っている。1997年には、イギリスのVSO（Volunteer Service Overseas）の体育専門家がジンバブエの教育省と協力して、小学校および中・

高等学校の新しい体育科シラバスを作成し[*8]、全国の教育機関への配布を試みたが、体育授業の改善に大きな成果を上げるには至っていない。

最後に学校教育システムの問題が挙げられる。特に人口が急増した都市部周辺の学校では、生徒数に対して学校数が少ないため、午前と午後で生徒が入れ替わる2部制の学校運営が行われている。そこでは、進級や進学に関わる主要教科を中心としたカリキュラムが設定され、十分な授業のコマ数が確保できずに体育の授業が削減されることが多い。ジンバブエでは、シラバスで週2回の体育の授業が規定されているものの、実際に実施されているのは都市部のごく限られた学校だけである。このような学校教育のシステムの問題については、直ちに改善される見込みがないのが現状である。

②部活動について

中・高等学校の部活動では、サッカーやラグビー、ネットボールが人気であり、施設・設備の整った都市部では、水泳やバスケットボール、テニスやクリケットなど、植民地時代に盛んであったスポーツが引き続き行われていた。基本的にはシーズン制が導入されているため、1学期は陸上競技（1～3月）、2学期はサッカーやラグビー（5～7月：南半球なのでこの時期が冬）、3学期は水泳（9～11月）など、年間を通して様々なスポーツ種目が設定されている。また、バスケットボールやバレーボール、ネットボールは、1、2学期の2つの学期にまたがって実施されることもある。しかし、地方や農村部では、専用の施設や用具を必要としないサッカーやネットボール、陸上競技といった競技しか行うことができず、部活動の選択肢は必然的に少なくなる。各種目の競技会では年齢別のカテゴリーが設定されており、例えばラグビーでは、13歳以下・14歳以下・15歳以下・16歳以下の各世代チームと、年齢制限のないA～Cチームのトップ3チームの全部で7つのカテゴリーがある。また、都市大会や州大会、全国大会もそれぞれ実施されている。

シーズン制スポーツを世代別に実施する良い点は、各世代において試合経験を持つことができ、様々なスポーツに挑戦する機会があることである。日本のように一つの種目を極める楽しみ方もあれば、様々なスポーツに挑戦する楽しみ方など、スポーツの楽しみ方が国々によって異なっているのは興味深い。

ただ、体育と同様に、競技スポーツに関する情報も極端に少なく、ジンバブエの都市部の書店でさえ、本棚にスポーツコーナーなどはない。ごく稀に輸入

[*8] イギリスのVSOから派遣されたMs. Janet Mooreを中心として、Ministry of Education, Curriculum Development Unit が作成した "Secondary School Physical Education Syllabus (1997)" および "Primary School Physical Education Syllabus (1997)"

されたスポーツの専門書を目にするが、現地の指導者が容易に購入できるような金額ではない。スポーツの知識といえば、せいぜいテレビ放映されている、プロ・サッカーやプロ・バスケットボールの試合を見て情報を集める程度である。それは多くの生徒達がテレビの影響によるアクロバティックなプレイを好んで行うことからも見て取れる。そのため指導者や選手達は練習メニューやプログラムの作成に苦労しており、基礎的な技術練習を反復するような習慣もなく、どうしてもゲーム中心の練習になりがちである。チームの良し悪しは個人の運動能力に負うところが高くなり、その結果、時間を確保してじっくり練習するのではなく、運動能力の高い生徒が集まって部活動が行われているという印象が強い。

[3] 開発途上国における体育と部活動の考え方

①教育内容の違い

スポーツを活用した日本の教育を体育と部活動の二つに大別すると、それぞれの教育内容にはしっかりとした区別があることを理解しなければならない。それは「真実」と「現実」の関係における相違である。例えば、バレーボールのゲーム中に起こる状況について、体育と部活動での指導の違いを比較してみる。

> ■ゲームの状況
> 　Aチームの生徒（選手）がスパイクを打ち、そのボールがBチームのブロックに跳んだ生徒（選手）の指先に触れてコートの外に出た。主審はブロックに跳んだ生徒（選手）の指先にボールが触れたのを見逃し「アウト」の宣告。得点はBチームに入る。Aチームの生徒（選手）は「ワンタッチ、ワンタッチ」と主審や線審に抗議。それにもかかわらず、主審は次のプレイに進もうとしていた。

では、この状況で、体育教師と部活動の指導者という異なった立場で、どのような対応の違いがあるのだろうか（図2）。

体育の場合、この状況で重要な点は、Bチームのブロックに跳んだ生徒に自らの過ちを素直に申告させることにある。つまり、過ちを犯した際に「見つからなければ、黙っていて良い」といった態度は、社会的に認められない行為として体育の授業では修正されなければならない。また、主審（の生徒）には、他人からの指摘に対して、自分だけの判断に頼らず、万全の方法（選手本人や線審への確認）をもって問題を解決する態度を指導する。一つの間違った行為を、周囲の者が咎められるような集団を形成する教育が、健全な社会性を育む

体育教師と部活動の指導者という異なった立場で、このゲームの状況をどのように指導するか？	
（体育授業の場合）	（クラブ活動の場合）
体育教師はAチームの抗議に応じて、 ①Aチーム全員の抗議を制止する。 ②最初に、Bチームのブロックに跳んだ選手に、ワンタッチがあったことを確認し素直に認めるよう指導する。 ③次に、主審（の生徒）に一つひとつのプレーに注視することを促すとともに、副審や線審にワンタッチの確認を怠らないように指導する。	Aチームの指導者なら ①選手全員の抗議を制止し、自チームのゲームキャプテンに、副審と線審にも確認してもらうよう主審と話すように指導する。 ②その上で判定が覆らない場合は、すぐに次のプレーに集中するように指導する。 -------- Bチームの指導者なら ①何もしないで審判の判断に委ねる。 ②もし判定が覆った場合は、ゲームキャプテンに判定が覆った理由を審判に確認するように指導する。

図2　体育教師と部活動の指導者としての対応の違い

ことになるからである。体育の授業では、ワンタッチした生徒が潔くミスを認める「真実」と、Aチームに得点される「現実」が一致する誠実さが求められ、生徒には自分自身を見つめながら最善の言動を選択させる実直な行為が求められる。

　一方、部活動での目標は、試合に勝つことである。そのために公平なゲームが運営されるよう、何人もの審判や競技役員によって試合が管理されている。つまり、Aチームの指導者であれ、Bチームの指導者であれ、ゲーム中は審判にその判断を委ねることが求められる。この状況においては、ルールを尊重し、審判を尊重し、相手を尊重するスポーツマンシップが最優先される。ルール上、自己申告が義務付けられていない以上、あえて申告することは審判の存在を否定することになり、ゲームの公平性が保たれなくなる。部活動では、ワンタッチという「真実」と、判定によってBチームに得点が入る「現実」との相違がある。常に他者よって判定（評価）が下されるからこそ、生徒（選手）は常に一所懸命に努力する姿勢が求められる。

　このように、体育では、常に公正や責任といった社会的態度を、自らの責任において判断し、選択させ実行する誠実さを教えるが、一方で部活動は、最善

の努力をする中で起こった問題に対して、第三者（審判や時には観客）の判定・評価に従うことで、スポーツマンシップに則ったフェアプレイ（故意の反則や行き過ぎた行為のないプレイ）を実践する意義を教えなければならない。それを上手く区別するためには、目標と目的の設定を明確にすることが重要である。

例えば体育の場合、「近代的国家の形成」を目標に、「常に誠実で心身共に健全な活力ある国民の育成」を目的にすることができる。部活動の場合であれば、「全国大会での優勝」を目標に、「規律遵守で協調性のある社会的態度の育成」を目的に設定しても良いであろう。そして体育の授業では運動技能もさることながら「努力の過程」も評価され、部活では「試合の内容や結果」が評価されることになる。指導者は教育におけるスポーツの二面性を理解し、未だ収まることがない開発途上国での腐敗や汚職といった問題に、スポーツを活用した教育がどのような効果を発揮するのかを考える必要がある。

②開発途上国における体育の授業の意義

日本の場合、体育の授業は小学校から高等学校まで12年間続く科目で、原則、学習指導要領に則った同等の授業が全国の生徒を対象に行われている。しかし、日本においても地域や学校によって選択される単元が異なる場合があり、環境によってその地域の特殊性をみることができる。

開発途上国における体育の授業でも、多様な実践例が報告されており、同一国においても一概に「これが○○国の体育だ」と示すことはできない。特に都市部と地方では、明らかに地方の方が劣悪な環境の中で授業が行われているケースが多い。例えば、ジンバブエのニャツァンボ（電気や水道がない農村部）にある中学校に派遣された長岡美徳さん（青年海外協力隊：体育）は、学内にスポーツ施設らしいものが一つもない環境に愕然としたという。それまでこの中学校には体育教師もいなければ体育の授業もなく、サッカーボールさえなかった。長岡さんの赴任後に、初めて体育の授業が導入された。そのため生徒達は体操服や運動靴を持っていない。授業になると、不揃いのTシャツに裸足やパタパタ（日本のビーチサンダルのようなもの）が当たり前である。そして彼らは毎日約3kmの道のりを歩いて通学してくる。1時限目に体育の授業があろうものなら「身体に良くない」と文句を言われることもあった。さらに、各家庭では農作業が優先され、中学生も重要な働き手と考えられており、播種期や収穫期になると、生徒達は各家庭の農作業に従事させられ、学校にも登校しなくなるという。

これは極端な例ではあるが、多かれ少なかれ開発途上国における都市部と地方での教育環境の差は、日本では想像できないほどの違いがある。このような

地域差を考慮すれば、日本的な発想による学習指導要領に則った画一的な体育の授業を行うには限界があり、均一化された体育は開発途上国において意味を見出されない可能性が大きい。重要なことはその地域において、体育で扱うスポーツ種目や遊びを通して、何を学ばせることができるかを考えることである。スポーツや遊びの特性とその地域の特殊性との関連を吟味し、どのような目標に向かって目的を達成するのかを計画する能力が体育教員には求められる。適切な単元を選択し、前述のバレーボールの指導状況のように、身体活動に伴って発生する様々な場面において、教育内容・教育効果を明確にすることが重要である。目標とする体育の本質を十分に理解した上で、柔軟な発想による様々な方法で、体育の授業を構成できる能力が体育教員には求められるであろう。

前述の長岡さんは、強度の身体活動を伴わず、スポーツ用具を必要としない単元として、組体操を実践した。人を構造的に組み上げて「支え合う力」「協力し合う力」を教え、一つの作品を表現する。農業に携わる生徒達に、効率的な動きや協力が生産性の改善を図る手段であることを、体育の授業を通して伝えられる可能性のある単元かもしれない。また、農閑期に友人達が集い、スポーツを楽しむことを教えるのも学校体育の重要な役目であろう。開発途上国における体育の授業は、運動の楽しみや健康な心身の育成はもちろんのこと、その地域やコミュニティの特殊性を考慮して、実生活や実社会で利益を実感できてこそ、その価値と意義が理解されるであろう。そのために教員は、その地域の環境に合った目標と目的を明確に示し、様々なスポーツ活動における指導場面を意図的に作り出し、教育の意義を生徒たちに的確に伝えその有益性を実感させることが重要である。

③開発途上国における部活動の意義

学生時代の一番の思い出が、「部活動の友人と一緒に過ごした時間」という人は多い。日本なら合宿所の日常生活で苦楽を共にして、勉強にスポーツに明け暮れた者も多いだろう。この部活動について中学校学習指導要領の中では、「教育課程との関連に留意し、生徒の主体的自発的な活動が学習意欲の向上や責任感、連帯感の涵養等に資する」とその意義が述べられている[*9]。そして学校教育における部活動には、所属する学校の特色の明確化や生徒達の一体感など、公益的な要素が含まれる。

前述のように、開発途上国でも部活動が盛んに行われているところもある。未だ日常生活に娯楽が少ない地域では、スポーツ系の部活動はプレイする者に

＊9 中学校学習指導要領（2008）第1章総則第4-2（13）要約。

写真5 バレーボールの
試合（カンボジア）

とってはもちろんのこと、見る者にとっても大きな楽しみの一つである。スポーツそのものを楽しむ感性は、日本人に引けを取らない。カンボジアの高校でスポーツ大会を開催すると、試合場の周辺にたくさんの生徒達が集まってくる。写真5は、日本の大学生がカンボジアに渡航して、2つの高校でスポーツを指導し、その2校の交流戦を行った際のバレーボール会場のものである。ホームチームの選手にとっては、これだけ多くの仲間から声援をもらいながらプレイするのは大きな励みとなり、試合中の選手と観客の生徒達の一体感は、自校への愛校心と帰属意識を掻き立てる。

また、開発途上国における実践的な例として、2012年7月に発行された「JICA's World 特集スポーツ 未来へのスタート」[10]には、エチオピアからのレポートとして3名の青年海外協力隊員の活動が紹介されている。皆、様々な問題を抱えながらも、スポーツを通した教育に信念を持ち、「社会性」や「規律」、「思いやり」といった個人の社会的態度を育む指導を実践している。中でもメラウィ村の高校に体育隊員として赴任した森本大樹さんは、「仲間」や「協調性」をキーワードに活動しており「未来を担う子どもたちが助け合いや思いやりの心を身に付けたら、エチオピアは大きく変わるはず。協調性やチームワークを学べる体育はその一端を担うことができると思います」と述べている。

森本隊員が指摘するように、先進国をモデルに近代的な発展を目指す国民の育成を、競技スポーツの「チームワーク」に求めることはしごく自然である。

---

* 10 JICA's World：独立行政法人国際協力機構の機関誌の一つ。様々な分野の国際協力に関する情報を掲載。バックナンバーは下記の URL より閲覧が可能。
  http://www.jica.go.jp/publication/j-world/

では、チームワークとは何か。チームワークの構成要因をいくつかの書籍を参考に整理すると、①リーダーの存在、②目標の設定、③役割分担、④相互協力、⑤ルールや規律の5点に集約することができる。先進国に限らず、社会に出てからはチームで仕事をすることが大半を占め、効率よく業績を上げることが求められる。リーダーが個性あふれる人材にそれぞれの役割を分担させ、協力し合いながらルールを守って一つの目標に向かい新しいチャレンジをし続ける。まさにスポーツ活動を通して養われるチームワークには、社会から求められている要素が満載である。

　このように、部活動において競技スポーツが身体活動とチームワークによって成立するならば、近代化を目指す開発途上国の人材育成に果たす役割は大きい。また、勝利を目標に、練習から試合までの過程を綿密に分析し、反省、改善することは、PDCAサイクルを実践的に学ぶ機会でもある。国家の発展に向けて目標を明確にし、強靭なリーダーシップを発揮できる指導者の下、国民が一致団結して国作りに取り組む姿勢は、スポーツ活動で得られる教育効果と重なる。

[4] 学校教育におけるスポーツを通じた国際協力を志すにあたって

　これまで、開発途上国の学校教育における体育・スポーツの役割と可能性を、体育の授業と部活動に分割して述べてきた。国家の近代的発展に伴った人作りという観点から、体育・スポーツの教育効果については、残念ながら日本においても科学的に実証されているわけではない。その原因は、教育効果に即効性がなく、どの時点をもって教育が完了したかが判断しづらい点にある。そして、学校教育における体育・スポーツには、心身の成長や体格・運動能力のアップ、技術の習得度合い、公正や協力、責任といった社会的態度の養成など、複合的な成果が求められるからである。また、日本の部活動で問題視されているいじめや体罰といったスポーツの負の側面も含めて考えなければならない。

　開発途上国の学校教育におけるスポーツを通した教育では、指導者はスポーツ活動での意図的な教育場面を作り出すために、目標と目的を明確に設定し、綿密な準備を計画できる能力が求められる。常日頃から真摯な姿勢を持ち続け、すぐに成果の現れない教育活動に対し、あきらめずに熱意をもって繰り返し指導し続ける執着心が指導者には必要である。

　開発途上国でスポーツを指導する際、スポーツを題材とした映画の中に様々

なヒントを見ることができる。例えば「グローリー・ロード」は、アメリカの大学バスケットボール界で初めて黒人選手を起用して全米大会で優勝するストーリーで、これまで相手にもされなかった黒人選手に奮起を促し、彼らの意識を変えさせていく一つひとつの言葉は大いに参考になる。また、「インビクタス」は、南アフリカ共和国でアパルトヘイトが撤廃され、初めて黒人大統領が誕生し、1995年に開催されたラグビーのワールドカップが題材となっている。民族の融和を図り国家を一つにまとめるためのラグビーの活用は、まさに開発途上国におけるスポーツの使命とも受け取ることができる。他にも、「タイタンズを忘れない」や「コーチ・カーター」など共通のテーマとして「自信の獲得」「新しいチャレンジ」「勝つための団結」などが題材となっている。それぞれのストーリーは特徴的ではあるが、どの映画も開発途上国の人々にスポーツを実践する意義や継続する大切さについて、良い動機づけとなるであろう。

　スポーツの魅力は、勝負の結果もさることながら、目標に向かって綿密な計画を立て、様々なチャレンジを行い、結果に対して責任を持ち、それまでの過程を振り返り、反省や改善を加えてまた新しいチャレンジに取り組めることにある。だからこそ失敗や成功を繰り返し成長していく自分の人生を、スポーツに置き換えて考える人もいるだろう。これを国家の近代的発展に例えるのなら、国際的な世界基準のもと、安定した経済成長を目標に、民族や人種、宗教の融和を図り、過去の失敗を繰り返すことなく、国家の発展を成し遂げることと相応する。

　本節では、日本の体育授業や部活動を参考に、開発途上国の発展に貢献し得る学校教育、特に中・高等学校におけるスポーツの役割について考えてきた。特に教育手段としてスポーツを活用するならば、そこでは社会との強い関係性を持つことが必要不可欠となる。開発途上国における体育や部活動は、スポーツのもつ社会性を理解し、その意義や目的を明確にし、いかに教育活動として構築できるかが課題であろう。それぞれの開発途上国が抱えている社会的問題に対して、その改善に向けた人材の育成に必要な教育内容や教育方法は様々である。そのヒントとして、これまでに述べてきた体育の授業や部活動の役割が、開発途上国の学校教育におけるスポーツ教育の参考になれば幸いである。開発途上国の人々が自らの国の発展を願い、スポーツに想いを乗せ、様々な創意工夫によって、その国や地域、コミュニティにおける独自の体育や部活動を確立していくこと、そしてそれを効率良く効果的に援助することが国際協力におけるスポーツの可能性を証明してくれるのだと思う。

（木村寿一）

[参考文献]

松浪健四郎（1991）『体育とスポーツの国際協力』ベースボール・マガジン社．
Daryl Siedentop（著）高橋健夫（監訳）(2003)『新しい体育授業の創造―スポーツ教育の実践モデル―』大修館書店．
友添秀則（2009）『体育の人間形成論』大修館書店．
日本体育学会学校体育問題検討特別委員会（監訳）(2002)『世界学校体育サミット―優れた教科「体育」の創造をめざして―』杏林書院．
DIAMONDハーバード・ビジネス・レビュー編集部（編訳）(2009)『協力のリーダーシップ―メンバーの個性を活かすチームワークの技術』ダイヤモンド社．
岩崎夏海（2009）『もし高校野球の女子マネージャーがドラッカーの「マネジメント」を読んだら』ダイヤモンド社．
中竹竜二（2009）『リーダーシップからフォロワーシップへ』阪急コミュニケーションズ．
Ira Chaleff（著）野中香方子（訳）(2009)『ザ・フォロワーシップ』ダイヤモンド社．
小林啓三・田邉信太郎・林伯原・木村寿一・小林正佳（2006）「『武道健康論』研究―健康に関わる『観』と『概念』を再考する―」武道スポーツ科学研究所年報、第12号．
文部科学省（2008）『中学校学習指導要領』東山書房．
経済産業省（2006）「社会人基礎力」のチラシ（学校用および具体的な育成・活用シーン）．
Ministry of Education, Curriculum Development Unit (1988) "Secondary School Physical Education Syllabus" Curriculum Development Unit.
World Health Organization (1978) Declaration of Alma-Ata, International Conference on Primary Health Care, Alma-Ata, USSR, 6-12 September.
ジェームズ・ガートナー（監督）(2006)「グローリー・ロード」(DVD) ウォルト・ディズニー・スタジオ・ジャパン
クリント・イーストウッド（監督）(2009)「インビクタス／負けざる者たち」(DVD) ワーナー・ホーム・ビデオ
ボアズ・イェーキン（監督）(2000)「タイタンズを忘れない」(DVD) ウォルト・ディズニー・スタジオ・ジャパン
トーマス・カーター（監督）(2004)「コーチ・カーター」(DVD) パラマウント ジャパン

column 3 子どもたちの笑顔のために

　2011年10月、カンボジア・シェムリアップ州の高校を訪ねた時、生徒が使用するバレーボールの中に、使い込まれて米沢中央高校という文字が消えかかったボールを見つけた。このボールは、日本の大学生が母校などに依頼して、中古のボールを集め、過去に持参したものである。

　国際武道大学学生有志がカンボジアにおけるスポーツ支援活動に取り組むようになったのは、シェムリアップ州スポーツ局長（2006年当時）のオクサレット氏から、アンコール高校とプラサットバコン高校の生徒に対するサッカー、バスケットボール、バレーボールの指導依頼を受けたことが始まりである。

　カンボジアでの指導は、ジリジリと灼熱の太陽が照りつけ、茶色い砂煙が舞う校庭だ。大学生が2校の高校に対して午前・午後各2時間指導を行う。大学生は日本で準備した指導案をもとに、通訳を介して指導したり、片言の英語やクメール語を活用したり、良い例や悪い例を示しながら指導する。練習後、大学生もカンボジアの生徒も砂埃で服の色がうっすら変わっている。カンボジアの高校には体育館や芝生が整備されたサッカーコートなどはもちろんない。カンボジアの生徒に少しでも良い環境で練習してもらおうと、コートの整備やゴールネットの支援も行った。この経費を負担するために、カンボジアに渡航できなくとも、スポーツ支援をしたいという多くの日本人の方々との志を共有しようと、募金活動も行った。

　スポーツ指導は毎年3月に実施しているが、カンボジアでは1年間で最も暑い時期である。午前9時を過ぎると、優に30℃を超えている。練習の最中に、カンボジアの生徒たちはスポーツドリンクで水分補給を行う。水だけの補給では塩分やミネラルが不足しがちだ。大学生が製薬会社にスポンサーを依頼し、粉末のスポーツドリンクの提供を受け、カンボジアへ持参したものである。大学生は、帰国後もカンボジアの生徒が継続的に充実した練習が行えるように、自分たちで撮影・編集した指導DVDや指導技術書を作成し、配付した。

　大学生が指導した両校は毎年対抗戦を行っている。対抗戦は真新しい公式球

によって開始される。公式球は日本企業に寄付を依頼し、対抗戦のために準備されたものだ。また、大学生は両校のコーチを務め、作戦ボードを使い勝利へ導こうと必死である。審判に徹する大学生は、一つの笛の判断がカンボジアの生徒の未来を左右するという決意で努めている。両校のユニフォームには国際武道大学と胸にプリントされている。カンボジアの生徒が、スポーツ指導の支援を経て試合に挑むという敬意の現れであろうか。

　すべては、カンボジアの生徒の笑顔のためにという熱い想いが、大学生を動かしている。対抗戦では勝つチームもあれば負けるチームもある。カンボジアの生徒と大学生が共に勝利の喜びを共有し、共に悔し涙も流す。このカンボジアにおけるスポーツ指導に参加した大学生の間では「2048年。インド・ニューデリーオリンピックの中継を見ながら、膝の上の孫に語ろう。『あのカンボジアの選手すごいだろ。じいちゃんはな、ばあちゃんはね、あの礎を築く手伝いをしたんだ』と……」という志と未来の物語が共有されている。今もこのカンボジアでのスポーツ指導が、新たな大学生によって受け継がれている。

　私自身、このカンボジアにおけるスポーツ指導に参加したことが契機となり、「長期的に途上国で体育・スポーツの指導がしたい」という想いから、大学卒業後、青年海外協力隊へと進んだ。協力隊の赴任先は、カンボジアのシハヌークビル小学校教員養成学校で、将来小学校教員となる学生たちに体育を指導してきた。体育を受けずに入学する学生たちに体育を指導し、小学校体育の教授法を習得させることが任務であった。任期中の２年間、カンボジアの人々と共に体育の普及に全力を尽くすことができた。任期終了後、大学院に進学し、協力隊時代の活動がカンボジアの体育にどのような影響を及ぼしたのか、その効果と有効性を検証する研究を行った。私以外にも、このスポーツ指導を経験した５名の国際武道大学卒業生が、青年海外協力隊として活動している。現在は、カンボジアでの体育・スポーツ指導を志す大学生に指導するかたわら、カンボジアの体育・スポーツに関する研究も続けている。

　今後、このカンボジアでのスポーツ指導が、より多くの人々と共有されることで、さらに充実したものになることを心から願っている。

（山平芳美）

column 4

スポーツを通じた国際開発の実践
― NPO法人ハート・オブ・ゴールドのカンボジアでの実践から―

　昨今では、日本でも「フットサル大会を通じた募金活動」「開発途上国での学生による運動会」「学生およびプロのスポーツ選手によるコーチング・クリニック」など、スポーツを通じた国際協力の様々な活動が増えています。

　これらの活動に先駆け、日本でもスポーツを通じた国際協力を行う専門組織が設立されています。そのような組織の一つが、筆者の所属する「特定非営利活動法人ハート・オブ・ゴールド」（以下HGと略す）です。平成10年10月10日に設立されました。HGは、カンボジアで1996年より行われている「アンコールワット国際ハーフマラソン」の成果をもとに、「スポーツを通じて希望と勇気をわかちあう」ことを目的に設立されました。代表は、夏季オリンピック2大会連続メダリストの有森裕子氏です。

　アンコールワット国際ハーフマラソンは、カンボジアのオリンピック委員会と陸上競技連盟が主催し、HGが運営を支援する形態で行われ、2013年には18回目の開催を迎えました。世界遺産アンコールワットを回る国際公認レースであり、ウォーキングやバイクレースも同時に開催されています。

　このように、アンコールワット国際ハーフマラソンの開催によってカンボジア政府や地域住民との関係が年々深まるにつれて、学校教育にスポーツを導入したいという現地政府の要請に、HGとして応えるようになります。

　具体的には、2006年より、JICAの草の根技術協力事業（パートナー型）に採択された「小学校体育科教育振興プロジェクト」を通じて、小学校体育の指導要領の改訂および指導書を作成する活動を開始しました。また、指導要領や指導書の作成にとどまらず、これらを活用しながら、未来のカンボジアの人材を育てることを目的とした活動に発展しました。

　現在も連携を継続させながら、体力測定や体育環境調査、組織力の強化など

の体制整備を行いつつ、カンボジア行政官を通じて体育授業の研究指定校を設置し、その指定校を中心に全国展開を進めています。

　本プロジェクトの関係者は多岐に亘っています。JICA、JOCV、筑波大学、国立教育政策研究所に加え、HG登録専門家による国際開発、教育、測定・分析などの専門的サポート、さらには筑波大学の大学院生による研究および調査などが行われています。また、小学校および大学の現役教員によるカンボジア中央行政官に対する理論および実技の指導や、小・中・高校およびPTAなどによる簡易体育施設の建設、スポーツ関連企業による物資支援も挙げられます。引退したスポーツ選手による特別講座や募金活動、スポーツ愛好家による物資提供も行われています。

　このように産・官・学・民を問わず、課題を達成するために様々な力を結集して、共に学びながら現場の一助を担う仕組みで運営しています。HGは、こうした関係者の協力を受けながら、スポーツを通じて様々な国際開発課題の解決に向けた取り組みを行っています。HGのようなNPO/NGOは、その理念に共感し継続的に支援をくださる協力者とパートナーの存在を抜きにしては成り立たない活動なのです。様々な方々との協力とネットワークがあって、初めて充実した活動が展開できるのです。

＊

　昨今、一方通行的な支援の提供が目立ってきたように思います。一人でも多くの方が自己確立と相互調和を求めながら、開発途上国の文化、考え方、状況を尊重して、現地が求める活動にご参加いただければと願っています。

（山口　拓）

column 5

体操着がやって来た！
―海に囲まれた島国の体育事情―

　次頁の写真は、モルディブの首都マーレ（Male）にあるイスカダルスクール7年G組（日本の中学1年生に相当）の体育の時間に撮影したものである。生徒たちの体操着は赤を基調としているが、それはモルディブの各学校にはスクールカラーがあり、その色と体操着を同色にしているからである。モルディブの体操着は、男女による色の違いはない。

　写真の中で、2人の生徒が白いスカーフ（現地でブルガと呼ばれている）を着用しているのを見て欲しい。モルディブは、11世紀からイスラム教を国教としている。学校に通う女子生徒の中には白いブルガを着用する人がいる。そして、成人女性になるとブルガを身につけることは信仰上の意味だけではなく、外出時のオシャレの意味を含み、色や柄に個性が出る。

　モルディブは、スリランカの南西700kmのインド洋上に点在している約1,200の島々からなる島嶼国である。国土の面積は298km²で、土地の全面積を足しても淡路島の半分にも満たない。国土はサンゴ礁からできており、標高がほとんどないため、地球温暖化の影響を受けて海面が上昇した場合に、消滅の危機が懸念される国の一つである。全人口は34万人だが、首都マーレ島（周囲は約5km）には10万人以上が生活している。

　モルディブの学校は10年制で、そのうち7年間が初等教育期間、3年間が中等教育期間となる。初等教育、中等教育の最終学年には卒業試験があり、基準を満たさないと卒業資格が得られない。特に首都マーレでは、生徒が学習塾に通うことは日常的な風景となっている。モルディブの学校は子どもの数が多いため、7時からと昼1時からの2回に分けて授業を行う2部制が一般的。1コマの授業時限は35分間で、体育の時間は週2コマ設けられている。

　教育省の主導によって、全国の学校で運動実施時に体操着を着用することが2006年に本格化された。それまでの体育授業では、体操着に着替える習慣がなく、制服のまま授業を受けていた。埃っぽい季節には制服が汚れやすく、暑

い季節には汗だくになるのは当然である。特に女子生徒の制服は、丈がヒザまであるスカートであるため、運動に適しているとは言い難いものであった。体操着の全国導入は、モルディブの学校の歴史から考えても画期的な出来事だったのである。

　体操着の導入と同時期に、体育の英語表記：Physical Educationの頭文字を取り、P. E. dayと呼ばれる日が設けられた。P. E. dayには、生徒は体操着を着て登校し、下校まで一日中体操着で過ごす。モルディブの学校は、服装や規律に厳しく靴の色も黒が必須だが、P. E. dayの生徒たちは、始業前の全校集会も体操着で出席する。正課としての体育は週2回で7年生までであるが、子どもの発育発達を考えると十分な時限数が確保できているとはいえない。しかし、P. E. dayの導入によって、生徒は体育の時間のみならず、その日の学校生活をリラックスした気分で過ごしているようである。

　体操着導入の背景を、筆者が考えるには、2000年代前半から社会問題化している若年層の不品行行為を防止する期待感もあったと思われる。例えば、子どもギャングによる死傷事件や未成年のドラッグ服用は年々増加しており、昨今では驚くべきニュースとして扱われていない。体操着の導入について生徒に聞いてみると、どの島の生徒も「体操着だと自由で動きやすくなった」と好評である。体操着とP. E. dayの導入は、体育が学校教育の中で、単なる一科目としての地位に甘んじない存在感をもつための転機となる出来事であった。

（白井　巧）

教育とスポーツⅡ
──ノンフォーマル教育からみた スポーツ活動の可能性

> 概要●本節では、フォーマル教育システムの外側で行われる組織化された、体系的な教育活動であるノンフォーマル教育という視点からスポーツを述べる。近年の国際協力でも注目されつつあるノンフォーマル教育を題材にすることで見えてきた、「スポーツを通じた国際協力」の新たな意義や目的を捉えてほしい。

[1] ノンフォーマル教育とは

　ノンフォーマル教育における様々な援助機関のスポーツ活動の事例を紹介する前に、まずはノンフォーマル教育の定義や歴史を整理していきたい。

①フォーマル教育・ノンフォーマル教育・インフォーマル学習の関係

　ノンフォーマル教育（Non-formal Education）という語が注目されるようになったのは、P. H. クームス（1968）による"World Educational Crisis"に

表1　3つの教育の定義

教育の分類	定義
フォーマル教育 Formal Education	初等教育から高等教育まで高度に制度化された教育システム。年代順の学年構成や階層的組織を伴うもの。
ノンフォーマル教育 Non-formal Education	フォーマル教育システムの外側で行われる組織化された、体系的な教育活動。子どもから成人までの特定のサブ・グループに対する特定の学習内容の提供。たとえば、農業普及・技術訓練・成人識字・フォーマル教育以外の職業訓練、保健・栄養・家族計画・協同組合などの諸分野の様々なコミュニティプログラムを含む。
インフォーマル学習 Informal Education	家庭・職場・遊びなどの日常の経験や生活の中において知識や技術、態度、考え方などを習得するプロセス。インフォーマル学習は組織的なものではないが、高度に教育された人たちを含めて、すべての人々の生涯学習に影響を与えている。

出所：源（2007）を参考に、筆者まとめ

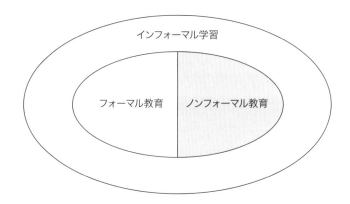

出所:JICA国際協力総合研修所　調査研究報告
『ノンフォーマル教育支援の拡充に向けて』より引用
図3　フォーマル教育・ノンフォーマル教育・インフォーマル学習の関係

おいてであった。

　そのクームスの研究によると、いかなる場所で、いかなる方法で学ばれるか、またそれが学校教育の中に見いだされるか否かにかかわらず、教育を学習と同義と捉えるとした上で、教育をフォーマル、ノンフォーマル、インフォーマルの3つの様式に分類し、定義づけしている（源, 2007）。

　国連機関の一つであるユネスコは、ノンフォーマル教育を、「教育機関、あるいはその外で行われ、すべての年齢の人にもたらされる教育。国の状況によって、成人識字、未就学、中退児童向け基礎教育、ライフスキル、労働技術、および文化一般などをカバーする教育プログラムを持ち、そのプログラムは必ずしも『梯子式』である必要はなく、期間も一定ではなく、学習到達の認可証がある場合もない場合もある」と定義している[*1]。

　日本政府の援助機関の一つである国際協力機構（Japan International Cooperation Agency：JICA）では、「フォーマル教育は、制度化された学校教育制度内での教育活動です。また、インフォーマル学習は、日常の経験などに基づく、組織的ではない学習過程全般です。これに対しノンフォーマル教育とは、正規の学校教育の枠外で、ある目的をもって組織される教育活動のことで、フォーマル教育を受けていない子どもや成人を対象とします」と定義して

---

*1 ユネスコのノンフォーマル教育の定義は、［大橋, 2006］で紹介されている。

おり、三者の関係を分かり易く整理すると、図3のようになるとしている。[*2]

②ノンフォーマル教育の歴史

1960年代の開発途上国においては、教育は独立以後の近代化のための手段として位置づけられており、教育のシステム構築は、最重要課題の一つであった（黒田・横関, 2005）。しかし、経済成長の手段としての教育が十分に機能していない現状を受け、教育が社会・経済の変化に迅速に対応するためには、学校教育だけではなく、より広い社会的な内容が必要であるとして、ノンフォーマル教育やインフォーマル学習が注目されるようになってきた。

そして、1990年には、タイのジョムティエンにおいて、ユネスコ、ユニセフ、世界銀行、国連開発計画の主催により「万人のための教育（Education for All：EFA）世界会議」が開催された。この会議では、初等教育の普遍化、教育の場における男女の就学差の是正等を目標として掲げた「万人のための教育（EFA）宣言」および「基礎的な学習ニーズを満たすための行動の枠組み」が決議された。この宣言の中では、「初等教育を含むフォーマルな学校教育を受ける機会が限られていたり、全く受けることができない子どもや、機会を逃した成人の基本的な学習ニーズに応えるため、初等教育の学習水準と同じものを提供し、かつ十分な支援を受けるべき[*3]」であると、ノンフォーマル教育の重要性が指摘された。

しかし、その後10年を経てもEFAの達成には程遠い状況であったことから、2000年には、セネガルのダカールにおいて、ユネスコ、ユニセフ、国連開発計画、国連人口基金および世界銀行が「世界教育フォーラム」を開催した。これは、ジョムティエン会議後のEFAの進捗状況を把握し、今後の展開の方向性等に関する討議を行うことが目的であった。その討議結果として、「ダカール行動枠組み」（Dakar Framework for Action）が採択され、6つの目標がより具体的で分かり易い形で掲げられた（表2）。

ダカール会議後もユネスコがEFAのコーディネータ的役割を担い、ハイレベル・グループ会合（2001年以降毎年開催）、ワーキング・グループ会合、各地域レベルの会合等が開催されている。また、2002年からユネスコは、EFAグローバルモニタリングレポートを発行し、EFA目標達成の進捗状況を発表し

[*2] フォーマル教育・ノンフォーマル教育・インフォーマル学習の関係については、独立行政法人国際協力機構　国際協力総合研修所　調査研究報告『ノンフォーマル教育支援の拡充に向けて』p.4から引用した。

[*3] 「万人のための教育宣言」でのノンフォーマル教育の必要性に関する記述については、『国際協力用語集』p.127のノン・フォーマル教育の項目を参照されたい。

表2　「ダカール行動枠組み」によるEFAへ向けた目標

(1)最も恵まれない子供達に特に配慮を行った総合的な就学前保育・教育の拡大及び改善を図ること。
(2)女子や困難な環境下にある子供達、少数民族出身の子供達に対し特別な配慮を払いつつ、2015年までに全ての子供達が、無償で質の高い義務教育へのアクセスを持ち、修学を完了できるようにすること。
(3)全ての青年及び成人の学習ニーズが、適切な学習プログラム及び生活技能プログラムへの公平なアクセスを通じて満たされるようにすること。
(4)2015年までに成人（特に女性の）識字率の50パーセント改善を達成すること。また、全ての成人が基礎教育及び継続教育に対する公正なアクセスを達成すること。
(5)2005年までに初等及び中等教育における男女格差を解消すること。2015年までに教育における男女の平等を達成すること。この過程において、女子の質の良い基礎教育への充分かつ平等なアクセス及び修学の達成について特段の配慮を払うこと。
(6)特に読み書き能力、計算能力、及び基本となる生活技能の面で、確認ができかつ測定可能な成果の達成が可能となるよう、教育の全ての局面における質の改善並びに卓越性を確保すること。

出所：文部科学省のホームページ[*4]より引用

ている[*5]。2012年に発行したEFAグローバルモニタリングレポートによると、多くの目標について進展が芳しくないこと、またEFAゴールの大半が期限までに達成される見込みが薄いことを伝えている。全体的にはあまり明るくはない見通しではあるが、その一方で、世界の最貧国の中には、就学前教育を受ける子どもが増えたり、小学校卒業後に中学校に進学する子どもが増えるなど、各国政府やドナーの取り組みによって成果が出つつある国も存在している。

ノンフォーマル教育にも深く関係する初等教育の完全普及の目標においては、世界の不就学児童100人のうち47人は今後も就学する見込みはない[*6]と報告しており、その取り組みへの勢いは失速してきている。

現在、日本でも、多くの組織がこのEFAに対する国際協力を実施している。特にノンフォーマル教育支援においては、文部科学省、外務省、JICAの他、

[*4] 「ダカール行動枠組み」によるEFAへ向けた目標については、文部科学省ホームページを参照されたい。(http://www.mext.go.jp/unesco/004/003.htm)

[*5] EFAグローバルモニタリングレポートについては、ユネスコのホームページを参照されたい。(http://www.unesco.org/new/en/education/themes/leading-the-international-agenda/efareport/reports/)

[*6] ユネスコが作成した『EFAグローバルモニタリングレポート2012　若者とスキル―教育を仕事につなぐ―』のp.5の概要のハイライトには、初等教育の完全普及の進捗状況だけではなく、他のゴール達成も難しい状況であることが書かれている。詳しくは、JICAホームページを参照されたい。(http://www.jica.go.jp/activities/issues/education/ku57pq000011uucz-att/GMR2012_01.pdf)

NGO、企業、大学等もEFAの目標達成のために取り組んでいる。

　JICAの取り組みを例に挙げたい。JICAの基礎教育支援は、(1)初等・中等教育へのアクセスの拡大、(2)初等・中等教育の質の向上、(3)教育行政・学校運営（マネジメントの改善）の3つを柱に行っている。特にJICAは、(3)の教育行政・学校運営の項目に関して、学校に行けない子どもや読み書きができない人々に対しても、ボランティアやNGOと連携して、ノンフォーマル教育の拡充に取り組んでいるとしている。[*7]

③国際協力におけるノンフォーマル教育

　次に、国際協力分野においてノンフォーマル教育の意義がどのように捉えられ、どのような支援がなされているのかについて具体的に触れていきたい。

表3　ノンフォーマル教育支援の意義とアプローチ

意義	協力目標	具体的な活動例
基礎教育の拡充と質の向上	非就学児童への基礎教育の機会提供、フォーマル教育就学率の向上、成人・青年の識字率の向上	政府の政策策定能力の向上、中退児童やストリートチルドレン、移民、遠隔地への識字・基礎教育提供、全国識字キャンペーンや成人の再識字教育、移動図書館やコミュニティ学習センター設置
生計の向上	収入の向上・安定、支出の適正な管理、社会関係資本の構築・強化	成人や青少年、女性のための農業・技術訓練、職業教育、住民組織の強化
保健・衛生環境の改善	地域の健康状態の改善、栄養改善、リプロダクティブ・ヘルスの促進、予防接種率の向上、衛生習慣の改善	識字教育と組み合わせた健康教育、家庭科教育、栄養指導や、スラム地域での衛生指導
自然環境の保全	生産者層に対しては、環境の利用と管理について教育・啓発することで、自然環境の過剰利用の抑制を図る。子どもを含む非生産者層に対しては、日々の生活の中で自然環境に悪影響を及ぼす潜在性の抑制や、環境保全活動への参画。	住民参加型の環境保護区管理や、識字教育プログラムの一要素としての環境教育
平和構築	子どもに対しては教育へのアクセスの拡充、成人に対しては、識字教育や技術訓練を通じて、経済・社会活動への復帰を図る。	平和教育、多文化教育、紛争予防教育、除隊兵士のための職業教育、難民や元児童兵のための識字教育

出所：国際協力総合研修所（2005）より引用の上、筆者作成

[*7] JICAはノンフォーマル教育を、成人識字教育や地域社会教育と位置づけ、基礎教育のレベルを上げていこうとしている。詳しくは、JICAのホームページを参照されたい。(http://www.jica.go.jp/activities/issues/education/approach.html)

JICAが2005年にまとめた報告書では、国内外の組織が実施した援助事例のレビューをもとに、ノンフォーマル教育支援の意義とアプローチを5つに分類して詳述している。表3を参考にしてほしい。

[2] スポーツに関するノンフォーマル教育の事例

①国連の活動〈事例：ユニセフ〉

ユニセフは、第二次世界大戦で被災した子ども達の緊急援助を目的に、1946年の国連総会で国連国際児童緊急基金として創設された。その後、国連児童基金と改称し、活動の重点を開発途上国に移し、子どもの権利の保護と基本的ニーズの充足、子どもの潜在能力を十分に引き出すための機会の拡大を目的に活動している。本部をニューヨークに置き、158か国の国と地域に地域事務所を有している。1994年に発効された「児童の権利に関する条約（子どもの権利条約）」を規範に子どもの生存と保護、発育を世界の発展、人類の進歩のための重要課題としている。表4にこの中でスポーツに近い条項を抜粋した。この中では「スポーツ」に触れられていないものの、ユニセフが運動やレクリエーションを児童の権利の一つとして広く捉えていることがわかる。

ユニセフは、その使命の一つに関連諸機関との協力を掲げており、スポーツ関連事業に関してもユネスコやILO、WHOを始め、様々なNGO等と連携して事業を展開している。理由の一つに、後発開発途上国を中心に多くの地域事務所を持ち、事業実施の際の機動性を有するという物理的側面が挙げられるが、何よりユニセフ内外において、スポーツが主要な子どもの権利の一つとしての理解を得やすい環境が整ってきたこと、すなわち子どもを対象とした事業の一つとしてスポーツが明確に認識されていると推測される。また、ユニセフの知名度の高さゆえに、関連諸機関がユニセフとの連携を謳うことにより、子ども

表4 「児童の権利に関する条約」よりスポーツに関する項目

第31条（休息・余暇・遊び・文化的・芸術的生活への参加） 1．締約国は、休息及び余暇についての児童の権利並びに児童がその年齢に適した遊び及びレクリエーションの活動を行い並びに文化的な生活及び芸術に自由に参加する権利を認める。 2．締約国は、児童が文化的且つ芸術的な生活に十分に参加する権利を尊重しかつ促進するものとし、文化的及び芸術的な活動並びにレクリエーション及び余暇の活動のための適当かつ平等な機会の提供を奨励する。

出所：『スポーツ六法』(2005) より引用

に焦点を絞った事業であるというアピールがしやすいことも一因であろう。

　多くの連携事業を展開するユニセフであるが、近年特に目覚しい進展を見せているのが、国際サッカー連盟（Fédération Internationale de Football Association：FIFA）との連携である。FIFA加盟国・地域は、1930年には13か国・地域のみであったが、2011年には208か国・地域に増加し、いうまでもなく世界最大のスポーツ組織である。

　ユニセフとFIFAの連携事業では、スポーツを子どもの権利の一つとし、女子教育、平和教育、コミュニケーション、HIV/AIDS啓発、紛争復興地域における子どものトラウマの解消など、異なる分野の活動が行われている。

　特筆すべきは、「女子教育」に関する連携事業の広域性である。2003年9月にFIFA女子ワールドカップが開催され、同時に女子教育の重要性に関する啓発、特に開発途上国の女子の就学機会の向上を目的とした"Go Girls！Education for Every Child"キャンペーンが実行された。ユニセフが2005年までに25か国で女子就学率を男子と同レベルまで向上させることを目的に展開している"25 by 2005"キャンペーンと目的を同じくしたものである。

　「女子教育」の一環としてのスポーツに関してユニセフは、「開発や平和活動において、プレイとレクリエーションは、子どもの生活を変える大きな潜在能力をもっている。スポーツは、重要な価値観・ソーシャルスキル・協力・自己肯定感・フェアプレー・他者への尊敬といったことを子どもたちに教えてくれるだけではなく、身体的にも精神的にも成長を促してくれる。（中略）教育的要素をもつスポーツは、社会において女性を男性と対等なプレーヤーにするために有効である」[*8]と分析している。

　ユニセフとFIFAは、両団体の知名度を活用して女子教育の必要性を訴え、同時に開発途上国の現場においても女子を対象とした事業を展開している。世界的な啓発から現場における個人（女子）に対する直接的裨益までの幅広い活動により、国連機関と現場との乖離を防ぐ目的をもった特徴的な事例と言える。

　ユニセフは表5に示すように、多種多様なスポーツ関連の連携事業を実施している。活動内容に規模の大小はあるものの大会やイベントの開催が多く、HIV/AIDS教育、女子教育などが目を引く。同時に近年の傾向として、紛争復興期におけるトラウマの解消や社会の融和、少年兵に他者への理解を促すことや社会復帰を目的とした活動も増えてきている。

[*8] ユニセフが取り組んでいる女子教育キャンペーンについては、ユニセフのホームページの内容を引用の上、筆者が訳した。(http://www.unicef.org/girlseducation/campaign_sport_education_girls.html)

表5 ユニセフと他団体との連携事業

"事業名" 連携先	実施地	目的や活動内容	意 義
"Spaces of Hope" Detention Centre for Adolescents	ブラジル	貧困地域でのスポーツ教室、楽しみの提供と健康教育	健康促進 非行防止
"Child-Friendly Spaces" Save the Children (NGO)	アフガン難民キャンプ（アルバニア他）	子どものコミュニケーショ能力の向上と人権意識向上	人材育成 権利擁護
"Tabor Wegagen Football Club" Tabor Wegagen Association (NGO)	エチオピア	健康教育、性とHIV/AIDS教育、薬物や暴力の防止	健康促進 啓発活動の促進 非行防止
"Rehabilitate Demobilized Child Soldiers" Regional Community	スーダン	少年兵の社会復帰と自己の尊厳の確認、他者理解	社会参加の促進 権利擁護 国際感覚の促進
"Open Fun Football Schools" Danish Football Association	バルカン諸国	トレーニングキャンプ、異民族・他者理解	国際感覚の促進
"Go Girls! Education for Every Child" The Fox Kids (Private Sec.)	オランダ	女子教育の啓発	啓発活動の促進
"Coach to Coach Training Program" ILO(UN機関), Right to Play (NGO)	シエラレオネ	現地コーチのネットワーク構築、地域における融和活動、少年兵の社会復帰	平和構築 社会参加の促進
"MYSA" Mathare Youth Sports Association (NGO)	ケニア	青少年教育、環境改善、地域開発、性とHIV/AIDS教育	人材育成 環境改善 啓発活動の促進
"Promoting Peach through Sport" UNESCO（UN機関）	ソマリア	被害者と加害者や敵対していたコミュニティの和解、元戦闘員のリハビリテーション、社会・政治・経済基盤の再生	健康促進 平和構築
"Child Well-Being Promotion through Sports" Liberia Rotary International, War Affected Youth (NGO)	リベリア	紛争トラウマの解消、保健・健康教育	健康促進

出所：ユニセフのホームページをもとに筆者作成

②国際協力機関の活動〈事例：国際協力機構〉

　国際協力機構が実施する開発途上国への技術協力の一つにJICAボランティア事業があり、開発途上国からの要請に見合った技術・知識・経験を持つ人材をボランティアとして開発途上国に派遣している。中でも青年海外協力隊は2015年に50周年を迎える長い歴史を持っている。青年海外協力隊には、計画・行政、公共・公益事業、農林水産、鉱工業、エネルギー、商業・観光、人的資源、保健・医療、社会福祉の9部門、約200種の職種がある。スポーツに関係する部門は、その中の人的資源の部門にあり、具体的には、各種競技スポーツ、武道、体育、青少年活動といった職種に分かれている。

　活動内容としては、各種競技スポーツ、武道、体育では、スポーツや体育の技術的な指導が活動の中心になるが、青少年活動では、子どもたちの創造性や豊かな感性を育み、子どもたちに将来の夢を与えるような活動を行うことが中心になる。例えば、教育機関における体育や音楽・演劇などの情操教育の普及・強化に向けた活動や、青少年団体や生徒会活動の活性化、サッカー・空手等のスポーツ指導、職業訓練としての手工芸・パソコン教室、エイズ予防などの保健衛生教育、ごみリサイクル等の環境教育、基礎的な日本語指導、日本文化紹介などが行われている。[9]

　本節では青年海外協力隊の青少年活動におけるスポーツ活動の事例を、平成23年度秋募集ボランティア要望調査票をもとにみてみたい。[10] 活動の一例として、タイの女性保護・職業開発センターで実施しているクラブ活動や課外活動を紹介したい。

＊

　任地は、タイ国ノンタブリー県で、配属先は、クレッタカン女性保護・職業開発センターである。同センターは1960年設立、タイ中央部において人身取引被害・家庭崩壊・虐待・貧困等、社会的問題を抱える女性を対象に保護、衣食住の提供、心のリハビリ、職業訓練、売春防止への取組み等を行っている福祉施設である。現在タイ、ラオス、ミャンマー、カンボジアからの被害者237名が入所（10〜17歳）

---

[9] 青年海外協力隊の活動分野および職種については、国際協力機構のパンフレット・資料集から引用した。(http://www.jica.go.jp/volunteer/outline/publication/pamphlet/index.html)
[10] ノンフォーマル教育は、本来フォーマル教育システムの外側で行われる組織化された、体系的な教育活動という考え方なので、表6で取り上げた小中学校での課外活動は、本来フォーマル教育と考えるべきかもしれないが、本節ではフォーマル教育のカリキュラムとの関係性は薄いが、体系的な教育活動であるとしてノンフォーマル教育の事例として取り上げた。本節で取り上げた事例は、青年海外協力隊平成23年度秋募集ボランティア要望調査票から引用した。(http://jocv-info.jica.go.jp/jv/index.php?m=Info&yID=JL01811B08)

し、6つの宿舎に分かれて生活している。

　同センターでは入所者の社会復帰を目指したカリキュラムが組まれ、午前は各種職業訓練、午後は職業訓練に加えクラブ活動の時間が設けられている。クラブ活動及び、課外活動は入所者の情緒面のケアの一環と位置づけられ、特にストレス解消や社会性向上に効果が期待できるスポーツ活動を充実させたいと考えている。2011年現在、同所には専任のスポーツ指導者はおらず、ボランティア隊員にはセンター内のスポーツ大会開催や、年一回行われる施設対抗の全国スポーツ大会参加に向けての指導が期待されている。

*

　青年海外協力隊における青少年活動でのスポーツ活動は、この事例にみられるように女性保護施設、少年保護施設、障がい者施設、青少年センターといった学校教育以外の配属先が多いのが特徴的である。活動内容も、課外時間におけるスポーツ指導やレクリエーション指導で、それらを通して、対象者への情緒面や精神面でのサポートといった情操教育的な効果が期待されている事例が多い。それ以外でも、表6にみられるように、参加者の社会参加や施設の活性化を促す活動や、知的・身体的能力の向上を目的にしているケースもみられる。

③NPOの活動〈事例：ワールド・ビジョン〉

　ワールド・ビジョンの活動は、アメリカ生まれのキリスト教宣教師ボブ・ピアスによって始められた。彼は、第二次世界大戦後の混乱をきわめた中国に渡り、「すべての人々に何もかもはできなくとも、誰かに何かはできる」と考えた。中国で出会った1人の女の子の支援を始めた彼は、より多くの支援を届けるため、1950年9月、アメリカのオレゴン州で「ワールド・ビジョン」を設立した。その後は、朝鮮戦争によって生まれた多くの孤児や、夫を亡くした女性たち、ハンセン病や結核患者に救いの手をさしのべる活動を行い、現在では、約100か国で展開するまでになっている。

　主な活動内容は、開発援助、緊急人道支援、アドボカシーの3分野である。開発援助は、教育、保健衛生、農業指導、水資源開発、収入向上、指導者育成、HIV/AIDS対策など幅広い分野で長期的な支援を行っている。緊急人道支援は、災害発生時の緊急援助や、紛争等のために生じる人道支援のニーズに対して、食糧、衣料、毛布、テント等の支援物資の配布や、人々の精神的ケアなどの緊急人道支援を実施している。緊急期が過ぎた後には、人々の生活の回復に向けて、保健衛生、教育、農業復興、住居再建など、生活基盤の復興を支援している。アドボカシーの活動では、「子どもの権利」を促進するための活動のほか、G8サミット開催時には署名キャンペーンやロビイング活動を行い、子どもた

表6　青年海外協力隊の青少年活動にみられるスポーツ活動事例

連携先	実施地	目的や活動内容	意義
サラワク州社会福祉局	マレーシア	障がい者施設を巡回し、スポーツやレクリエーションの指導をする。また、障がい者の社会参加のために必要な事柄を施設のワーカーらと考え実践する。特に村落部の通所施設の活性化が求められている。	社会参加の促進
クレッタカン女性保護・職業開発センター	タイ	タイ中央部の女性保護施設にて、人身取引被害などによる社会的問題を抱える入所者を対象に、情緒面、精神面に配慮したスポーツおよびレクリエーション等のグループ活動を行う。また併せて同省庁管轄の近隣男児保護施設でのグループ活動の実施も期待される。	人材育成
ボルガン県児童課	モンゴル	首都の青少年センターで、放課後や長期休暇期間に行う小中高校生を対象とした各種スポーツや図画・工作、日本文化紹介等のプログラムを企画・実施し、青少年育成、同センターの活性化に寄与する。ブータン人青少年ボランティアとの協働および指導も求められる。	人材育成　社会参加の促進
NGOエンマヌエル協会、エンマヌエル養護施設	ペルー	首都郊外にある現地協会運営の養護施設で、子どもたち（主に女児）に礼儀やモラルを指導すると共に、英語・数学などの指導を通して基礎教育の強化を図る。また、スポーツの紹介、図画や音楽の実施など子どもたちの情操教育に役立つイベントの企画・実施を行う。	人材育成　スポーツ振興
NGOドン・ボスコ少年保護協会	ベネズエラ	家庭に問題があって少年保護施設で過ごす6〜12歳の少年を対象に、精神運動性向上を目的とした工作、遊びの企画・実施に協力する。そのほか、音楽やスポーツ等、隊員のアイデアや得意分野を活かした活動を展開する	人材育成
NGOチュニジア聴覚障害者支援協会（ASDA）ケロアン支部	チュニジア	チュニジアの聖都ケロアン市にあるNGOにおいて、近親結婚等の理由による聴覚障がい者に対し、図画工作、手工芸、ダンス、体育等、隊員が得意とする分野の指導を通じて生徒の知的・身体的能力を高める支援をする。	人材育成
リコニ更生学校、ワムム更生学校、ケリチョ更生学校	ケニア	罪を犯した子どもやストリートチルドレンを対象に、初等教育や職業訓練を実施している更生学校において、スポーツやレクリエーションを通して、子どもの情操教育を行う。また、運動以外にも得意な分野（音楽、工作、踊り、職業訓練など）があれば併せて行う。	人材育成
NGOザンビアボランティア地域開発協会	ザンビア	配属先が支援するコミュニティスクールにおいて、子どもたちへ算数、理科、英語などを指導する。また、体育、スポーツ等の指導も期待されている。	スポーツ振興
太陽海岸小学校	モザンビーク	小学校の体育の実技授業およびサッカーやバレーボール等の課外活動をサポートする。また、課外活動として同校内、または他校も集まって行う運動会・音楽会・工芸作品展等の企画・実施をサポートし、児童が楽しみながら学習できる環境作りを支援する。	スポーツ振興　環境改善
ホレズム州ウルゲンチ市3番学校	ウズベキスタン	地方都市にある小・中学校において、体育の授業支援、課外授業におけるバレーボールチームの立ち上げとその指導を行う。また国際交流、異文化理解促進に寄与するためスポーツや日本紹介イベントの企画・運営を行う。	スポーツ振興　国際感覚の促進

出所：平成23年度秋募集ボランティア要望調査票をもとに筆者作成

表7　NPO活動のノンフォーマル教育にみられるスポーツ活動

団体名	実施地	目的や活動内容	意義
NPO法人アフリカ野球友の会	アフリカ諸国	国際親善・相互理解を図ることにより、世界の市民の健康と平和な社会の実現に寄与することを目的としている。	国際感覚の促進 平和構築
ロシナンテス	スーダン	スポーツ事業部は、スポーツを通じた人間育成を目指しており、2009年2月よりロシナンテス少年サッカースクールをスタートした。このスクールでは、サッカーの基本の習得や技術向上はもちろんのこと、物を大切にする気持ちや時間を守るなどの社会的なルールを身につけることも重視している。	人材育成
EKIDEN for Peace	タンザニア	タンザニアの難民キャンプで駅伝を企画・運営している。"タスキ"をつなぎながら走ることで、スポーツの楽しさ、仲間とともに一つのことに取り組む意義を体感してもらうことが目的である。	人材育成
ワールド・ビジョン	タイ	全国スポーツ大会の「スパニミット・ワールド・ビジョン杯」を開催している。この大会は、性や薬物の問題など、10代の若者をとりまく問題について子どもたちが学び話し合う場所ともなっている。試合の合間に、様々な一連のワークショップが行われ、参加した子どもたちは薬物とHIV感染の関係、そして、安全な性に関する知識などを身につける。	啓発活動の促進
NPO法人ビッグイシュー基金	各国	2002年より貧困問題のキャンペーンを目的に、毎年ホームレスワールドカップを開いている。この大会は、ホームレスの人のみが選手として参加できるフットサルの世界大会である。	社会参加の促進 人材育成
Save the Children Center	ケニア	ストリートチルドレンやスラム住民に対する生活改善事業をさらに推進することを目的に活動している。物質的な援助を最小限にし、スポーツ活動、カウンセリング、ワークショップ、基礎的な教育・訓練、機会・情報の提供などを中心として支援を行ってきた。そのプロセスで、住民自らの意思で新しく行動を起こし、問題解決を行う能力を身につけていくことこそ持続的な生活改善への道と位置づけて活動している。	人材教育
The EduSport Foundation	ザンビア	個人に対するHIV/AIDS対策を行っている。具体的には、若者を対象としたライフスキル教育だったり、スポーツや身体活動を通してHIV陽性の人がコミュニティに参画しやすくなるような活動をしている。	社会参加の促進
Darfur United	スーダン	スーダンのダルフールの難民によるサッカーチーム兼ユースアカデミーの組織で、サッカーを通した平和活動を実施している。この活動は、難民の人たちが希望や喜びを持てるようになることを目的としている。	平和構築 人材育成
Sport and Leadership Training	カンボジア	コミュニティを拠点としたサッカープログラムを通して、若い人たちのリーダーシップを育成するだけではなく、ライフスキル教育・職業訓練・コミュニティ参加といった活動にも関与している。	人材育成 啓発活動の促進 社会参加の促進
ARCA	ブラジル	スラム街に住んでいる6〜18歳の子どもたちを対象に、スポーツやゲームを教える活動をしている。この活動を通して子どもたちは、自己肯定感や社会的な価値を見出すことができたり、自分の人生を見通すことができるようになる。	人材育成

出所：NGO各団体のホームページをもとに筆者作成

ちを守ることが国際政治の中でも優先事項となるように働きかけている。

次にワールド・ビジョンによるスポーツ活動の事例[*11]を、若者の感染予防の取り組みを例にみてみたい。

＊

コミュニティにおいて、教育、子どもたちのリーダーシップ育成、子どもの権利の保護などの活動を長年行ってきた経験とネットワークを活かし、ワールド・ビジョンはタイの若者にHIV/エイズに関する正しい情報を伝える活動を行っています。その一つが、ワールド・ビジョンが毎年開催している全国スポーツ大会です。それぞれのコミュニティでの予選を勝ち上がってきた子どもたちが全国から集い、対戦する、スパニミット・ワールド・ビジョン杯という大会は、性や薬物問題など、10代の若者をとりまく問題について子どもたちが学び話し合う場所ともなっています。試合の合間に、様々な一連のワークショップが行われ、参加した子どもたちは、薬物とHIV感染の関係、そして安全な性に関する知識などを身につけます。子どもたちは、学んだ知識を周囲の友人に広げるように励まされて自分たちの町や村に帰っていきます。

2006年タイ北部の町チェンマイで行われた決勝戦で、男子サッカーの部と女子サッカーの部で優勝をおさめたのは、それぞれがHIV感染が増加しているタイ南部地方出身のチームでした。

＊

NGO活動のノンフォーマル教育にみられるスポーツ活動の事例を表7としてまとめた。運営面でみると、スポーツ大会等の開催だけではなく、スポーツのスクールやプログラムといった長期的で定期的な取り組みが多くみられる。この傾向は、特に海外のNGO活動で顕著であった。また活動の目的をみてみると、スポーツを通じた人間形成を目的とした活動が多い。また、スポーツや身体活動を通してHIV陽性者がコミュニティに参画しやすくなるための活動のように、偏見や差別を軽減させることで相互理解を促し、対象者の社会参加の促進を目的としている活動も多い。

[3] 総括──ノンフォーマル教育からみたスポーツ活動の特徴

これまで国連、日本政府の援助機関、NGOによるノンフォーマル教育から

---

*11 ワールド・ビジョンによるスポーツ活動の利用の事例は、ワールド・ビジョンのホームページから引用した。(http://www.worldvision.jp/news/news_0291.html)

みたスポーツ活動の事例を紹介し、スポーツに期待された意義と役割をみてきた。この総括では、ノンフォーマル教育からみたスポーツ活動の特徴を、母体組織による違いとメリット・デメリットの2つの視点でまとめてみたい。

まずは、国連機関、政府系機関、NGOといった母体組織の違いを、表5～7の右側に分類したスポーツ活動の意義の違いからそれぞれの特徴をみてみよう。

ユニセフのような国連機関では、健康促進・人材育成・非行防止・啓発活動の促進・社会参加の促進・環境改善・権利擁護・国際感覚の促進・平和構築といった多種多様な目的でスポーツを利用していることがわかる。それらの中でも特徴的なのは、難民の人たちの人権意識を向上させる取り組みや、元少年兵だった子どもたちに自己の尊厳を考えさせる取り組みといった、子どもの人権を擁護するような活動がみられることである。

国際協力機構のような政府系機関では、スポーツ振興や人材育成といった目的でスポーツを利用している場合が多い。その中でも特に、課外活動におけるスポーツ指導が多く、その目的としては、知的・身体的能力の向上や情操教育といった効果を期待している組織が多くみられる。

NGOの活動では、人材育成を目的としたスポーツ活動が最も多い。特に、スポーツの技術を向上させるだけではなく、社会的なルールの修得、チームワーク、自己肯定感の高まりといった社会人や人間としての成長を期待している事例が多い。

次に、ノンフォーマル教育におけるスポーツ活動のメリットとデメリットについて述べてみたい。メリットしては、スポーツのもつルールの平等性による「差別の軽減」が挙げられる。スポーツ自体は、ソマリアのNGOが戦争後の被害者と加害者や敵対していたコミュニティの和解のきっかけとして活用されたように、異なった立場の人間が統一したルールのもとでスポーツをすることで、相手への差別の意識や偏見が軽減される可能性が考えられる。もう一つのメリットとしては、スポーツがもつ「高い集客力」が挙げられる。多くの組織が、若者の感染予防・貧困撲滅・ライフスキルの習得へ興味をもってもらったり、知識を知ってもらったりするためにスポーツイベントを開催してきた。そのことを本研究では、「啓発活動の促進」として意義付けたわけだが、インフォーマル教育におけるスポーツイベントでは、普段学校に通っていない子どもたちだけではなく、学校を卒業しておらず文字を読めないような成人も集めることができる。さらに、啓発活動の内容によって、イベントの対象者をある程度限定することも可能である。例えば、性とHIV/AIDS教育の啓発活動であれば、

中学生以上から20代ぐらいを対象者とした方が効率良く活動ができる。

　次に、どのようなデメリットがあるのかということも述べておきたい。いろいろ考えられるのかもしれないが、本節では一つだけ挙げてみたい。それは、スポーツイベントを開催して人を集めて様々な啓発活動をする際の「知識の定着の不安定さ」ということである。つまり、子どもたちがスポーツの試合等に熱中するあまり、本来の啓発活動等で学んでほしい知識の習得にかける時間が少なくなったり、集中力が低くなってしまう可能性が考えられるということである。

　本節では、複数の組織が取り組んでいるノンフォーマル教育におけるスポーツ活動の事例の紹介から、スポーツがもつ可能性や意義について分析してきた。今後の課題としては、多くの可能性を秘めているスポーツ活動の成果について実証的な調査・研究を行う必要がある。また、今回取り上げた組織以外にも、国内外で多くの組織が国際協力にスポーツ活動を取り入れているので、それらの事例を蓄積し、分析することで、さらにスポーツの効果的活用の方法がみえてくると信じている。

（柾本伸悦、岡田千あき）

[参考文献]
岡田千あき（2002）「身体活動を通じた教育開発〜ジンバブエ共和国AIDS/HIV教育の検証」『大阪外国語大学論集』第26号、pp. 167-183.
岡田千あき（2009）「スポーツを通じたコミュニティエンパワーメント」『大阪大学大学院人間科学研究科紀要』pp. 1-12.
源由理子（2007）「ノンフォーマル教育援助における参加型評価手法の活用―利害関係者が評価過程に評価主体として関わること―」『日本評価研究』第7巻第1号、pp. 74-86.
国際協力総合研修所（2005）『ノンフォーマル教育支援の拡充に向けて』.
黒田一雄・横関祐見子（2005）「国際教育協力の潮流」『国際教育開発論〜理論と実践〜』有斐閣.
山西優二（1988）「開発途上国におけるノンフォーマル教育に関する基礎考察」『フィロソフィア』早稲田大学哲学会、pp. 101-118.
石原豊一（2011）「開発援助アクターとしてのスポーツNGO　ジンバブエ野球会の事例から―」『立命館人間科学研究』第22巻、pp. 97-106.
大橋知穂（2006）「アジアのノンフォーマル教育の概況と今後の課題：日本の社会教育・生涯学習の役割と連携の可能性について」『東京大学大学院教育学研究科紀要』第45巻、pp. 297-307.

column 6 もう一つのサッカーワールドカップ
―ホームレス・ワールドカップに参加して―

　ある人との出会いによって、私はボランティア活動に興味をもった。「BIG ISSUE」代表の佐野章二さんである。
　BIG ISSUEとは、雑誌を販売する仕事を提供することによってホームレスの自立を応援する団体。佐野さんは、人がなぜホームレスになるかと問いかけ、「仕事を失い、収入がなくなると友人や家族を失う、そうすると人は『ホープレス』となり『ホームレス』になる」と話してくれた。ホームレス問題に関心のなかった私にとって、人が身近な絆を失うことによってホームレスになる、という大学での講演内容は心に突き刺さるものだった。自然に何か役に立ちたいという気持ちが湧きあがり、その場で自分にできることはないかとボランティアを志願した。
　そこで教えてもらったのがホームレスの方のサッカープロジェクト。携わり始めた2008年冬の参加者はたった2名だった。次の練習では1名に減っていたが、今ではBIG ISSUEの販売者や人とのつながりを失った人々、ボランティアに興味のある学生、会社員など様々な人が参加し、2週間に1度の定期練習は多い時で30名を超える。
　スポーツは生活の不安やストレスを軽減し、日頃の悩みやイライラを忘れさせてくれる。年齢や立場に関係なく楽しめるのも魅力の一つ。学生であった私は、この活動を通して知り合った社会人に相談にのってもらい、将来のことを真剣に考えるようになった、いろいろな立場の人と共に時間を過ごすことで、社会の当事者として偏見や社会問題に関する意識が高まった、これまで感じることのできなかった他人の苦しみや痛みを分かち合えるようになった、と実感している。
　サッカープロジェクトでは、「ホームレス・ワールドカップ」と呼ばれる世界大会への出場にも力を入れている。幸運なことに私は、2009年のミラノ大会でコーチをした経験が認められ、2011年のパリ大会に監督として出場する

ことができた。この世界大会は、サッカーを通して人とのつながりを回復し、自立への意欲と希望を取り戻すことを目的に2003年から毎年開催されている。

パリ大会には、過去最多の53か国・地域から総勢600名が集結。日本代表「野武士ジャパン」は過去2度参加して未だ果たしていない「1勝」を目指して戦ったが、序盤戦から海外選手の強靭さとプロ顔負けのテクニックに翻弄される。初戦のアルゼンチン戦は0-12の大敗。海外チームの選手は「ホームレス」といっても10代のストリートチルドレンやドラッグ依存症の治療を受ける者など若い選手が多く、日本とバックグラウンドがまったく違う。その後も大量得点を取られ続け、チームの柱であったキャプテンは相手チームの激しいチャージに遭い腕を骨折、苦戦を強いられた。一度しか合同練習をしていない東京3名と大阪4名の計7名のメンバーはたびたび衝突し、ミーティングでは、激しい口論になった。だが、口論の中で、選手の1勝したいという気持ちが伝わり、私たちスタッフは、なるべく介入せずに自分たちで考え、解決してもらおうとした。それはサッカーがひとりでできることではなく、仲間との協働が必要であると考えていたからである。チームには更生施設で依存症と闘う者、うつ病やその他の精神的な病をもつ者、生まれつき障害をもち自己否定に陥った者などがおり、お互いを尊重することの重要性を学ぶことが大切だと感じた。

海外チームとの交流も積極的に行った。第二ステージで戦った韓国チームとは、お互いの近況や過去の経験、さらには各国のホームレス事情などを話し合った。しかし、彼らはこの大会への出場がゴールではなく、帰国した後から新しい挑戦が始まる。念願の1勝は果たすことはできなかったが、この大会から得た自信や誇り、様々な人からの支えを日本に持ち帰り、少しでもよりよい生活に向かうと誓ってくれた。

ホームレス・ワールドカップは、多くの国との交流や試合を通じて、様々な問題を抱える選手が自分と向き合う絶好の機会である。また、大会は、これまで貧困や格差といった問題に関心のなかった私のような人に情報を発信し、異文化交流や出会いの機会を準備することによって、私たちのものの見方や考え方を変えてくれる。私はこの経験を少しでも多くの人に味わってもらいたいと思っている。

（與那安貴）

■3

健康とスポーツ

> 概要●この節では、健康分野におけるスポーツを通じた国際協力の様々なあり方を考える。一般にスポーツをすることは健康に良いと信じられているが、途上国の健康課題に対するスポーツの効用は、身体活動がもたらす直接的な効果にとどまらない。スポーツの多様な可能性を理解し、対象となる国や地域の実情に合った国際協力を実践することが大切である。

[1] はじめに

　この節の目的は、途上国における健康課題の解決に対してスポーツがどのように寄与する可能性があるのかについての正確な理解を促し、国際協力の実践の一助となることである。途上国が抱える多様で深刻な健康課題に対してスポーツはどのように貢献し得るのか、したがってどのような形での国際協力が可能なのであろうか。一般にスポーツをすることは健康に良いと信じられているが、途上国の健康課題に対してスポーツが貢献するアプローチは、身体活動がもたらす直接的な効果にとどまらない。健康という概念には多様で包括的な意味が与えられるようになっており、それに伴ってスポーツと健康との関係も複層的なものとして捉える必要があるだろう。以下では、世界で行われている健康分野におけるスポーツを通じた国際協力実践について概観しながら、スポーツと健康の関係についても考察を深めるきっかけを提供できればと思う。

[2] 健康の定義

　Oxford Dictionaryによれば、健康（Health）は"the state of being free from illness or injury"（病気や怪我のない状態）を意味する。通常我々は健康をこのように理解することに違和感をもつことはない。わが国の保健行政を司る厚生労働省のHPをざっと見渡しても、はっきりとした健康の定義をみつ

けることはできなかった。2002年に施行された健康増進法の中にも明言されていない。それほど我々にとって「健康」が何を意味しているのかは、自明だということなのだろうか。

　実は世界で最も定着している健康の定義は、もっとずっと包括的なものである。世界保健機関（World Health Organization：WHO）は、1946年に採択されたWHO憲章の中で、健康（Health）を次のように定義している。

> Health is a state of complete physical, mental and social well-being and not merely the absence of disease or infirmity.
>
> 健康とは単に病気でない、虚弱でないというのみならず、身体的、精神的そして社会的に完全に良好な状態を指す。（厚生労働省，2000, p. 5）

　医学用語としての定義にも、このWHOの定義の影響がみてとれる。Farlex Partner Medical Dictionaryによる定義を和訳すると、次のようになる。

1. 疾病(disease)または異常(abnormality)の証拠がなく最適に(optimally)機能している時の生物の状態
2. 生活を取り巻く全てのもの（all the circumstances of living）に対処する個人や集団の能力が最適（optimum）水準にある動的均衡（dynamic balance）状態
3. 次のようなもので特徴づけられる状態。解剖学的、生理学的、心理学的な統合性（integrity）。個人が価値（personally valued）をおく家族、仕事、コミュニティにおける役割を遂行する能力。物理（身体）的、生物学的、心理的、社会的ストレスに対処する能力。よき生（well-being）の実感。疾病や時期尚早な死（untimely death）のリスクからの解放（freedom）。

　このように健康な状態とは、単に怪我や病気がないという意味にとどまらず、十全な生を生きることを指すと考えられていることがわかる。こうした包括的な定義を特徴づける点として、ここでは3つのことを指摘しておきたい。1点目は、「最適な・最適に（optimum/optimally）」とか「異常（abnormality）」でないという形容詞が使われていることである。健康であることは、普通の状態、もともとあるべき状態であると想定されていることがうかがえる。健康とは「普通」の生活が送れることと同義なのである。

　2点目に注目すべきは、"well-being"という語である。直訳すれば「よく（well）存在すること（being）」となる。従来は福祉、福利、幸福などの訳が充てられることが多かったが、原語の直観的な意味に近づけるために近年では「よき

生」「豊かな生」といった訳が使われるようになってきた。WHOは、物理的にも心理的にも、そして社会的にも完全(complete)な「よき生」であることが、健康だという主張をしているのである。あらゆる意味において十全な存在であることが健康であるという考え方は、「生活を取り巻く全てのもの(all the circumstances of living)」というフレーズや「統合性(integrity)」という語からも感じられる。

　3点目は、「よき生(well-being)」と併せて「自由／解放(freedom)」「個人が価値をおく(personally valued)」等の表現が使用されている点が、アマルティア・セン(Amartya Sen)が提唱する潜在能力(capabilities)の議論を想起させることである。ごく簡略化していえば、潜在能力とは自らが価値をおく「よき生(well-being)」を追究する実体的自由(substantive freedom)の程度を意味する(Sen, 1992；Sen, 1999)。「人間の安全保障」や「人間開発指標」といった開発分野の今日的な潮流に多大な影響を及ぼした概念である。つまり、十全なる「よき生」を実現することがWHOの目指す「健康を保つ」ということだとすれば、それはそのまま開発全般の目標と重なると言ってしまって差し支えないことになる。

　ところで少し余談になるが、1998年には、"Health is a dynamic state of complete physical, mental, spiritual and social well-being and not merely the absence of disease or infirmity." という文面への変更を総会提案とすることがWHO執行理事会で決定されたが、未だ総会で審議されるに至っていないという。この "dynamic"（動的）と "spiritual"（精神的な／霊的な）という語を加える改正案は、過度な西洋医学への傾倒を危惧したイスラム教国の委員から提起されたものであったといわれる。西洋医学的な客観的な数値化によっては測れないスピリチュアルな健康状態も存在するという主張は理に適ったものであるが、宗教的側面が強調され代替療法が横行する可能性への懸念から棚上げとなっている。疾病や健康への捉え方が文化によって異なることを示すエピソードだと言えるだろう（野村, 2009）。

　さて、健康の定義の包括性に比して、実際にWHOや厚生労働省が推進する保健政策の中心は「怪我や病気のない状態」を広めることであるといって差し支えないだろう。ではなぜこのような包括的な定義が必要とされるのだろうか。想像の域を出ないことだが、「怪我や病気のない状態」を目指す先にもっと広い意味での「健康」があるという考え方をすることの意味は2つあるように思う。一つは、病気や怪我がない状態を作るだけではその人の生が十全になるわけではない、そこで満足して手を打つことを止めてしまってはならない、とい

う戒めの意味である。もう一つは、実際に病気がない状態を作ろうとすれば、経済システムや社会システムを変えることに踏み込まなければならないということである。十全な社会生活が保たれることは、身体的健康の先にあるゴールであると同時に、身体的健康を達成するための手段でもある、という関係が成り立つのである。

　スポーツと健康を考える際にも、同様のことがいえる。スポーツをすることが「怪我や病気のない状態」を作ることに貢献することもあるだろうし、「怪我や病気のない状態」を作ることがスポーツをすることを通じてより「十全な生」を生きることの前提条件ということにもなるかもしれない。健康とは人の生そのものの豊かさと密接につながっていて、怪我も病気もないからといって十全な生が送れるわけではないということに思いを馳せながら、以下に紹介する「スポーツを通じた健康のための国際協力」の実践について考え、読者の発展的な考察につなげていただきたい。

[3] 開発における健康とスポーツ

　これまでみてきたように、健康はその定義上も開発の究極的なゴールと重なっているといえそうである。事実、経済開発から人間・社会開発へのシフトが進む中で、健康に関わる課題が、開発課題全体に占める割合が高まっているといえるだろう。健康は教育と並んで社会開発分野の2大領域を占めてきた。健康も教育も、それ自体が開発の重要な目的である一方で、経済開発を効率的に推し進めるための重要な要素でもあると考えることができる（Todaro and Smith, 2011）。教育は経済発展に必要な技術移転の基礎であり、健康な労働力は生産性向上の大前提である。また両者は、相乗的に作用する。教育における成功は健康でなければ達成されないし、逆に教育によって保健に関する正確な知識を広めることができる。

　さて、経済発展の進展に伴い途上国における健康問題は、全体としてみれば大きく改善した。20世紀終わりの20年間で、平均寿命、幼児期死亡率、幼児期の低体重等の指標は、世界のほとんどの地域で順調な改善傾向にあった。ただし、1990年以降のサハラ以南のアフリカ地域だけが例外的に遅れをとっており、その多くがHIV/AIDSの大流行に起因するものと考えられている。途上国は、絶対的貧困に伴う衛生環境の劣悪さや栄養不足、HIV/AIDS、マラリア、結核等の適切な予防知識とワクチンがあれば防げるような感染症など、先進諸国とは異なる健康課題を抱えている。また健康におけるジェンダー格差も大き

表8　ミレニアム開発目標における健康課題に対するスポーツの貢献

ミレニアム開発目標	スポーツの貢献
1．極度の貧困と飢餓の撲滅	○働くことを妨げ、ヘルスケアのコスト負担を強いることで、貧困の原因となったり貧困を悪化させたりする疾病のリスクが次の方法によって減少する ・身体運動の水準向上 ・予防とワクチン接種のためのイニシアチブの支援の下行われるスポーツを用いた大衆教育や社会動員キャンペーン ・健康リスクの高い行動を減少させることのできるスポーツプログラム
2．初等教育の完全普及の達成	○小学生の健康と身体的フィットネスの向上と常習的欠席の減少が次の方法によって達成される ・身体運動の増加 ・子どもと家族のためのスポーツを用いた健康および疾病予防教育
3．ジェンダー平等推進と女性の地位向上	○スポーツを用いたプログラムが身体運動と健康に関わる情報へのアクセスの機会を少女・女性に提供し、彼女らの健康とよき生が改善する
4．乳幼児死亡率の削減	○スポーツを用いたワクチン接種や予防啓蒙キャンペーンの結果、幼児期の死亡や、はしか、マラリア、ポリオに起因する障害を減少させる
5．妊産婦の健康の改善	○少女・女性のための生殖保健に関する情報、ディスカッション、サービスへのアクセスの向上 ○ある文脈では、スポーツ参加が若年妊娠のリスクを低下させる
6．HIV/AIDS、マラリア、その他の疾病の蔓延の防止	○予防啓蒙と健康リスク行動の改善を狙ったスポーツプログラムの結果、HIV感染リスクが低下 ○スティグマの減退とHIV/AIDSと共に生きる人々の健康増進が、彼らの社会・経済的包摂度の向上に貢献する ○はしかやポリオのワクチン接種率の向上 ○マラリア・結核その他の教育・予防啓蒙キャンペーンの影響範囲と効果を向上
8．開発のためのグローバルなパートナーシップの推進	○グローバルパートナーシップを形成し、エリートおよび大衆スポーツイベントと著名なアスリートの影響力を利用して健康に関するポジティブなメッセージを促進する

出所：SDP IWG（2008）p. 31、拙訳

な問題とされている（Todaro and Smith, 2011）。

2000年に国連決議されたミレニアム開発目標（Millennium Development Goals：MDGs）においても、健康に関わる課題の開発における重要性は明らかである。

目標1：極度の貧困と飢餓の撲滅
目標2：初等教育の完全普及の達成
目標3：ジェンダー平等推進と女性の地位向上
目標4：乳幼児死亡率の削減
目標5：妊産婦の健康の改善
目標6：HIV/AIDS、マラリア、その他の疾病の蔓延の防止
目標7：環境の持続可能性確保
目標8：開発のためのグローバルなパートナーシップの推進

　WHOは『健康とミレニアム開発目標』（WHO，2005）の中で、8つのミレニアム開発目標のうち目標2と3を除く6つを明示的に健康と関連するものとして挙げている。初等教育が健康に及ぼすプラスの効果や健康におけるジェンダー格差を考慮すれば、全ての目標が健康に対して強い関連性をもっていると考えてもいいだろう。

　ではスポーツはどのようにして、このような途上国の健康課題の解決に寄与することができるのだろうか。開発と平和のためのスポーツ国際ワーキンググループ（Sport for Development and Peace International Working Group：SDP IWG，2008）は、スポーツが健康課題の解決に貢献することを通じて、目標7以外の7つの目標の達成に寄与しうると謳っている（表8）。挙げられている貢献の仕方は様々だが、突き詰めれば2通りに集約される。一つは直接的にスポーツをすることからくる健康増進の効果であり、もう一つは健康課題の解決に向けたプログラムを推進するための「プラットフォーム」としてスポーツを利用することである。よくデザインされたイニシアチブには、この2つのレベルをうまく組み合せたものが多いといわれる（SDP IWG，2008）。これらに加えて、スポーツ機会が存在することによる「よき生」への直接的な貢献も、3つめの健康への貢献方法として考えておきたい。以下で、それぞれの仕方でのスポーツの貢献のあり方について、整理していく。

①身体運動としてのスポーツ

　一つめの貢献方法は、適度な身体運動の機会を提供することによる直接的な健康増進効果である。適切な頻度と強度で継続的に行われる限りにおいて、身体運動が心身の健康に寄与することはほぼ確実だとされている（Coalter et al., 2000；WHO，2003，2011）。注意すべきは、ここで指摘されているのがスポーツそのものではなく、身体運動の価値であるということである。もちろ

表9 所得グループ別の主要な死亡原因となるリスク要因

	順位	リスク要因	死亡数（百万人）	全死亡数に占める割合(%)
全世界	1	高血圧	7.5	12.8
	2	喫煙	5.1	8.7
	3	高血糖	3.4	5.8
	4	運動不足	3.2	5.5
	5	過体重・肥満	2.8	4.8
	6	高コレステロール	2.6	4.5
	7	危険な性行為	2.4	4.0
	8	飲酒	2.3	3.8
	9	小児期低体重	2.2	3.8
	10	固形燃料ばい煙の室内吸引	2.0	3.3
低所得国	1	小児期低体重	2.0	7.8
	2	高血圧	2.0	7.5
	3	危険な性行為	1.7	6.6
	4	危険な水、衛生	1.6	6.1
	5	高血糖	1.3	4.9
	6	固形燃料ばい煙の室内吸引	1.3	4.8
	7	喫煙	1.0	3.9
	8	運動不足	1.0	3.8
	9	不適切な授乳	1.0	3.7
	10	高コレステロール	0.9	3.4
中所得国	1	高血圧	4.2	17.2
	2	喫煙	2.6	10.8
	3	過体重・肥満	1.6	6.7
	4	運動不足	1.6	6.6
	5	飲酒	1.6	6.4
	6	高血糖	1.5	6.3
	7	高コレステロール	1.3	5.2
	8	果物・野菜の摂取不足	0.9	3.9
	9	固形燃料ばい煙の室内吸引	0.7	2.8
	10	都市外気汚染	0.7	2.8
高所得国	1	喫煙	1.5	17.9
	2	高血圧	1.4	16.8
	3	過体重・肥満	0.7	8.4
	4	運動不足	0.6	7.7
	5	高血糖	0.6	7.0
	6	高コレステロール	0.5	5.8
	7	果物・野菜の摂取不足	0.2	2.5
	8	都市外気汚染	0.2	2.5
	9	飲酒	0.1	1.6
	10	職業上のリスク	0.1	1.1

注：国民1人当たり所得825ドル以下を低所得国、10,066ドル以上を高所得国として分類。

出所：WHO（2009）p. 11、拙訳

んスポーツをすることが身体運動を伴うという点では、スポーツにも同様な価値があるということができる。しかし競技性の向上に伴って身体運動の強度や頻度があがれば、怪我や心理的ストレスなど健康を害するリスクが高まって健康増進の効果が頭打ちになることも認識しなければならない（WHO, 2003, 2011）。そこでスポーツ政策と健康増進政策とが連携することが重要となるが、先進国でもそのような取り組みは必ずしも一般的ではない（WHO, 2011）。スポーツ政策において競技性が高く高強度なスポーツ活動が優先されるとしても、健康政策においてはほどほどの強度の身体運動の機会を提供するコミュニティベースのプログラムを重視するべきであるとWHO（2010）は勧めている。

さて、スポーツが健康増進に必要な身体運動の水準を確保することに一定程度貢献することが確かだとしても、身体運動による健康増進の相対的な重要性が高いのは実は途上国よりも先進国であると考えられる。運動不足（Physical inactivity）は、全世界の死亡原因の5.5％に当たると考えられ、高血圧（12.8％）、喫煙（8.7％）、高血糖（5.8％）に次いで、第4位である（WHO, 2009）。しかし低所得国に限ると3.8％で第8位に低下する。低所得国の死亡原因の上位は、小児期低体重（7.8％）、高血圧（7.5％）、危険な性行為（6.6％）、危険な水・衛生状態（6.1％）、高血糖（4.9％）、固形燃料ばい煙の室内吸引（4.8％）、喫煙（3.9％）の順となる（表9）。運動不足は途上国における健康課題の中では相対的に優先度が低いということになる。

しかも中・低所得国の場合、余暇時間における身体活動が確保されていなくても、移動や仕事、家事の場面に中～強度の身体運動が含まれている場合が多いと考えられている（WHO, 2010）。そのような場合、スポーツ活動を通じて身体運動の機会を担保する意味は薄いことになるかもしれない。もちろん今後交通インフラが整備され、経済発展に伴って産業構造が変化していけば、身体活動の低下と余暇時間の増加が進行することが予想される。だが現状では、運動不足よりもずっと深刻な命を脅かす疾病や栄養不足、不衛生等の問題が山積みであることは確かである。そこで次に、運動不足以外の健康課題に対してのスポーツの貢献の仕方をみてみよう。

②プラットフォームとしてのスポーツ

身体運動がもたらす直接的な健康増進効果ではない二つ目のスポーツによる健康課題解決に対する貢献は、予防や治療の普及を推し進める活動の「プラットフォーム」として機能することである。「する」スポーツにせよ「みる」スポーツにせよ、スポーツをコミュニケーション、教育、社会動員のプラットフォームとして使うことが可能だとされている（SDP IWG, 2008）。端的にいえば、

スポーツの「人を集める力」を利用して疾病予防に関する教育・啓発活動を行ったり、治療方法の普及や検診を行ったりすることを指している。表8に示したMDGsへの貢献の仕方をみても、このタイプのものが多いことがわかる。

活動の規模は様々に考えられる。比較的少人数の若者や女性が参加できる「する」スポーツの機会を提供し、その機会を彼らに必要な情報や教育を丁寧に伝える継続的なコミュニケーションの場とする場合もあれば、大規模なチャリティーマッチや有名スポーツ選手を起用したキャンペーンを通じて啓発やファンドレイジングを行う場合もあるだろう。スポーツを通じた国際協力でよく名の通った実践には、このタイプのものが非常に多い。

ここでは代表的なパターンを3つ紹介しよう。一つ目はプログラム提供型である。スポーツ活動の機会に併せて健康に関する教育プログラムを提供するものを指す。代表的な事例としてグラスルーツ・サッカー（Grassroot Soccer）が挙げられる。2003年から活動するグラスルーツ・サッカーは主にアフリカを中心とした地域で活動するNGOで、サッカーのコーチングとHIV/AIDS教育を組み合せたカリキュラムを用いて、2014年5月時点までに65万人近い若者に対して教育を施したという（Grassroot Soccer HP）。HIV/AIDSの知識普及と態度変容に即効性があるプログラムとして認知されている一方で、長期的にみた効果の低減や文脈の違いによる効果の偏差があることも報告されている（Clark et al., 2006；Kaufman et al., 2010）。

二つ目はファンドレイジング型である。著名なアスリートやプロスポーツチームが主催するチャリティーマッチ等が、「みる」スポーツを利用したファンドレイジングイベントとして多くの読者に馴染みのある形であろう。それに対して、本書でも紹介しているワールド・スイム・アゲンスト・マラリアは「する」スポーツを契機としたチャレンジ型ファンドレイジングの典型的な事例である。イベント参加者は、遠泳に挑むと同時に一定額以上の寄付金を自らの工夫によって集めることを求められる。寄付金はマラリア対策として途上国に蚊帳を届けることに使われる。水泳を大衆的な「する」スポーツのイベントに活用し、途上国支援のための資金集めのツールとしていることがわかる。

3つ目は、キャンペーン型である。著名なアスリート等を「大使」として起用して、特定の開発アジェンダについての啓発を行うようなものを指す。例えば、UNOSDPは世界的に有名なサッカー選手をそうした形で利用した「Score the Goal」というコミックブック形式のパンフレットを発行して、MDGsに関する知識の普及を行っている。もっとも、通常はキャンペーン型単体よりも、ファンドレイジング型やプログラム提供型を併せた形式になることが多い。前

述のワールド・スイム・アゲインスト・マラリアは当然マラリアに関する啓発キャンペーンも兼ねている。2001年から活動を展開するキッキング・エイズ・アウト・ネットワーク（Kicking AIDS Out! Network）は、スポーツ界を巻き込んでHIV/AIDS撲滅を目指すキャンペーン型の活動でもありながら、スポーツを用いてHIV/AIDS教育を施すプログラム提供型の代表的事例でもある。

　このようにスポーツが健康課題についての教育・啓発・募金活動のためのプラットフォームとして活用される例は急速に増えており、従来のアプローチでは巻き込むことのできなかった層を支援側も被支援側も取り込むことのできる方法として期待されている。この傾向は特にHIV/AIDS対策においてもっとも顕著にみられる。

③スポーツとしてのスポーツ

　最後に、スポーツが広い意味での健康に貢献する仕方として、スポーツ活動そのものが人々の「よき生」（well-being）に貢献する可能性について指摘したい。スポーツの価値が身体運動による健康増進効果としてしか評価されなければ、中・低所得国において通勤・通学や労働がそれを代替するという議論が成り立ってしまう。アマルティア・センの議論を借りるならば、そのように選択の余地がなく身体運動をせざるを得ない場合とスポーツを通じた身体運動を自ら選んで行う実体的自由がある場合とでは、「よき生」の度合いが全く異なるといえるだろう。もちろん、スポーツ活動自体に価値をおくかどうかには個人差があり、わざわざ選んでスポーツをしたくない層にどんな身体運動の機会を用意できるのかということには注意が必要だ。しかしスポーツをスポーツとして自由に選択して行う潜在能力があることは、広義の健康が含意する「普通の」生活の一部をなすものと考えることもできるだろう（Suzuki, 2005）。

　また、スポーツがプラットフォームとして機能すること自体も、スポーツが生活の一部として「普通」に存在するということを前提としている。スポーツに関わることが「よき生」を構成するからこそ、上に挙げたようなプログラムが効果を発揮するのである。健康課題の解決のための「ツール」としての側面を過度に強調することで、スポーツがスポーツそのものとして楽しまれるという側面が阻害されてしまわないように注意したい。

[4] 健康体力調査による国際協力

　わが国独特の健康分野におけるスポーツを通じた国際協力の実践例として、途上国における健康体力調査の実施がある。

> 事例研究　**カンボジアにおける健康体力調査**

　武藤らは、カンボジア・シェムリアップ州において 2002 年度より継続して青少年の体格・体力および生活習慣についての調査を行っている（Muto and Watanabe, 2010 ; Muto et al., 2003a ; Muto et al., 2003b）。さらに、2007 年度からは現地の教育局と協力し健康教育モデル校を指定し、生活環境を含めより詳細な調査を行っている。ここでは実際に 2002 年度から 2009 年度の 8 年間にわたる現地での調査内容および調査結果の一部を紹介する。

(1)調査内容
　対象はカンボジア・シェムリアップ州の小・中学校に通学する児童・生徒であり、被験者は 10 〜 18 歳の男子 934 名、女子 884 名、合計 1818 名であった。
①形態の測定
［項目］身長、体重、BMI（Body Mass Index）
　形態の測定は、身体のいろいろな機能や体力を調査する上で、最も基本的で重要な項目である。形態の発育は、常に身体の諸機能の発達に伴っていくので、身体機能の発育発達と関連的に検討することが望ましい。
②体力の測定
［項目］握力（筋力）、長座体前屈（柔軟性）、立ち幅とび（瞬発力）、時間往復走（敏捷性）
　体力とは、活動の基礎となる部分を「行動体力」、生存の基礎となる部分を「防衛体力」として理解されている（出村, 2005）。行動体力には、筋力、瞬発力、敏捷性、柔軟性、持久力、平衡性、協応性等の体力の要因があるが、測定できる条件を考慮し測定項目を選出した。
③生活習慣・生活環境の調査
　健康な身体や健全な生活を目指していく上では、日常の生活習慣や生活環境を調査することが重要である。生活習慣・生活環境についてはアンケートにより、睡眠、食事、運動、通学、学校および家庭での活動、体調等に関する調査を行った。
(2)調査結果
　形態と体力の測定結果のみ記述する。男女別年齢別に日本人の平均値を一指標に比較した。形態の各項目において、男女とも各年齢のほとんどで日本と比較してカンボジアが統計的に有意に低い結果であった。身長では図 4 に示すように、日本は 12 歳

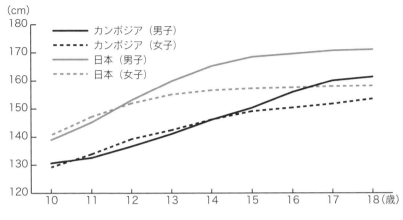

図4　カンボジアにおける児童・生徒の平均身長の推移（2002～2009年）

まで男女が同様な傾向であり、それ以降は男女差が顕著になる。一方、カンボジアは男女が15歳まで同様な傾向であり、15歳以降男女差がみられる。カンボジアのグラフの傾きから、18歳以降もまだ身長が伸びる可能性がうかがわれる。体重では、日本は12歳まで男女が同様な傾向であり、それ以降は男女差が顕著になる。一方、カンボジアは男女が類似の傾向であり、直線的な増加がみられるので、身長同様18歳以降も増加する可能性がうかがわれる。

　BMIでは、日本と比較してカンボジアが低いものの、体重と同様に男女とも直線的な増大がみられ、18歳以降も増大し、日本と同レベルになることがうかがわれる。

　体力では握力は、日本は男女が11歳まで同様の傾向であり、それ以降は男女差が徐々に顕著になる。一方、カンボジアでは14歳まで男女が同様の傾向であり、それ以降男女差がみられる。体格と同じように握力でも直線的に増加し、女子では18歳で日本と同じ値になる。長座体前屈では、日本に比較して低いものの、柔軟性においてもカンボジアは直線的な増加がみられる。18歳では男女とも日本との差はみられない。立ち幅とびでは、男子では概して握力と類似した結果であった。しかし、女子ではカンボジアも日本も12歳以降わずかな上昇しかみられず、ほとんど横這いの傾向である。時間往復走では、男女とも日本と比較すると有意に低いが、グラフの傾きは類似の傾向である。

(3)調査結果のフィードバック
　カンボジア・シェムリアップ州の青少年が自分自身の体格と体力を把握し、発育発

達に興味を持ち、さらに体格・体力の向上を目指していけるような体育・健康教育をしていきたいと考える。現地の青少年の体格と体力は、同年齢の日本人と比較して顕著に劣る傾向があり、他国との比較より現地での各自の位置付けが必要である。そこで、2002年度から2009年度の8年間にわたる測定結果から、形態と体力の各測定項目のシェムリアップ独自の男女別年齢別の標準値を算出し、評価表を作成した。評価表は10〜12歳、13〜15歳、16〜18歳の3群別とし、各年齢群別の平均値と標準偏差から5段階評価表（出村・山次，2011）を作成した。なお、測定調査に協力いただいた学校および教員に対しては結果報告とともに、この作成した評価表を活用していくために現地でシンポジウムを開催したり、報告会を定期的に開催している。

(4)今後の課題

　青少年はまさに発育発達の途中であり、形態や体力も刻々と変化がみられる。また、発展途上のカンボジアにおいては生活環境においてもめざましい進歩がみられ、それに伴う生活習慣の変化もみられる。一時的な測定調査にとどまらずこれから先も健康調査を継続して行い、より良い体育・健康教育に発展させていくことを目指す。青少年各自が自分自身の形態や体力を把握し、そこからスポーツに対してのモチベーションを高めることにつなげていきたい。まずは、身体作りの面から食育を充実させ、それに伴う体力作り、衛生環境の充実等々今後の課題は山積みである。しかしこれらを着実に実行し、解決していけば、近い将来途上国の発展に必ず到達する。

（武藤三千代）

[参考文献]

Muto, M. and Watanabe R. (2010) "Standard Value of Physique and Physical Performance in the Youth of Siem Reap Province in Cambodia", in 日本運動・スポーツ科学学会国際健康・スポーツ分科会　日本・カンボジア健康・スポーツシンポジウム（Siem Reap）.

Muto, M., Watanabe, R., Yamauchi K. and Okada C. (2003a) "Physique and physical performance of Canbodian youth in Siem reap Province", Journal of Physical Exercise and Sports Science, Vol. 9.

Muto, M., Yamauchi, K., Watanabe, R., Okada, C., Nakayama M. and Hirata D. (2003b) "The Study of Physique and Physical Performance in the Youth of Siem Reap Province in Cambodia", in International Council for Health, Physical Education, Recreation Sport and Dance, Bangkok.

出村慎一監修、佐藤進・山次俊介・春日晃章編集（2005）『健康・スポーツ科学講義』pp. 38-60、杏林書院.

出村慎一・山次俊介（2011）『健康・スポーツ科学のためのやさしい統計学』pp. 54-55、杏林書院.

アンドレフ（Andreff, 2006）によれば、途上国のスポーツ実践の実態を把握することは困難だが、先進国に比べて競技団体への登録人口、競技施設、財政等の面で著しく劣っていることは間違いないという。スポーツ競技団体への登録人口は、ヨーロッパ諸国で全人口の1/5〜1/4に上るのに対し、途上国の場合0.01％から1％にとどまる。スポーツに向けられる国家予算はサッカーを除けば非常に限られており、当然のことながらそれに伴って施設の数も非常に少ない。学校体育についても、識字教育に比して優先順位が低くおかれざるを得ず、限られた教育予算を体育に回す余裕がない場合が多い。

　途上国におけるスポーツ環境の脆弱性に加え、社会開発の目的からすれば子どもたちが労働ではなく教育に参加する割合が増えることが望ましく、学校体育を通じてスポーツや身体運動の機会を確保していくことは未来を見据えた一つの方策であると考えられる。

　そのような状況の中で、わが国の学校体育が培ってきたノウハウを途上国の学校現場に移転することが、一つの国際協力の形として行われてきている。具体的には、文部科学省の体力テスト要項に準じた体格、体力・運動能力測定を途上国で実践する例が多い（久木留・齊藤，2006；千葉ら，2011）。「事例研究」では、そのような取り組みの事例の一つを紹介する。ここまでに述べてきたスポーツの健康に対する貢献のあり方を念頭に、どのような意味でこれが当該地域の健康に寄与しているのか、考えてみて欲しい。

[5] まとめ

　この節では、健康分野におけるスポーツを通じた国際協力について概観した。WHOの定義によれば、健康は単に疾病や怪我のないことではなく、様々な意味での十全な「よき生」が実現された状態を意味する。身体的、心理的な意味はもちろん、社会的に「普通」の生活を送れていることが、健康だということである。したがってスポーツの貢献もそうした広義の健康に対するものとして理解しておく必要があるだろう。

　今日、開発分野における健康に関わる課題の重要性は高く、経済発展を下支えするものという以上に、それ自体として達成すべき目標であるといえる。それに対するスポーツの貢献のあり方として、本節は3通りの方法を挙げた。第一に身体運動の機会として直接的に健康増進に寄与する場合、第二に健康課題に対する様々な取り組みを推進する際のプラットフォームとして、第三にスポーツそれ自体が「よき生」を構成することによってである。近年の開発協力

においては、特に第二の形態のものが盛んであるが、これは途上国における健康課題においては運動不足に起因する問題よりも、HIV/AIDSやマラリアをはじめとした疾病や、貧困による栄養不足、劣悪な衛生環境、ジェンダー格差といった問題の比重が高いことを反映している。

　プラットフォームとして機能する場合にも、プログラム提供型、ファンドレイジング型、キャンペーン型という3通りのパターンがあり、実際のプログラムはこれらを複合的に用いて成功しているものが多い。もちろんSPD IWG（2008）が指摘するように、プラットフォームとしても機能しながら、身体運動によって得られる利益を同時に提供しているプログラムも多い。さらにいえば、スポーツを通じた開発において最も成功している例（MYSA、K4L等）には、第三の意味での貢献、即ちスポーツが「よき生」を構成するものとして機能することを中心に据えたものが多いように思われる。

　わが国でも健康分野におけるスポーツを通じた開発の実践例は存在する。学校体育における経験の蓄積を途上国に移転するプログラム提供型の国際協力には、一定の価値があるだろう。国民の身体的発達を経年的にモニターして保健政策に活かすこともももちろんだが、制度化されたスポーツと身体運動の機会を提供することにも価値がある。アマルティア・センの潜在能力アプローチでは、「よき生」を達成するための自由度の拡大が開発の究極の目標となる。スポーツが間接的にも直接的にも「よき生」に貢献し得るとすれば、劣悪なスポーツ環境を代替する機会を制度的に用意することが潜在能力の拡大に寄与するだろう（Suzuki, 2005）。

　読者諸兄には、こうした複層的なスポーツと健康の関係を理解した上で、国際協力の実践のあり方について考察を深めてもらいたい。

（鈴木直文）

[参考文献]

Andreff, W. (2006) "Sport in Developing Countries", in Handbook On The Economics Of Sport, Andreff, W. and Szymanski, S. (eds), Edward Elgar Publishing Ltd, Cheltenham.

Clark, T. S., Kaufman, Z. A., Friedrich, G. K., Ndlovu, M., Neilands T. B. and McFarland, W. (2006) "Kicking AIDS in Africa: Soccer Players as Educators in Adolescent-Targeted HIV Prevention", Harvard Health Policy Review, Vol. 7, No. 2.

Coalter, F., Allison, M. and Taylor, J. (2000) "The Role of Sport in Regenerating Deprived Areas", Scottish Executive Central Research Unit, Edinburgh.

Kaufman, Z., Perez, K., Adams, L. V., Khanda, M., Ndlovu, M. and Holmer, H. (2010) "Long-term behavioral impact of a soccer-themed, school-based HIV Prevention program in Zimbabwe and Botswana", in AIDS 2010 XVIII International AIDS Conference, Vienna, Austria.

SDP IWG (Sport for Development and Peace International Working Group)(2008) "Sport and Health: Preventing Disease and Promoting Health", in Harnessing the Power of Sport for Development and Peace: Recommendations to Governments, Right to Play International, Tronto.

Sen, A. (1992) "Inequality reexamined.", Oxford University Press, Oxford.

Sen, A. (1999) "Development as freedom.", Oxford University Press, Oxford.

Suzuki, N. (2005) "Implications of Sen's Capability Approach for Research into Sport, Social Exclusion and Young People: A methodological consideration on evaluation of sport-related programmes targeted at young people in deprived urban neighbourhoods.", in Evaluating Sport and Active Leisure for Young People, Hylton, K., Long, J. and Flintoff, A. (eds.), Leisure Studies Association, Eastbourne.

Todaro, M. P. and Smith, S. C. (2011) "Economic Development Eleventh Edition", Pearson Education Limited, Essex.

WHO (World Health Organization) (2003) "Health and Development Through Physical Activity and Sport", World Health Organization, Geneva.

WHO (World Health Organization) (2005) "Health and the Millennium Development Goals", World Health Organization, Geneva.

WHO (World Health Organization) (2009) "Global Health Risks: Mortality and burden of disease attributable to selected major risks", World Health Organization, Geneva.

WHO (World Health Organization) (2011) "Promoting sport and enhancing health in European Union countries: a policy content analysis to support action", WHO Regional Office for Europe, Copenhagen.

厚生省(2000)『21世紀における国民健康づくり運動(健康日本21)について』.

久木留毅・齊藤一彦(2006)「青年海外協力隊体育・スポーツ隊員派遣に関する政策提言―開発途上国における体格、体力運動能力調査研究より―」『専修大学体育研究紀要』Vol. 30、pp. 19-26.

千葉義信・小山慎一・植屋清見(2011)「タイ国ウドーンターニー地方と日本の生徒の体格及び体力比較(4報)」『帝京科学大学紀要』Vol. 7、pp. 1-7.

野村亜由美(2009)「健康についての医療人類学的一考察―WHOの健康定義から現代日本の健康ブームまで―」『保健学研究』第21巻第2号、pp. 19-26.

WHO (World Health Organization) (2010) "Global Recommendations on physical Activity for Health", World Health Organization, Geneva.

column 7

泳ぐことで救える命がある
―ワールド・スイム・アゲンスト・マラリアの活動―

　蚊に刺されることよって、30秒に1人の割合で毎年100万人の命が失われてしまっているという事実をご存知だろうか。
　HIV/エイズや結核と並ぶ世界三大感染症の一つである「マラリア」は、ハマダラ蚊に刺されることによって感染する病気で、アフリカなど熱帯地域に蔓延し多くの子どもたちの尊い命を奪っている。死亡例の9割がアフリカで発生し、そのほとんどが5歳未満児。つまり、多くの子どもたちが、小学校に行くことすらできず、蚊に刺されて高熱を出し、治療がうまくいかない場合には死に至る、ということである。実は、私自身も国連職員としてアフリカで勤務していた時にマラリアにかかった経験がある。その時は、たとえ病気が治っても二度と同じ身体には戻れないだろうと思うくらい辛い思いをした。
　マラリアにはワクチンがない。そのため予防が重要であり、特に蚊を防ぐための蚊帳(かや)は欠かせない。蚊の活動が最も活発になる夜間に刺されないよう、蚊帳の中で眠る。それがマラリアの最も効果的な予防法だといわれている。蚊帳は天井から吊るしたり、ベッドを丸ごとくるんだりするようにできている。蚊帳の繊維に防虫剤が練り込まれたものでも、1張500円で買える。
　「ワールド・スイム・アゲンスト・マラリア」(WSM)は、マラリアから子どもたちの命を救うことを目的として、世界中の人々と共に泳ぐことで寄付金を募り、募金額の100%を使って蚊帳を購入し、現地に贈るというチャリティイベントである。2005年にイギリスで始まり、2年に一度の割合で世界的に実施されている。
　チャリティースイムは以下の流れで進んでいく。まず、この活動の趣旨に賛同する方々に、キャンペーンのウェブサイト(http://www.worldswimagainstmalaria.com/WorldSwim-ja.aspx)に参加登録をして自分のページを立ち上げてもらう。そして、泳いだ距離をウェブ上で申告し、その距離に応じて自ら募金したり、または自身のスイムを応援するスポンサーを募って募金してもらっ

たりする。自らのスイムに対して、例えば1mにつき1円の募金をする。また、そうした自らのチャレンジに対して、家族や友達に「募金」という形で応援してもらうことで、「応援の輪」を広げる。毎年マラリアで命を落とす100万人の人々を想い、世界で100万人の方々の参加を目指し、参加者の泳ぐ距離をつないで世界を一周することを目標としている。

　こうしたWSMの活動は、その運営経費が他団体の寄付によって賄われているため、募金額の100％が蚊帳の購入に充てられる。ウェブサイトに泳いだ距離と募金額を登録することで、その募金で何張の蚊帳が買われ、どこに送られたのかを正確に確認することもできる。蚊帳はユニセフや赤十字を通じて配布され、その配布シーンはビデオや写真でウェブサイト上から観ることができる。

　日本でのWSMの発起人となった、アトランタオリンピック競泳日本代表の井本直歩子さんは語る。

　「水泳の国際大会で、日本の選手が試合前に栄養バランスを考えた食事を摂っている時に、開発途上国の選手はたくさんのお菓子を食べていたことが忘れられない。穴の開いた水着を着た選手たちを見て、プールでは同じスタートラインに立っているのに、実際はそうではないことを感じました」

　ほかにも、アメリカ競泳界のスーパースターで通算18個の金メダルを獲得しているマイケル・フェルプスさんや、ソウル大会100m背泳ぎ金メダリストの鈴木大地さん、バルセロナ大会200m平泳ぎ金メダリストの岩崎恭子さんなど、多くのオリンピックスイマーがこの活動を応援してくれている。日本を代表するスイマーが全国各地のプールで、マラリアという病気について語り、募金を呼びかけてくださっている。

　日本だけを見ても、過去3回のキャンペーン（2005年、2008年、2010年）で延べ7万3,000人が参加し、1,000万円以上の募金で約2万張以上の蚊帳を届けることができた。1,000人以上の命を救えた計算になる。泳ぐことで誰かを救える——、スポーツの魅力と人の心がつながると、とても大きな力になる。

（前川美湖）

■4
HIV/AIDSとスポーツ

> **概要**●HIV/AIDSは、世界中、特に開発途上国の発展を妨げる社会課題の一つである。喫緊の対応が求められる中で、HIV/AIDSに関する教育、啓発活動にスポーツが活用されている。人々の注目や関心を引くためのスポーツ、人を集める場としてのスポーツ、より効果的な啓発の成果を生むためのスポーツ、現場での活動からスポーツの新しい貢献の形が浮かび上がる。

［1］ HIV/AIDSの世界規模での広がり

　2010年に開催された南アフリカワールドカップ大会では、UNDP、JICA、SONYなどがHIV/AIDSをテーマとした活動を行い話題になった。大会期間中にアフリカを中心とした複数の国々で、パブリックビューイングを用いて試合中継を行い、その際にHIV/AIDSに関する情報が大々的に提供されたのである。HIV/AIDSとスポーツの組み合わせに違和感を覚える人もいるかもしれないが、近年では、HIV/AIDS啓蒙・啓発・教育（以下、HIV/AIDS啓発）の際に起こりやすい様々な問題を克服する画期的な手段としてスポーツに高い期待が寄せられている。

　かつて、HIV/AIDSは、かかれば「死」を意味する恐ろしい病気と考えられていた。しかし近年では、抗ウイルス薬を組み合わせて服用することにより、HIVに感染していてもAIDSの発症をかなりの確率で抑えることが可能となった。その一方で、HIV/AIDSと文化、宗教、経済、社会などとのつながりが明らかになり始め、HIVに感染しても命の危険がなく、それまで通りの生活を送れる人と、HIV感染が命の危険につながる人の間に極端な差が生じるようになった。現代のHIV/AIDSの真の怖さは、病気そのものではなく、私たち人間が作り出した社会的な要因に個人の命が容易に左右されることである。

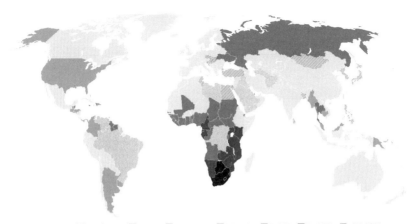

□データなし ■<0.1% ■0.1-<0.5% ■0.5-<1% ■1-<5% ■5-<15% ■>15-28%

出所：UNAIDS (2010) "UNAIDS Report on the Global Epidemic" UNAIDS
図5　世界規模でのHIV感染の拡大

　2009年時点の世界のHIV感染者は3,300万人[*1]、HIV/AIDSに起因する死者は、近年は減少傾向にあるものの年間180万人に上り、14歳以下の子どもの死者も26万人に上っている（図5）。HIVに感染しても適切な治療を受けられる人の割合が2009年末には36％に達した一方で、2010年現在でも年間260万人が新たにHIVに感染している。最も深刻な状況にあるサブ・サハラ・アフリカ（サハラ砂漠以南のアフリカ）では、国によっては成人の28％がHIVに感染しているといわれている。しかし、現実には、HIV検査の未受検者やHIV陽性が判明していても国籍を持たない、住民登録をしていない、親が外国籍、などの理由から、国や国際機関が行う統計に含まれていない陽性者も多い。そのため実際のHIV感染者数は統計以上になるといわれており、国によっては人口の25～30％、3～4人に1人がHIV陽性者であると推測されている。3～4人に1人というと、多くの人が亡くなった、あるいは闘病中の家族や親戚をもっており、さらにその者が主として生計を支えていた場合や子どもの保護者である場合には、複数の人々の日々の生活や生命が途端に維持できなくなるという深刻な状況を招いてしまうのである。

　AIDSによって片親あるいは両親を亡くしたAIDS孤児の数は、2009年には

---

*1　UNAIDS（The Joint United Nations Programme on HIV and AIDS：国連合同エイズ計画）とWHO（World Health Organization：世界保健機関）によって示された世界各国の15～49歳人口に対するHIV感染者数の割合の推定値は、3,140万人から3,530万人の間とされている。

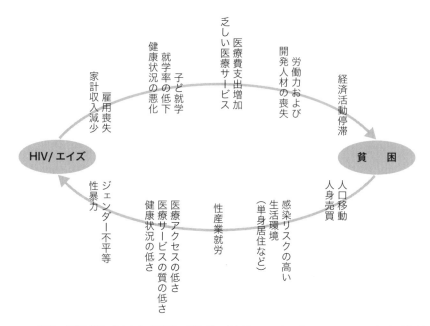

出所:稲岡恵美(2005)「貧困の保健学―貧困とエイズ」ジェトロ・アジア経済研究所
図6 貧困とHIV/AIDSの悪循環

1,660万人に上っており、その内89％がサブ・サハラ・アフリカの子どもたちである。孤児は一般的には親族のもとに引き取られるが、受け入れ家庭が経済的に困窮している場合に、孤児が家事労働や、時には賃金労働に従事させられることが問題となっている。AIDS孤児のケアは、家庭の問題とみなされる傾向にあり、親や兄妹を亡くした子どもが、精神的な安らぎを得られないばかりか、最低限の生活や教育の基盤さえも失うという絶望的な状態にある。ユニセフの元代表のベラミーは、「AIDS孤児やHIV/AIDSが原因で危機にある子どもたちの問題は、規模が拡大し、深刻化し、長期間に渡るものとなっています。しかし、HIV/AIDSによって最も困難な状況下にある国のうちの3分の2は、この危機にある子どもたちが最低限の保護と養育を受けられるようにするための戦略さえもっていません」[*2]と指摘した。また、AIDS孤児の場合、母子感染によって生まれた時からHIVに感染している可能性が高い上に、検査を受けていない者が多く、治療の開始が遅れる事例もままみられる。

　HIV/AIDS問題の拡大は、人の命を奪う上に人間の集合体としての家庭やコ

＊2　2003年10月にユニセフとUNAIDSにより締結された「AIDS孤児に関する戦略的枠組み合意」に関する発表内でのユニセフ事務局長キャロル・ベラミーによるもの。

ミュニティ、ひいては国などをじわじわと機能不全に陥らせていく。人材の喪失、孤児の増加、教育・医療の崩壊、差別の増長などは、貧困や社会不安の拡大を引き起こし、もともと多くの課題を抱えていた社会にさらなる課題を背負わせるのである。

[2] HIV/AIDS問題の解決、緩和に向けて

　繰り返しになるが、HIV/AIDSが不治の病ではなくなった現在でも「生きられるはずの人が生きられない」という状況が生まれ続けている。もはや医学的な問題とはいえず、国際機関や各国政府などが取り組むべき社会的な問題である。ここで重要となる施策の一つが、人々に対する「啓発」であるが、従来行われていた「感染を予防するための啓発」のみではなく、異なる目的をもった新しいHIV/AIDS啓発の必要性が高まっている。現代のHIV/AIDS対策では、HIV/AIDSの様々な段階における適切な情報の伝播、すなわち各々のライフサイクルに合わせた長期的で包括的な啓発が最も重要と考えられている。

　もう少し詳しく見てみよう。2000年代までのHIV/AIDS啓発は、"ABC"と言われる3つの基本に従って行われてきた。Aは、"Abstain from sex"（禁欲）、Bは"Be faithful to one partner"（貞操）、Cは"Condom"（コンドームの使用）を表している。このうちAとBは現実性を欠くといわれ、実際には、性交渉時のコンドームの使用によってHIV感染を抑えることが最も重要とされたため、コンドーム使用の啓発や無料配布が世界各国で行われてきた。それから10年以上の月日が過ぎ、未だコンドーム使用はHIV/AIDS啓発の基本であるものの、現代の啓発内容の主流には変化がみられている。

　近年の啓発活動では、①HIV検査の受検率の向上、②HIV陽性判定後にAIDSの発症を抑えるための知識の普及、③HIV/AIDSに対する偏見や差別の根絶、などが目的とされ始めている。扱われる内容も医学的観点からHIV/AIDSの予防法や症状を伝えるのみでなく、受講者にHIV/AIDSにまつわる具体的な行動変容を促すものへと変化している。近年、多くの国や国際機関が採用しているHIV/AIDS啓発における「ライフスキル」の導入もこの考えに基づいている。ライフスキルとは、「個人が、日々の生活における要求や問題に効果的に対応するために必要な適切かつ積極的にふるまう能力」[*3]と説明される。文字通り「生きるための技術」であり、個人が日々の生活における満足度を高

＊3　WHO（1997）より引用の上、筆者訳。

表10 ライフスキルとそのHIV/エイズへの応用

	ライフスキルの内容	事　例
ライフスキル1	意思決定	エイズで倒れた両親の世話をするため学校に来なくなった友達について、どうしたら手助けできるか相談して決める。
	問題解決	年長の少年のグループが、少女に対して叫んだり、脅かしたりした。この少女は、次に同じことが起こった場合、どう対処すべきか考えている。
ライフスキル2	批判的思考	少女が1人で歩いていると、知らない男が車で送ろうと言ってきた。少女は、危険だと考え、その誘いを断った。
	創造的思考	HIV陽性の少年は、将来の仕事の選択肢を挙げ、その仕事を得るためには何をすべきか熟考する。
ライフスキル3	コミュニケーション	子どもが、自分の叔父さんがHIV陽性だということで恐怖心を抱いていた。その恐怖心について、両親や兄に伝え、相談することができた。
	対人関係	友達たちから、週末、一緒にナイトクラブへ行って飲もうと誘われた。断るとからかわれることは分かっていたが、仲間からの圧力に屈せず、NOと言った。
ライフスキル4	自己認識	少女が自分の性的欲求を意識し、それによって合理的な判断が鈍るかもしれないと認識するようになる。このような自己認識は、無防備な性交渉の危険に面するような状況を避けることに役立つ。
	共　感	どうしたらエイズ孤児を手助けできるだろうかと、子どもたちのグループが考える。
ライフスキル5	ストレスと感情への対処	少女が、自分を性的に虐待した父親に感じている憤りへの対処の仕方を学ぶ。同じような生活環境に置かれた子どもたちが、それぞれの経験を共有しながら苦悩に対処しつつ、積極的に生きていくための目標を設定する。

出所：勝間靖（2007）「教育と健康―HIV/エイズを中心として―」国際開発学会

めるために求められる、時には地域ごとに異なる生活の基本や人間関係の構築のための技術を意味している。

　HIV/AIDS啓発におけるライフスキルとは、前述の目的を達成する基礎となるものであり、WHOは、「他者との健全な関係や効果的なコミュニケーション、責任ある判断のために必要な知識と技術」[4]と説明し、勝間は、ライフスキル

---

[4] WHO（1992）より引用の上、筆者訳。

を活用する具体例を示している（表10）。ここでは、HIV/AIDSを病気としてのみでなく社会課題として扱い、「HIV/AIDSとの共存」を想起させる生活に密着した広範な内容が示されている。

[3] HIV/AIDS啓発とスポーツ

　HIV/AIDS啓発に求められる内容の変化に伴って、スポーツを活用する動きが注目を集めている。UNAIDS代表のピオットは、「4,000万人のHIV陽性者の3人に1人は25歳以下の若者であり、彼らの多くが観戦者あるいは参加者としてスポーツに関わっています。若者がHIVに関する情報にアクセスすることは絶対的に重要であり、それによりHIVに感染することなく健康で生産的な人生を送ることができるかもしれません。スポーツ界は、村、街、世界の区別なく若い男女に接触することができるという意味で重要なパートナーです」[5]と述べており、スポーツには、特に触れる機会が多い若者に対して情報を発信するハブとしての役割が期待されている。

　スポーツは、行われている場に人を引き付ける特性をもっており、参加者、観戦者、運営者、指導者などが、その場における役割は異なるものの一定時間を共に過ごすことを可能にする。ジンバブエの団体でHIV/AIDS啓発に取り組むカパチャオ氏[6]は、「スポーツの場以外で子どもたちを長い時間、退屈させずに引き付けておくのは困難です。通常のHIV/AIDS啓発であれば、10分も話をすれば飽きてしまいます」（2011年8月）と話している。スポーツ活動の規模にもよるが、一部のスポーツを通じたHIV/AIDS啓発では、集める人数に対する費用対効果の高さが利点として評価されている。より多くの主体的な理解者を、より低いコストで集めることは、HIV/AIDSにかかわらず様々な啓発活動を成功させるための必須条件の一つである。

　スポーツを行うこととHIV/AIDSを含めた健康、身体への関心をもつこととの結びつきの良さも特徴の一つであろう。日本では、保健と体育が「保健体育」として一つの教科とされているように、スポーツや運動を行う場に関連させてHIV/AIDSに関する情報を広めることは、他の啓発の仕方と比較すると違和感が少ないといえるかもしれない。広い意味でのスポーツの場では、身体、健康の他に、コミュニケーション、ジェンダー、差別といったキーワードに表わさ

＊5　IOC, UNAID（2005）より引用の上、筆者訳。
＊6　Maxwell and Friends Foundation 代表のMaxwell Capachawo氏。カパチャオ氏は、首都ハラレ郊外の牧師であり、自らもHIVに感染し、治療を続けている。

れる概念への留意が求められ、これらはHIV/AIDS啓発においても重要である。

　また、スポーツは、老若男女が参加できる非言語コミュニケーションの場である。様々な人が集まることによって、他者や多様性の尊重、性差に関する正しい理解、マイノリティへの配慮などの日常生活で身につけることが困難なライフスキルを少しでも養えるとすれば、一般的なHIV/AIDS啓発とは異なる「スポーツを通じた啓発」の大きな特徴といえるだろう。

　一方で、一部の国においては、HIV/AIDS問題の差し迫った深刻さから、開発に関わる全ての分野や関係者がHIV/AIDS対策を避けて通れないという現実も透けて見える。アフリカのある国では、「HIV/AIDS対策を優先しなければ、スポーツをする人間がいなくなる」という理由で、スポーツの場でHIV/AIDS啓発が行われている。スポーツ関係者や開発関係者が、HIV/AIDSに関する課題の解決の際に「スポーツにできること」を模索した結果として「スポーツを通じたHIV/AIDS啓発」が生まれ、啓発効果を上げることが推測されるスポーツの特徴が後から理由づけのために示されることもある。いずれにしても「スポーツを通じたHIV/AIDS啓発」は近年、急速に増加傾向にある。次項では、主な団体の具体的な活動を形態別に分類しながら考察してみたい。

[4] スポーツを通じたHIV/AIDS啓発

①スポーツに関係するHIV/AIDS啓発

　スポーツを通じたHIV/AIDS啓発活動の中で最も広範な効果を狙ったものとして、HIV/AIDSやスポーツに関わる国際機関による活動が挙げられる。IOCとUNAIDSは2004年に連携協定を結び、その後、南アフリカにおいて「若者に対するスポーツを通じたHIV/AIDS啓発」と題するワークショップを開催した。2005年には、2機関合同でスポーツの場におけるHIV/AIDS啓発のための『スポーツを通じたHIV/AIDS予防のためのツールキット』(Toolkit on HIV&AIDS Prevention through Sport) を開発し、英語を始め7か国語に訳されて各国で活用されている。

　その他にもユニセフや各国NOC、各種競技団体などによって多くの啓発活動が展開されており、特に「世界エイズデー」である12月1日には、毎年、様々な関連イベントが行われている。これらのイベントには各々の特徴があり、主に先進国で開かれるチャリティー色の強いものと、主に開発途上国で開かれるHIV/AIDSに関する細かな情報を発信するものに大別できる。さらに形態も講演会やワークショップを開催するもの、スポーツの場を提供するもの、あるい

はその両者の組み合わせというパターンが見られる。その他にも一流競技者をロールモデルとしたり、HIV/AIDSに関するスローガンを印字したボールを配布したり、映画や演劇と合わせて活動するなど、「HIV/AIDS×スポーツ」を独自の発想で捉えたユニークなものが見られる。

　啓発の目的は、実施団体の出自、すなわち団体がHIV/AIDS関連か、社会開発関連か、スポーツ関連かによって異なり、また複数の団体の連携が活発になっているため単純化して示すことが難しい。啓発目的が達成できたか否かの評価についても、大規模なイベントとして、あるいはスポーツのメガイベントに絡めた啓発となるため、特に個人に対する効果の測定には時間がかかる。しかし、啓発の対象者を広く設定でき、何よりも「派手さ」や「インパクト」を重視した活動を行えることから、差別や偏見といった目に見えない敵と戦うためには有効な方法の一つといえるであろう。

②スポーツの場で行われるHIV/AIDS啓発

　スポーツを通じたHIV/AIDS啓発の中で最も一般的なものは、「スポーツの場」において啓発活動が行われるものである。この種の活動を行う団体は増加傾向にあり、特にHIV感染率の高い中南部アフリカでのサッカー活動が多く（表11）、近年では各国政府がUNAIDSや国連機関の支援の下に行っている活動も増加傾向にある。

　スポーツの場におけるHIV/AIDS啓発とは、どのような活動であろうか。ここではジンバブエの事例を紹介してみたい。南部アフリカに位置するジンバブエでは、これまでのAIDSによる死者が8万3,000人に上っており、出生時平均余命が42歳と世界で最低水準にある。15歳から49歳の成人のHIV感染は人口の14.3％、17歳以下のAIDS孤児が100万人と推定されている。成人のHIV感染率は2006年の18.1％から減少しており[7]、教育水準の高さなどの理由からHIV/AIDS啓発の高い効果が認められている一方[8]、ジェンダー格差や宗教におけるタブーなどHIV/AIDS啓発を阻害する要因も明らかになっている。いずれにしてもHIV/AIDSが社会の根幹を揺るがす問題となっている国の一つであり、適切なHIV/AIDS啓発の実施が直接的に国の未来を左右する差し迫った状況にある。

　"Maxwell and Friends Foundation" 代表のカパチャオ氏は、ジンバブエ国

---

[7] Zimbabwe Ministry of Health (2009) "National Survey of HIV and Syphilis Prevalence among Women Attending Antenatal Clinics in Zimbabwe" の資料より。

[8] Gregson et al. (2006) は、ジンバブエにおける性行動の変化による新規HIV感染の減少を明らかにしている。

表11 スポーツの場におけるHIV/AIDS啓発を行う主なNGO

団体名	主な活動地	設立年	行われるスポーツ
Mathare Youth Sport Association	ケニア	1987	サッカー
Sports Coaches Outreach	南アフリカ	1991	複数
Kick It Out	南アフリカ	1993	サッカー
Hoops 4 Hope	南アフリカ	1995	バスケットボール
Sport in Action	ザンビア	1998	サッカー
Edu Sport Foundation	ザンビア	1999	複数
Vijana Amani Pamo ja	ケニア	2001	サッカー
Magic Bus	インド	2001	複数
Africaid	南アフリカ	2002	サッカー
Grassroot Soccer	ジンバブエ	2002	サッカー
Nawalife Trust	ナミビア	2003	サッカー
Coaching for Hope	ブルキナファソ	2004	サッカー
Kick 4 Life	レソト	2005	サッカー
Albion in the Community	マリ	2005	サッカー
TRIAD Trust	アメリカ	2007	サッカー、バスケットボール
HIV Sport	南アフリカ	2007	複数
Foundation of Hope	ザンビア	2007	複数
Show Me Your Number	南アフリカ	2009	サッカー

表12 ある1日の活動内容

```
 9:00  挨拶・準備
 9:30  クリニック開始、準備運動
         〈コート1〉  〈コート2〉
10:00    小学生1      小学生2
11:00    小学生1・2   中学生1
12:00    指導者       中学生2    【中学生1啓発】
13:00    指導者       中学生1・3 【中学生2啓発】
14:00    指導者       中学生2・4 【中学生3啓発】
15:00    中学生3      中学生4    【中学生4啓発】
16:00  クリニック終了
```

写真7　HIV啓発活動の様子①

写真6　啓発ポスター

写真8　HIV啓発活動の様子②

内の牧師として初めてHIV感染をカミングアウトした人物であり、テレビ番組やイベントに登場してHIV/AIDS啓発を行った先駆者といわれている。2010年からは、ジンバブエ野球連盟と共同し、全国で行われる野球クリニックの開催の際にHIV/AIDS啓発を行っている（写真6〜8）。野球連盟と協力する理由として、①団体が主なターゲットとしている13歳から15歳の参加者が多いこと、②現在の野球連盟の活動が「普及」を目的としているため、常に新しい参加者が多いこと、が挙げられている。ちなみに13歳から15歳というのは、団体が「性行動に関する正しい知識を得るために最も有効」と考えている年齢であり、この点でも連携は有効であると言える。

　具体的な啓発活動は、野球の練習および試合の間の休憩時間や終了後の時間を使って行われる（表12）。カパチャオ氏を始めとしたHIV/AIDS啓発の担当者がグラウンド内の空きスペースに参加者を集め、1回につき30分から40分間程度、HIV/AIDSに関わる様々な内容を話す。男女比は5：5か6：4で男子の参加がわずかに多い場合がほとんどである。

　具体的に話される内容は、参加者の雰囲気や態度を見ながら少しずつ変えられるが、基本的な流れは、①自分たちの進路や将来をどう考えるか、②ジンバブエの国の将来をどうしていくべきか、③現時点で重要な国内の問題は何か、④HIV/AIDSの現状、⑤国の将来を担う人材としてHIV/AIDS問題にどう立ち向かうか、⑥自分の身近にあるHIV/AIDSにまつわる課題をどう解決するか、と順を追って進められる。話の中では、HIV/AIDSの原因や感染経路といった一昔前によく見られた「HIV/AIDSの知識」に関する内容にはほとんど触れられず、自分や国の将来を想起させるマクロな視点からのHIV/AIDS問題の捉え方と、生活に密着したミクロな視点からのHIV/AIDSへの対処、に焦点が絞られている。そのため、参加者は話に引き込まれやすく、同時に、例えば「グローブをシェアすることによるHIV感染の危険はありますか」や「HIV感染者はどのくらいの確率でAIDSを発症しますか」といったHIV/AIDSの知識に関わる点で疑問が残り、後に設けられる質疑応答の時間にこの種の様々な質問がなされることが多い。最後に「HIV検査で陰性とされた者以外は、現時点で陽性と考えるべきである」という現実を伝え、全ての参加者に対して早急なHIV検査の受診を勧めて啓発活動は終了する。

　運動の休憩時や終了後に行われる啓発活動は、ケニアの"Mathare Youth Sports Association"の活動がさきがけといわれている[*9]。この団体の活動の成

---

* 9　UK Government（2006）p. 9参照。"Mathare Youth Sport Association (MYSA)"が15,000人の少年少女を対象に行った啓発活動が広まったと言われている。

果が世界的に話題になり、特に近隣のアフリカ諸国に急速に拡大していった。

　HIV/AIDSは性に関する話題に直結することから、特に若者世代では、家族や友人間で「真面目に」話すことに対して心理的な困難を感じる者が多い。このことは、日本の現状に置き換えて考えても容易に想像することができる。ジンバブエにおいても、家族で性的な話をする機会は皆無に等しく、コミュニティにおいて重要な情報発信を担う教会においても性に関する話題はタブーである。政府は学校におけるHIV/AIDS啓発を奨励しているが、教育現場に立つ教師の多くは専門的な知識を有しておらず、また性に関する内容を授業で扱うことに対してストレスを感じる者が多いことも確かである。

　社会的、宗教的、教育的な理由からHIV啓発の困難さは理解に難くないが、様々な障壁を打破して啓発活動を行うことは、HIV/AIDS対策の根幹に関わってくる。この現状を鑑みると、スポーツの場におけるHIV/AIDS啓発は、社会の未来を創るために「HIV/AIDS問題を正しく理解した人材を増加させる」という責務を帯びた実際的な活動の一つと評価できる。

③運動の中に組み込まれているHIV/AIDS啓発

　近年、一部の団体が、HIV/AIDSに関する内容を組み込んだ独自の運動やゲームを考案している。HIV/AIDS啓発に関するネットワークである"Kicking AIDS Out(KAO)"は、2001年にケニアで始められたHIV/AIDS啓発活動をベースとした活動の総称である[10]。2002年からは、それまでの経験をまとめる試みが始められており、その一つである『AIDSを蹴りだせ―ゲームやスポーツ活動を通じて―』[11]（Kicking AIDS Out -Through movement games and sports activities-）では、各国の活動の中で使用された運動やゲームのうち12例を図解付きで紹介している。

　図7を見てもらいたい。1ページの中に目的や方法、対象やルールなどのすべての情報が詰め込まれており、一目見ただけで活動をイメージすることができる。他のページでもHIV/AIDS啓発の一部の内容を運動と組み合わせることにより、参加者が身体を動かしながら学ぶことができる啓発の工夫がちりばめられている。一つのゲームのテーマは一つか二つに絞られており、参加者の人

---

[10] ケニアを皮切りにザンビアの"Edu Sport"、ジンバブエの"Sports Recreation Commission of Zimbabwe (SRC)"などに広がりを見せた。ノルウェー政府の開発援助機関や学校スポーツの実施機関が支援し、現在では、トリニダードトバゴやジャマイカなどのカリブ諸国、南アフリカやナミビアといった他のアフリカ諸国との連携も開始されている。

[11] これまでに「性とリプロダクティブヘルスに関するガイドライン」（Sexual and Reproductive Health Guidelines）、「活動紹介」（The Activity Book）、「指導者のための教本」（The Training Pathway）などがまとめられている。

ゲームの名前　障壁をくずせ ローカル名　　なし ライフスキル的目標　HIV/AIDSについて話すための文化的障壁を取り除く方法の導入を助ける スポーツスキル的目標　正確な投てき技術の向上	場所　中規模の空き地、屋内・屋外 人数　10人以上 対象　女子、男子 用具・物品　牛乳ボトル（プラスティック製）、ボール

概要　このゲームの目的は制限時間内（1回5分まで）に相手チームの文化的障壁（牛乳ボトル）をチームで協力してできるだけたくさん倒すことです。プレーヤーは、ボールを投げる時、止める時にその時にいる場所から1歩だけ動くことができます。両チームとも中央のラインを超えることはできません。
ボールを相手チームの文化的障壁を倒すために投げるか転がしてください。プレーヤーは、相手チームのボールが自チームの牛乳ボトルに当たる前に足を使って止めなければなりません。ゲームの終了時により多くの相手側の文化的障壁を倒していたチームが勝ちです。

16〜19歳対象
障壁をくずせ

レベルの変更（の可能性）
・プレーヤーの数の増加／減少？
・ボールの数の増加／減少？
・ボールを止める際の足の動きの制限？

ゲーム終了後の活動
ゲーム終了後に、HIV/AIDS教育・啓発に関わる文化的障壁とは何かについて議論してください。これらの障壁をくずすための活動についてみんなで話し合いましょう。例えば、コンドーム使用を取り巻く文化的障壁について、年少の子どもたちに伝えるパペットを作成するといったことにつなげることができるでしょう。

⇨新しいゲームへの展開
もし、
・ゲームをする場所を広くしたり狭くしたら？
・ゲームをジェンダー差別によって作られた障壁をくずすことを教える内容にしたら？
・ボールを投げる代わりに蹴るようにしたら？

⇨おすすめの点
このゲームは、体育授業の一部にもカリキュラム外の活動にも活用できます。通常の練習後のクールダウンの際に活用することも可能です。

図7　ゲームの例「障壁をくずせ」

数、年齢、性別、活動場所や用具などに応じて、簡単にルールや方法を変えることができるようになっている。

しかし近年、スポーツ団体がこれらの教材を使うことに対して、HIV/AIDS啓発の効果は上がっても運動の質が担保できないのではないか、という疑問が投げかけられている。ゲームや運動の中にHIV/AIDSに関することがらを溶け込ませることに成功したからといって、それがスポーツ側からの視点、すなわち技術、体力、戦術理解の向上などに寄与しないという意見が活動の現場から発せられたのである。このことは、「私たちは全てスポーツ団体としてスタートしましたが、予算の獲得に走るあまりスポーツを忘れて開発団体に変わってしまいました」[*12]と評されるように「スポーツの開発化」ともあいまった結果ともいえるであろう。

スポーツを通じたHIV/AIDS啓発には、短期間に多くの開発援助機関、スポーツ団体が関わるようになり、効果の検証や評価に対する疑問が呈されつつも新たな展開を続けてきた。特にサブ・サハラ・アフリカにおいてHIV/AIDSへの喫緊の対応が求められることから、成果を吟味するより現場での活動が優先されており、この傾向はしばらくの間続くと予想される。これは、スポーツを通じたもののみでないHIV/AIDS啓発全般に共通することであり、今後は成果の検証と、検証をもとにしたより効果的なプログラムの策定が肝となるであろう。

[5] HIV/AIDS問題に対してスポーツができること

様々な援助機関が共同で立ち向かっているにもかかわらず、特にサブ・サハラ・アフリカにおけるHIV/AIDS問題は収束の兆しをみせていない。AIDSが死に直結する病ではなくなった現代においても、新規感染の防止、医薬品の適切な配布と服用、AIDS孤児問題などの重い課題への対応が求められている。十分な予算や医薬品が国内にあっても行政による配布が遅滞していたり、外国のNGOの援助によって治療を受けているHIV感染者の中には、団体の方針転換による薬品供給の停止を恐れる者がいたりする。これまで家族間、親族間の問題と捉えられていたAIDS孤児の養育については、国の将来を担う人材、という認識を確認した上での国家規模での対応が不可欠である。各国でみられているストリートチルドレンや未就学者、児童労働の増加など、子どもの人権が担保されない現状では、HIV/AIDSが新たな開発課題を再生産しているといわ

---

*12 The Kicking AIDS Out Network (2010)のp. 25-27, "AIDS vs. Sport"に詳述されている。コメントは、Stefan Howellsのものである。

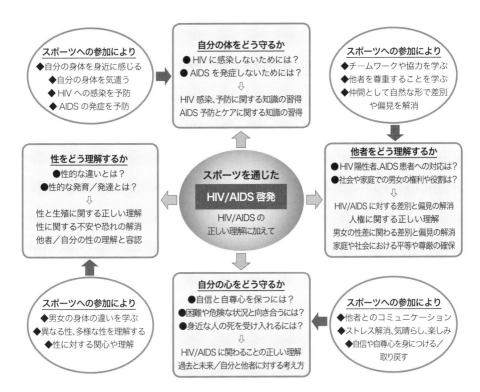

図8　HIV/AIDS啓発にスポーツを用いる意義

ざるを得ない。

　このようなマクロなレベルでのHIV/AIDS問題の対応にスポーツが果たす役割は決して大きいとはいえない。有名スポーツ選手によるアドボカシーキャンペーン、あるいは、オリンピックやワールドカップといったメガ・イベントに合わせて、活動の実施主体や人々に問題解決に向けたさらなる援助の要請を続けるしかない。しかし、ミクロなレベルでのHIV/AIDS問題への対応の一つである個人に対するHIV/AIDS啓発については、様々な意味でスポーツが果たす役割は小さいものではない。図8では、現代のHIV/AIDS啓発で重視されている4つのカテゴリーについて、「スポーツを通じて」行う意義を示した。

　少し前までは、HIV/AIDS啓発活動を家庭や学校、宗教施設などで行うのは、いささか場違いな印象を与えるものと捉えられてきた。性や生殖に関して話すこと自体がタブー視されている社会も存在し、社会的にタブーとまではいかなくても、学校、職場、コミュニティなどの公の場での話題としては避けられる

傾向にあった。しかし一方で、病院、保健所、ヘルスポストなどが中心となる一般的なHIV/AIDS啓発では、そこにアクセスする対象者が限定されており、本来必要とされる健康な若者への啓発が困難であったことも想像に難くない。

　スポーツを通じたHIV/AIDS啓発は、「HIV/AIDS×スポーツ」のつながりに違和感をもたれる場合もあるが、家庭や学校、地域などが啓発の役割を担えない中では現実的な方法の一つである。スポーツの参加者、指導者、運営者など、異なる年齢や性別の者が一時に集まることは不自然ではなく、その場で話されるHIV/AIDS、性や生殖に関する話題には抵抗感をもつ者が少ない。啓発活動は、スポーツを共に行う「親近感をもちやすい」外部者によって行われており、その場に参加している仲間と共に問題を認識し、解決への道程を模索することを可能にする。時に「真面目な遊びの場」と捉えられるスポーツが、人々の生活に密着しながらも、一時的な非日常の場として機能し、行われるHIV/AIDS啓発活動の効果を最大化するのである。スポーツの場において、人々、特に青少年にとってなじみの薄い話題であるHIV/AIDS、性と生殖、人権などを取り上げることは、これらを自分の生活や人生において「身近で日常的なもの」と再認する手掛かりとなるのではないか。

　もちろん、全ての国や地域において有効ではなく、スポーツを通すことによる弊害も考慮しなければならない。しかし、この方法が現場で問題に対峙する人々によって生み出され、世界的に急速な広がりをみせていることに着目すると、そこに大きな利点があることは明らかであろう。今後もスポーツを通じたHIV/AIDS啓発の活動現場での成果を掘り起こし、スポーツが果たすことができる実質的な役割に注目し続ける必要がある。そのことが、HIV/AIDS対策の重要な点を導き出すであろうし、また、これまでに着目されてこなかったスポーツの機能を再評価することにもつながるであろう。

（岡田千あき）

［参考文献］

Batsell, J. (2005) "AIDS, Politics, and NGOS in Zimbabwe" In A. S. Patterson (eds.) "The African State and the AIDS Crisis", Ashgate Publishing.

Beresford, B. (2001) "AIDS takes an economic and social toll" African Recovery 15 (1-2), p. 19.

Boone, C. and Batsell, J. (2001) "Politics and AIDS in Africa: Research Agendas in Political Science and International Relations" Africa Today 48(2), pp. 3-33.

Bosmans, M. (2006) "The Potentials of Sport as a Tool for a Right-Based Approach to HIV/AIDS" in Auweele, Y. et al. (eds.) "Sport and Development", Uitgeverij Lannoo.

Coalter, F. (2006) "Sport-in-Development: A Monitoring and Evaluation Manual", UK

Sport.
Day School Organization (2002) "Sport & Globalization: The World Cup in South Africa and Beyond Report", DFID.
Delva, W. and Temmerman, M. (2006) "Determinants of the Effectiveness of HIV Prevention through Sport" in Auweele, Y. et al. (eds.) "Sport and Development", Uitgeverij Lannoo.
Gregson, S. and Garnett, G. et al. (2006) "HIV decline associated with behavior change in eastern Zimbabwe" Sexual Behavior Science 311, pp. 664-666.
Hearn, J. (1998) "The 'NGO-isation' of Kenyan society: USAID & the restructuring of health care" Review of African Political Economy, 25(75), pp. 89-100.
Irurzun-Lopez, M. and Poku, N. (2005) "Pursuing African AIDS Governance: Consolidating the Response and Preparing for the Future" in Patterson, A. S. (eds.) "The African State and the AIDS Crisis", Ashgate Publishing.
IOC (2006) "International Olympic Committee Policy on HIV/AIDS", IOC.
IOC (2011) "Fact Sheet -HIV & AIDS Prevention through Sport Update July 2011-", IOC.
IOC, UNAIDS (2005) "Together for HIV and AIDS Prevention -A Tool Kit for the Sport Community", UNAIDS.
Kay, T. and Jeanes, R. et al. (2007) "Young People, Sports Development and the HIV / AIDS Challenge" research in Lusaka, Zambia 2006. Institute of Youth Sport.
Kidd, B. (2008) "A new social movement: Sport for development and peace" Sport in Society 11(4), pp. 370-380.
Kirk, A. (2006) "HIV Knowledge in 'Coaching for Hope' Participants, Compared with Non-Participants", Coaching for Hope Burkina Faso evaluation report.
Sherr, L. and Lopman B, et al. (2007) "Voluntary counseling and testing: uptake, impact on sexual behavior, and HIV incidence in a rural Zimbabwean cohort" AIDS 21, pp. 851-860.
The Kicking AIDS Out Network (2004) "Kicking AIDS Out -Through Movement Games and Sports Activities-", NORAD.
The Kicking AIDS Out Network (2010) "The Kicking AIDS Out Network 2001-2010 -A Historical Overview-", The Kicking AIDS Out Network.
UK Government (2006) "Tackling AIDS Through Sport: A discussion paper", UK Department of Culture, Media and Sport & UK Department for International Development.
UNAIDS, World Bank, UNDP (2005) "Mainstreaming HIV and AIDS in Sectors & Programmes", UNAIDS and UNDP.
UNAIDS (2006) "2006 report on the global AIDS epidemic: Executive Summary", UNAIDS.
UNAIDS (2010) "UNAIDS Report on the Global Epidemic", UNAIDS.
UNAIDS, IOC (2004) "Memorandum of Understanding", UNAIDS and IOC.
United Nations Inter-Agency Task Force (2003) "Sport for Development and Peace:

Towards Achieving the Millennium Development Goals", United Nations.
UN Millennium Project (2005) "Investing in Development: A Practical Plan to Achieve the Millennium Development Goals", United Nations Development Programme.
Visser, M. J. (2005) "Life Skills Training as HIV/AIDS Preventive Strategy in Secondary Schools: Evaluation of a Large-scale Implementation Process" Journal des Aspects Sociaux du VIH/SIDA 2(1), pp. 203-216.
World Health Organization (1992) "School health education to prevent AIDS and sexually transmitted diseases", WHO AIDS Series 10, World Health Organization.
World Health Organization and Global programme on AIDS (1993) "School health education to prevent AIDS and STD: A resource package for curriculum planners", WHO and GPA.
World Bank (2007) "The World Bank's Africa Region HIV/AIDS Agenda for Action 2007 -2011", The World Bank.
稲岡恵美（2005）「貧困の保健学―貧困とエイズ」『アジ研ワールド・トレンド』No. 117、ジェトロ・アジア経済研究所、pp. 36-39.
鹿嶋友紀（2006）「教育分野におけるサブ・サハラ・アフリカのHIV/AIDS への取り組み―ケニアを事例に―」『国際教育協力論集』第9巻第2号、広島大学教育開発国際協力研究センター、pp. 71-84.
勝間靖（2007）「教育と健康―HIV/エイズを中心として―」『国際開発研究』第16号第2巻、国際開発学会、pp. 35-45.

column 8

ジンバブエの夢球場

　リトルリーグのような組織のなかった私の子ども時代には、小学校の休み時間に隣のクラスに行って「今日、試合せえへんか」と誘って、メンバーが揃うようだと交渉成立。みんな放課後に家に帰って野球道具を持って学校にとんぼ返り、クラス同士の試合をする。時に、バッターボックスやファウルラインをヤカンの水で描くと、本当の野球場のように思えて、ワクワクした。この時のこの気持ちが30年後の夢球場建設へとつながっていたことに、後になって気付いた。

　私は、社会人野球の選手を経て、高校野球監督、障害者野球コーチなどを続ける一方、43歳で母と友人を亡くし、開発途上国インドの姿を見て、阪神淡路大震災を経験。自分も何か生きた印を刻みたいという気持ちをはっきり抱くようになった。

　こんな自分にできることがあるだろうかと思い続けていると、ふと「野球場が作れんやろか」というアイディアが心に浮かんだ。「お金ようけ要るやろうなあ。でも待てよ、インドみたいな途上国なら……」と、探した結果がジンバブエだった。日本の青年海外協力隊野球隊員の働きで、野球が開発途上にあり、子どもたちも野球に関心をもち始めているという。そこで任期終了後もジンバブエに再渡航して野球指導を続けるという、初代野球隊員の村井洋介さんと連絡をとると、建設が可能だということがわかり、二人で協力して進めていく約束をした。1995年3月のことだった。彼がジンバブエを、私が日本国内を担当することにした。

　予定地は1年後に決まったが、その後もアフリカならではの紆余曲折を経て、さらに2年後の98年4月に、質素ながらも内野の芝生が美しい野球場が完成。5月に私たち9人はジンバブエの首都ハラレに球場を見に行った。閑静な住宅街にある一流ゴルフ場の隣に私たちの夢の野球場が完成していた。球場に入っていくと、たくさんの子どもたちと一緒にいたナショナルチーム主将のマンディショナ・ムタサ氏が歓迎と感謝の挨拶をくれた。子どもたちのプレーの審

判や観戦をした後に、最後の作業として私たちのためにマウンド作りを残してくれていた。午後からは高校生らとプレーをし、彼らの投げるボールや打球を受けとめた。この日、私たちはアフリカの大地の空気を心と体に深く吸い込んだ。

あの時私の心に浮かんだ「海外に野球場を作る」という夢は、多くの日本人の協力と、ジンバブエの最前線で奔走してくれた村井さんらの働きによって、日本とジンバブエ双方の夢球場「ハラレドリームパーク」として実現した。ハラレドリームパークではその後、各種国内大会や国際大会が開催され、ジンバブエの甲子園的な存在として、野球選手たちの憧れの場となっていった。

私たちは、20年後30年後にここで育った選手たちによる親子のキャッチボールが実現し、世代を超えた交流の場となることを夢見ていた。しかし、その後、野球協会会長となったムタサ氏も村井さんもがジンバブエ野球から離れ、日本の協力隊員もいなくなった2003年からの5年間で、野球場は使えなくなってしまった。5年のブランクを経て野球協会会長に復帰したムタサ氏が再開できるよう交渉を続けているが難航しているようだ。

形あるものはいずれ壊れる運命にある。しかし、一度渡された心の架け橋は、たとえ周りの状況が変わっても簡単には壊れない。ムタサ氏は今、精力的に野球の普及を行っている。普及活動は、HIV教育とも融合させた野球教室や指導者クリニックとして、全国展開されている。ジンバブエ全土から大勢が参加し、指導内容も充実し、組織的にも整備されている現状は、私たちの予想を遥かに超えてただただ驚くばかりだ。協力隊時代を引き継ぎ、今はジンバブエ人の彼ら自身が、野球を通して若者の心身の成長に関わっている。おかげで一時休眠状態にあった歴代協力隊員の活動成果も息を吹き返しつつある。

現在の彼らの一歩進んだ活動は、困難な状況下であるがゆえに、私にはなおさらたくましく勇敢に見える。私たちの夢を託した野球場が使えていないのは残念であるが、彼らを今も遠く日本から応援し続けられていることは、何よりの喜びである。ハラレドリームパークは、今も確かに私たちの心の奥底で生き続けている。

(伊藤益朗)

■5

スポーツとCSR

概要●プロスポーツ界ではリーグレベル、クラブレベル、選手レベルで様々なCSR活動が実施されている。本節では、プロスポーツにおけるCSRとは何か、具体的にどのような活動が行われているのか、なぜCSRが必要なのかについて様々な事例をもとに学ぶ。

[1] プロスポーツ界の社会貢献

　企業が果たす社会的責任のことを、CSR（Corporate Social Responsibility）というが、特に21世紀に入ってから、このCSRが様々な局面で求められることが多くなってきている。

　日本では、企業による利益を目的としない慈善事業のことをCSRと訳すこともあるが、これは本来のCSRが意味するところとはいささか異なる。本来CSRとは、企業は社会の一員であるという発想に基づき、企業は利益を追求するだけでなく、組織としての活動が与える社会への影響にも責任をもたなければならないという趣旨である。[*1] 特に利害関係者に対して説明責任があり、説明できなければ社会的容認が得られず、またそのような信頼のない企業は持続できない、といわれている。「顧客、株主、従業員、取引先、地域社会などの様々なステークホルダーとの関係を重視しながら果たす社会責任」[*2] がCSRなのである。

　この観点から、プロスポーツや実業団スポーツを行う企業においてもまた、CSRが求められるようになってきている。一企業としてのプロスポーツチームが成功するためには、地域やコミュニティに密着する必要があることは言うまでもない。National Football League（NFL）のコミッショナーであるロ

---

*1 J.N.カプフェレ（2004）『ブランドマーケティングの再創造』東洋経済新報社
*2 松村浩貴（2010）「プロスポーツが行うCSRの役割について」『人文論集』第45巻、pp.25-37

ジャ・ゴーデルは、コミュニティに対するNFLの社会奉仕活動の重要性を述べているが、同じようにJリーグでは規約によって「Jクラブはホームタウンにおいて、地域社会と一体となったクラブ作り（社会貢献活動を含む）を行い、サッカーをはじめとするスポーツの普及および振興に努めなければならない」（第21条2項）と規定している。

　近年、CSR活動は、「Ethical responsibilities」と「Discretional responsibilities」の2つのカテゴリに分けられ、その重要性が注目されている。[3][4] Ethical responsibilitiesというのは倫理的な活動で、当然の権利を公正に行われるようにする義務がある活動、Discretional responsibilitiesは、社会の一員としてコミュニティの"質"が高まるように貢献する活動と説明される。例えばJリーグでは、スタジアムに「マイカップ」や「リユースカップ」を導入し、環境改善を意識した取り組みを行っており、これはEthical responsibilitiesの一例である。また、複数のチームが施設や学校などを訪問し、様々なボランティアやチャリティー活動、さらに教育的なプログラムなどを実施しているが、これらはDiscretional responsibilitiesに含まれるものである。

　プロスポーツ業界がCause-Related Marketing（CRM）に積極的に取り組み始めたのも、2005年ごろからの顕著な動きである。CRMとは、企業の社会貢献活動をマーケティング戦略の一環として捉え、より戦略的に企業の独自色を出すために、寄付や啓蒙、ボランティア活動などを行うことを指している。これはCSRと同様、消費者に企業のポジティブなイメージを与えるものである（Katsioloudes et al., 2007；Meyer, 1999；Sen and Bhattacharya, 2001；Till and Nowak, 2000；Varadarajan and Menon, 1988）。プロスポーツチームがCSRやCRMに取り組むのは、業績を上げるためだけでなく、企業の存続そのものへの影響も考慮に入れた上でのことであるが、スポーツ選手個人ではどうか。アメリカのスポーツ業界の市場規模は、2130億ドルにも達しており、これは映画産業の7倍もの規模に匹敵する。野球やアメフト、バスケットボールなどに多くのスター選手が生まれ、これらの人気プロスポーツ選手がアメリカ市民に与える影響も大きい。市民に与える影響が大きいため、トップ選手は慈善活動を行うのが当たり前だと考えられており、実際、昔から多くの選手が寄付や社会貢献活動などを行ってきたという経緯がある。

＊3　Carroll. A. B. The Pyramid of corporate social responsibility: Toward the moral management of organizational stakeholders. Business Horizons. 34 (Jul.-Aug.) 39-48.

＊4　Carroll. A. B. Corporate social responsibility: Evolution of a definitional construct. Business & Society. 38 (3). 268-295.

だが、彼らが社会貢献に熱心なのにはいくつかの理由がある。その一つが、税金問題である。人気プロスポーツ選手、トップスポーツ選手たちの報酬は巨額になる。当然、税金も莫大な額になるが、寄付をすれば一定額が控除されるため、税金対策として「寄付」という社会貢献を行うのである。しかも寄付を行えば、選手のイメージもアップし、また寄付された側がファンになってくれるという見返りも期待できる。もう一つの理由は、スポーツそのものの存在意義だろう。人気スポーツといえども、人間が生きるために絶対に必要なもの、というわけではない。むしろ生産性のない行為だ。そんなスポーツで巨額の報酬を受け取れるのは、スポーツを通じて観客を楽しませ、時には生きる勇気や毎日の元気を与えることさえできる。それがプロスポーツの存在意義だが、慈善活動を通じてまったく同じように選手自身の存在意義が確認できる。プロスポーツと慈善活動とは、その精神の根っこが非常に似通った構造なのだろう。だからこそ、プロスポーツ選手は積極的に慈善活動に取り組むのである。

次項では、プロスポーツチームを一つの企業と捉えた上で、CSRやCRMの先進国であるアメリカのプロスポーツ界における活動を競技ごとに考察してみよう。

[2] アメリカのプロスポーツのCSR事例

古くからアメリカのプロスポーツ界では、チーム、企業が協力してCSR、CRM活動に盛んに取り組んできているが、もう少し具体的な事例を人気プロスポーツリーグごとに挙げてみよう。

アメリカには、野球のMLB（Major League Baseball）、バスケットボールのNBA（National Basketball Association）、アメリカンフットボールのNFL（National Football League）の3大リーグが規模、人気ともに大きく他を引き離しており、コミュニティ活動も活発に行われている。

①MLB

MLBではリーグレベルの取り組みとして、野球の普及活動に重点がおかれるため、地域社会に貢献するコミュニティ活動は各々のクラブレベルで活発に展開されている。

主なコミュニティ活動事例には、例えば「ルーキー・リーグ」（Rookie League）や「都市ユース・アカデミー」（Urban Youth Academy）、「ピッチ、ヒット＆ラン」（Pitch, Hit & Run）といった子どもからティーンエイジャー向けのプログラムや、MLB選手を対象とする「ロベルト・クレメンテ賞」（Roberto

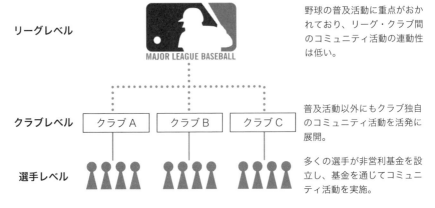

図9 MLBのコミュニティ活動の概念図

Clemente Award)、MLBと取引のあるマイノリティや女性を対象とする「多様なビジネスパートナー」(Diverse Business Partners)、引退後の選手や野球関係者を対象とする「野球支援チーム」(Baseball Assistance Team)といったものがある。特にロベルト・クレメンテ賞は、人格者で慈善活動を精力的に行っているメジャーリーガーに贈られる賞で、プエルトリコ出身のロベルト・クレメンテの生前の社会貢献に由来するものだ。

メジャーリーグには年間最優秀投手に贈られるサイ・ヤング賞や、際立った数字を残した打者に寄与されるハンク・アーロン賞といった賞もあるが、ロベルト・クレメンテ賞が最も権威の高い賞ともいわれている。日本人メジャーリーガーだった桑田真澄選手が、挑戦先としてパイレーツを選んだのも、同チームの永久欠番となっているロベルト・クレメンテに感銘したからだといわれている。

また、MLBは、2005年から乳がんリサーチのスーザン・コーメン財団とパートナーシップを組み、"ストライクアウト・チャレンジ"の展開を始めている。このキャンペーンでは、母の日の前後1週間に行われるメジャーリーグの試合を対象とし、事前に野球ファンに乳がん基金を支援するという"誓約"を行うことを呼びかけ、さらにキャンペーン期間中の試合に取ったストライクの数に、ファンからの誓約数を掛けた分の金額をスーザン・コーメン財団へ寄付するというものである。2006年からは、母の日に選手たちはピンクのバットを使って試合をするというキャンペーンも展開されており、「ピンクバット」として親しまれている。

母の日ばかりでなく父の日には、「ホームランチャレンジ」が開催されている。これはMLBとジレット社、および前立腺がん基金とがパートナーシップを組んだもので、事前に野球ファンが誓約を行い、キャンペーン期間中の対象となる試合中のホームランの数に誓約数を掛けた金額が、前立腺がん基金に寄付されるというもの。前立腺がんのテストを受け、医者と話をすることの重要性を普及させていこうという活動である。ホームランチャレンジには30球団が参加しており、またニューヨーク・ヤンキースのジョー・トーリ前監督は独自に「セーフ・アット・ホーム」という財団を設立し、家庭内暴力を受ける子どもたちの家庭での安全を実現するための支援活動を行っている。このセーフ・アット・ホーム財団はサムスン社とパートナーシップを組み、ヤンキースがホームゲームで打ったホームラン数に応じて、サムスン社が1ホームランにつき1000ドルを財団に寄付する、という活動とも連動している。

様々な事例から活動の傾向を読み解き、クラブ単位でのコミュニティ活動を大きく分類すると次の4つに分けられる。

①教育プログラム（Education）
②支援プログラム（Helping Hands）
③運動プログラム（Fitness Recreation）
④青少年プログラム（Youth Baseball）

「学校は素晴らしい」(School is Amazing、ニューヨーク・メッツ)、「コート寄贈運動」(Coat Drive)、「スポーツ・ラップ」(Sports Wrap)、「車椅子ソフトボールトーナメント」(Wheelchair Softball Tournament) など、各分野でクラブごとに多くの活動が実施されている。

一方、選手レベルでも、例えば、ニューヨーク・メッツの主力選手であるデビッド・ライト選手が2005年に非営利基金「デビッド・ライト基金」を設立し、この基金を通じて「ベースボール・ファンタジー・キャンプ」(Baseball Fantasy Camp)、「デビッドのように着こなそう」(Dress like David)、「正しいことをやろうよ祭り」(Do the Right Thing Gala) といったコミュニティ活動を実施している。

②**NBA**

NBAでは、リーグのレベルにおいて「NBAケアーズ」(NBA Cares) というプラットフォームを設け、各クラブに最低でも「青少年・家族」「教育」「健康」の3分野の活動への参画を求めている。これに基づき各クラブでは「ジュニアNBA/WBA」、「読書で成功しよう」(Read to Achieve)、「国境なきバスケットボール」(Basketball without Borders) の3つのプログラムを例外なく実施

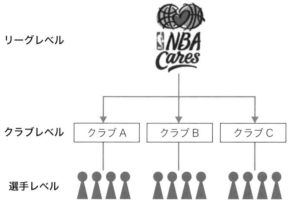

図10　NBAのコミュニティ活動の概念図

しており、さらにクラブは、独自のコミュニティ活動も実施している。また、個人レベルでは多くの選手が非営利基金を設立し、この基金を通じたコミュニティ活動を実施している。

　NBAの各クラブで行われているコミュニティ活動には、高校生を対象とする「奨学金プログラム」（Scholarship Program）や中学生を対象とする「オールスター・キッズ賞」（All-Star Kids Award）、教師を対象とする「優秀教師賞」（Hear of Class）、さらに小児病院の子どもたちを対象とする「クリスマス病院訪問」（Holiday Hospital Visit）、「青少年バスケットボールプログラム」（Youth Hoops Program）などがみられる。NBAで最も積極的にコミュニティ活動を実施しているチームの一つにクリーブランド・キャバリアーズが挙げられるが、同チームでは、プログラムを「教育」「奉仕」「運動」「青少年」「キャンプ・クリニック」の5つの領域に分類し、それぞれの分野で多彩なコミュニティ活動を行っている。

　選手レベルでは、例えばクリーブランド・キャバリアーズに在籍していたレブロン・ジェームズ選手の活動を紹介しておこう。ジェームズ選手は「レブロン・ジェームズ家族基金」（LeBron James Family Foundation）を設立し、「王様と乾杯」（A Toast to a King）や「王様の学校」（King's Academy）といったプログラムを通じて、経済的に恵まれない子どもたちを支援している。

③NFL

　NFLは、リーグレベルで「ジョイン・ザ・チーム」（Join the Team）というプラットフォームを設け、下記の6つの領域において活発な活動を行ってい

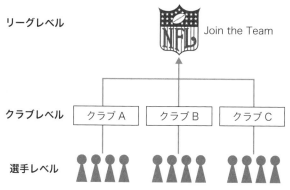

図11　NFLのコミュニティ活動の概念図

る。
　①青少年プログラム（Youth Program）
　②コミュニティプログラム（Community Program）
　③多様性プログラム（Diversity Program）
　④健康プログラム（Health Program）
　⑤ボランティアプログラム（Volunteer Program）
　⑥NFLチャリティー（NFL Charities）

　例えば、青少年プログラムの一つである「年間最優秀教師賞」（Teacher of the Year）とは、NFL選手が自分の人生に大きく影響を与えた教師をノミネートし、表彰するというプログラムである。また、「ジュニア選手の育成」（Junior Player Development）は、12～14歳の男女が、フットボールのスキルに関するクリニックや相談が受けられる活動である。コミュニティプログラムの例としては、「プロボウル奉仕活動」（Pro Bowl Outreach）というものがあり、毎年ハワイで開催されるオールスターゲームの際にハワイに拠点を置く非営利組織に寄付を行っている。

　各クラブでは、ジョイン・ザ・チーム以外にもクラブ独自のプログラムを持ち、活発な活動を行っている。「イーグルス賢人会」（Eagles Brainy Bunch）や「書籍・玩具寄贈運動」（Book & Toy Drive）、「太陽光発電にしよう」（Eagles Go Solar）などが一例である。

　これは各クラブの優良事例を集約するもので、青少年、コミュニティ、多様性、健康、ボランティアなど多様な面のPRが行われている。

選手レベルでも多くの活動が実施されており、例えばフィラデルフィア・イーグルスの中心選手であるドノバン・マクナブ選手は「ドノバン・マクナブ基金」(Donovan McNabb Foundation、2000年)を設立し、この基金をもとに「子どものための糖尿病キャンプ」(Diabetes Camp for Kids)や「フィラデルフィアの香り」(Philly Flavor)、「オールスターフットボールクリニック」(All-Star Football Clinic)など多くのコミュニティ活動が実施しているほか、多くの選手が非営利基金を設立し、基金を通じたコミュニティ活動を行っている。

[3] 日本のプロスポーツのCSR

アメリカではリーグ、クラブ、それに選手個人による多彩なプログラムが実施され、コミュニティ活動が行われているが、日本のプロスポーツ界でも同様の動きが徐々に出始めている。本項では、大相撲、Jリーグ、プロ野球における(i)リーグでの活動、(ii)チームごとの活動、(iii)選手個人の活動の事例を紹介する。

①大相撲

日本相撲協会は、NHKと組んで福祉大相撲を毎年開催しており、その収益金で「福祉相撲号」と名付けられた障害者や高齢者向けの機能を搭載した自動車を購入し、各地の施設に贈呈している。

②Jリーグ

Jリーグでは、登録選手全員に社会貢献活動を義務化している[*5]。例えば日本代表の今野泰幸選手(ガンバ大阪)は、「世界の子どもたちにワクチンを」の活動に賛同し、国内公式戦の出場1試合ごとにワクチン500本を寄付しており、また、長谷部誠選手(ブンデスリーガ・フランクフルト)は、2007年からユニセフのマンスリーサポーターとして、世界の恵まれない子どもたちへの活動支援を続け、さらに「Team Hasebe」プロジェクトを通じて社会貢献活動を続けている。

③プロ野球

(i)リーグでの活動

日本プロ野球機構は、優れた社会貢献活動を行った選手を表彰する「ゴールデンスピリット賞」を設けている(表13)。この賞はアメリカの「ロベルト・クレメンテ賞」の日本版ともいえるもので、いわば球場外のMVPともなりつ

＊5 日本プロサッカーリーグ(2005)『Jリーグ規約・規程集』社団法人日本プロサッカーリーグ

表13　ゴールデンスピリット賞受賞者

	受　賞　者	受　賞　理　由
第1回 (1999年)	松井秀喜 (読売ジャイアンツ)	少年のいじめ防止キャンペーン
第2回 (2000年)	片岡篤史 (日本ハムファイターズ)	児童養護施設「愛隣会目黒若葉寮」への慰問と東京ドームへの招待、安打1本につき1万円の「片岡基金」を設立
第3回 (2001年)	中村紀洋 (大阪近鉄バファローズ)	大阪教育大学附属池田小学校の慰問
第4回 (2002年)	飯田哲也 (ヤクルトスワローズ)	神宮球場に自費で少年野球選手を招待する「飯田シート」を設置
第5回 (2003年)	井上一樹 (中日ドラゴンズ)	難病の少年少女への慰問活動
第6回 (2004年)	赤星憲広 (阪神タイガース)	自身の盗塁数に応じて全国の施設・病院に車椅子を寄付
第7回 (2005年)	ボビー・バレンタイン (千葉ロッテマリーンズ)	新潟県中越地震やスマトラ沖地震などの復興支援チャリティー試合を提案、ハリケーン・カトリーナの被災地復興への支援
第8回 (2006年)	和田毅 (福岡ソフトバンクホークス)	プレーオフを含む公式戦の投球数に応じてワクチンを寄贈
第9回 (2007年)	三浦大輔 (横浜ベイスターズ)	横浜市内の小学校での講演や社会福祉協議会にシーズンシートを寄付、障害者を自費で球場に招待
第10回 (2008年)	岩隈久志 (東北楽天ゴールデンイーグルス)	福祉施設の児童を招待する「岩隈シート」の設置、2007年から1勝につき10万円をボランティア団体に寄付、岩手・宮城内陸地震における寄付
第11回 (2009年)	小笠原道大 (読売ジャイアンツ)	日本ハム時代より市川市社会福祉協議会などへの寄付、小児がん患者とその家族への支援活動
第12回 (2010年)	ダルビッシュ有 (北海道日本ハムファイターズ)	口蹄疫の被害に悩む宮崎県の畜産農家に対し300万円の義援金、2010年シーズン途中から投球している試合1アウトにつき3万円を社会福祉法人宮崎県共同募金会へ寄付
第13回 (2011年)	山﨑武司 (東北楽天ゴールデンイーグルス)	本塁打数に応じた「ホームラン基金」の設立、児童養護施設訪問、岩手・宮城内陸地震における宮城県栗原市への寄付
第14回 (2012年)	藤川球児 (阪神タイガース)	2007年から骨髄バンクの支援に取り組み自らもドナー登録、2010年からは自身のモバイルサイトの収益寄付、また不登校児への公式戦招待など幅広い活動
第15回 (2013年)	宮本慎也 (東京ヤクルトスワローズ)	2008年から日本盲導犬協会へ1安打につき1万円の寄付など、盲導犬育成の支援、2011年からは東日本大震災で被災した宮城県気仙沼市で野球教室開催

つある。ゴールデンスピリット賞を2010年に受賞したダルビッシュ有選手（前北海道日本ハムファイターズ）は、2007年には「ダルビッシュ有基金」を設立し、水不足に苦しむ開発途上国を支援している。同じように前福岡ソフトバンクホークスの和田毅選手（現ボルチモア・オリオールズ）は、「世界の子どもたちにワクチンを」の活動のために、1球投げるごとにワクチン1本、1勝ごとにワクチン20本を送り、これまでにポリオワクチン15万本を超える寄付を行っている。この社会貢献活動によって、和田選手は2006年にゴールデンスピリット賞を受賞した。

(ii) チームごとの活動

プロ野球の社会貢献活動は、各チームや選手ごとにも行われている。例えば巨人軍の杉内俊哉投手は、「杉内1球基金」を設立して東日本大震災の被災者や骨髄バンク支援、それに野球振興にもあてている。これは公式戦やポストシーズンで1球投げるごとに1000円を積み立てるというもので、2012年には249万1000円もの額になっている。

同じく巨人軍の村田修一内野手も、新生児医療の支援のために「ささえるん打基金」を設立し、公式戦で1打点につき1万円を積み立てている。

阪神タイガースでは、チームとして子どもたちの健全な育成を願い、近隣幼稚園・保育園などを訪問する活動が行われている。過去10年間で300園を訪問しており、子どもたち約48,000人と触れ合っている。また、地域住民とのコミュニケーションを深めるために選手による子どもの招待チャリティーや寄付、野球教室などを開催し、東日本震災被災者支援なども行っている。

(iii) 選手個人の活動

日本のプロスポーツ選手による社会貢献活動は、アメリカの選手たちによる社会貢献活動と比較すると、小規模で継続性が低いといわざるを得ない。選手による社会貢献活動は、引退したり資金がなくなれば活動が終了してしまう可能性も考えられ、アメリカでは財団や基金の創設を行い、その上で社会貢献活動を行うという活動の基盤整備を行うケースも少なくないが、日本ではこのような活動は少ない。

だが、例えば内海哲也選手（読売ジャイアンツ）の「内海哲也ランドセル基金」、村田修一選手（読売ジャイアンツ）の「ささえるん打基金」など、個人としての社会貢献活動が基盤整備に向かっている例もある。また個人の活動としては、次のようなものも注目されている。[6][7]

---

[6] スポーツ報知, 2012/10/25
[7] サンスポ, 2013/4/3

- 栗山巧（西武）：「一般社団法人3・11震災孤児遺児文化・スポーツ支援機構」へ、公式戦の「勝利数」に応じて寄付。また東日本大震災の被災地・被災者の支援のため、寄付サイト「ジャスト・ギビング・ジャパン」を通じて寄付を実施している。
- 高木守道（前中日監督）：監督就任直後に守道基金を設立。チームOBの板東英二（タレント）の協力のもと、ナゴヤドームのホームゲームに守道シートを設置し、障害者や高齢者、少年野球チームなど延べ5000人以上を招待している。
- 藤川球児（元阪神）：骨髄バンクの支援活動のため、07年から自らドナー登録し、また骨髄バンク支援野球教室への参加や、自身のモバイルサイトの収益の一部も寄付。さらに毎年10試合に、関西圏の不登校児や引きこもりがちな児童を預かるフリースクールの子どもたち30人を招待。07年からの6年間で合計1800人を招待した。
- 宮本慎也（元ヤクルト）：盲導犬育成のために、1安打につき1万円を公益財団法人日本盲導犬協会へ寄付。08年から始まったこの視覚障害者支援は、11年には143万円、12年95万円と総額600万円以上に達している。
- 金城龍彦（DeNA）：毎年横浜市社会福祉協議会を通じて養護教育総合センター、学校、高齢者施設、地域ケアプラザ等に車椅子を贈り、その数は08年からの4年間で合計37台にもなっている。
- 今江敏晃（ロッテ）：障害者野球チーム「群馬アトム」と06年より交流を始め、年に1度ホームゲームにチームを招待して一緒に練習を行っている。また08年からは千葉県内の児童福祉施設および小児病棟を訪問。10年にはNPO法人ミルフィーユ小児がんフロンティアーズへ1打点につき1万円を寄付するなど、小児がんと闘う患者とその家族を支援している。
- 稲葉篤紀（日本ハム）：児童養護施設や福祉施設を訪問し、北海道の全小学校に対してリレーバトンを贈る活動（「Aiプロジェクト」）を行い、また09年からは安打1本につき1万円を積み立て、小児用救急救命キットを北海道の消防機関に寄付している。
- 小久保裕紀（元ソフトバンク）：医師などによる被災地支援の救急フォーラム、義援金の募金活動のため、12年3月に東日本大震災の被災地支援活動としてチャリティートークイベントを実施。3月にはオープン戦試合前にもヤフードームで募金活動を行う。
- 田中賢介（元日本ハム）：守備機会1回につき、1人分の乳がん検診料を負担し、北海道対がん協会へ寄贈するというピンクリボン活動（乳がんの早期

発見、治療の啓発)を、09年より支援。12年シーズンには、東日本大震災被災者に義援金200万円を贈るなど様々な活動を継続して実施している。
- 西勇輝（オリックス）：11年からは認定NPO法人「世界の子どもにワクチンを日本委員会」を通じ、登板試合で投球1球につき1本のポリオワクチンを寄付している。

④その他のスポーツ

社会貢献活動に業界としても熱心に取り組んでいるスポーツには、プロゴルフ界やプロテニス界がある。例えば男子プロゴルフでは、日本ゴルフツアー機構により、「ガン撲滅基金」「恵まれない子どもたちへのサポート」「ポリオ撲滅基金」「ジュニアゴルファー育成」「災害救援」といったゴルフトーナメントを通じ、頻繁にチャリティー大会を開催し社会貢献を行っている。[*8]

女子ゴルフもトーナメント会場での出場選手によるチャリティ活動が行われているが、その収益は日本盲導犬協会、国土緑化推進機構など各地の福祉団体や自治体、基金などに寄付されている。また、『ピンクリボン運動』も支援。これは乳がんに対する理解と支援を目的とした啓発運動で、これらのチャリティーや運動、支援などを通じて様々な社会貢献活動が行われている。[*9]

また、競馬や競輪、競艇、オートレースといった公営競技も、団体単位で様々な寄付や社会貢献活動を行っていることがよく知られている。

[4] ブランドとしての社会貢献活動

米国や日本でのプロスポーツの社会貢献活動を見てきたが、これ以外にも世界中で様々な社会貢献活動が行われている。例えば、イギリスではプロサッカーリーグがその活動の3本柱の一つとして「Helping our community」を掲げ、スポンサー企業からの広告料や放映権などから得られた収益をコミュニティ活動や教育プロジェクトに投資している。この社会貢献活動は「Creating Chances」と呼ばれ、200人の選手が500種類のプログラムに参加している。また、プロリーグの下部組織であるユースでも、Youth (athletic)、Youth (non-athletic)、Educationを中心に、ユース世代を対象として活動が行われており、これらの活動がチームや選手にとってファン・アイデンティフィケーションを高めるのに重要な役割を果たし、チームとコミュニティを一体化させ、チームの地位を高めることがファンにポジティブな影響を与えている（Sutton

---

*8 日本ゴルフツアー機構　http://www.jgto.org/jgto_pc/about_jgto/volunteer.html
*9 日本女子プロゴルフ協会　http://www.lpga.or.jp/about/charity/

et al., 1997）とも評されている。このようにプロスポーツチームやリーグが社会貢献活動を実施する背景には、それがリーグやチームのブランド力の向上に寄与するからという理由もある。プロスポーツの社会貢献活動は、リーグやチームと企業、さらにファンとの「共有ブランド」(co-brand) の強化につながっているのである。

　スポーツクラブを「経営」の観点から見れば、ブランドは重要な意味を持っている。J. N. カプフェレはその著『ブランドマーケティングの再創造』の中で、「ブランドには強い使命感が不可欠であり、確固たる存在理由なくして企業は従業員と顧客を説得できない」としている。消費者にとってブランドとは、企業から送り出されるメッセージやイメージだけではなく、個人の実際の体験や友人知人の感想、テレビや雑誌の取材記事などの様々な経験や情報などの「記憶の集合体」なのである。プロスポーツチームやリーグがブランドを育成するためには、「地域密着」や「社会貢献」などの取り組みを通じて、「スポーツは社会を幸福にする」という共同幻想の物語を社会の中に定着させていくことが必要なのである。ブランドが社会的に認知されれば、それがスポーツに高付加価値を与え、リーグやクラブの経営そのものがビジネスとして発展していくからである。地域コミュニティに密着したブランドを確立するためには、リーグ、クラブ、そして選手自身が、積極的なCSR活動を行うことが重要なのある。

　アメリカでは、「スポーツは人々の心を健全にし、バラバラな存在の人々を一つにしてくれる」という共同幻想が成立している。多民族、多宗教、多言語、しかも経済格差の激しいアメリカだからこそ、人々をつなぐ共通の社会装置としてスポーツが役立っており、その必要性の高さから巨大なスポーツマーケットも形成されているのである。プロスポーツが地域に密着したブランドとして確立するためにも、リーグ、クラブ、そして選手自身がCSR活動を行うことが推奨されており、活発なCSR活動を推進する際の論理的基盤ともなっているのである。

　一方、スポーツ企業においても当然ながらCSR活動が重要になってきている。例えば、スポーツ用品企業のナイキやリーボックは、90年代のグローバル化によって東南アジアに生産拠点を確保して製品調達を行うようになってきた。グローバルにサプライチェーンを展開する企業では、環境問題や人権、労働に配慮した企業活動が求められ、さらに下請け企業の問題にも責任が求められるようになっており、92年には両社とも児童を働かせるような企業とは取引しないという行動規範を採用していた。

　ところが、実際には95年にパキスタンでのナイキやリーボックのサッカー

表14 CSR調達の要求事項

一般的要求事項	内容
コンプライアンス（法令遵守）	法律、政令、自治体の条例
人権	①児童労働の禁止 ②強制労働の禁止 ③差別の禁止
労働	①結社の自由 ②長時間労働の防止 ③最低賃金の保障
安全衛生	労働安全マネジメントシステム、安全教育など
環境	①納入品に関わる要請 ②環境マネジメントに関わる要請

出所：伊吹（2011）p. 168

表15 2010ミズノCSR報告書

項目	頁数
表表紙	1
ミズノグループについて	3/4
編集方針	3/8
財務データ	1/2
目次	3/8
トップコミットメント	2
特集：ええもんつくりなはれや	4
経営方針	1
CSR方針	1
社会の信頼に応える企業経営	1
企業統治	1
内部統制	1
倫理法令順守	1
危機管理	1
情報公開	1
社会の期待に応える企業経営	1
顧客満足	3
ステークホルダー満足（得意先）	2
ステークホルダー満足（従業員）	4
社会貢献	2
持続可能な社会の実現に向けた企業経営	1
CSR調達	1
環境保全	12
裏表紙	1
合計	44

出所：伊吹（2011）p. 172

ボールの委託製造が児童労働によるものであるとの人権団体からの指摘を受け、これが人権団体や学生による全米各地での不買運動へと広がったのである。CSR調達を行わなかったことで、ナイキの売り上げは98年第3四半期には69％もの減少を余儀なくされている。法的妥当性とともに、倫理的妥当性を満たすことが、企業の業績にも大きく反映されるようになってきたのである。CSR調達の要求事項について、伊吹（2011）は表14のように整理している。

　日本企業のCSRへの取り組みは、欧米よりも少し遅れ、2000年代初頭から本格的に始まっている。ミズノやアシックスといったスポーツ用品企業では、それ以前からグローバル化が進んでおり、中国にサプライチェーンを展開していたが、2004年3月に3つのNGOが「オリンピック・プレイフェア・キャンペー

ン」を世界的に展開し、ミズノの中国サプライヤーに時間外労働、最低賃金違反、無休勤務の実態があることを把握した。これに伴いミズノでは「ミズノ株式会社の供給者基本原則」を策定している（2004年）。2010年版のCSR報告書では、環境保全分野に最大のページが割かれ、CSR活動の中心が環境活動に置かれていることがわかる（表15）。

(黒田次郎)

[参考文献]

Kotler. P. & Lee. N. (2005) Corporate Social Responsibility: Doing the Most Good for Your Company and Your Cause. John Wiley & Sons. Ink. (恩蔵直人監訳 (2008)『社会的責任のマーケティング』東洋経済新報社).

Katsioloudes. M. K., Grant. J. & McKechnie. D. S. Social marketing Strengthening company-customer bonds. Journal of Business Strategy. 28 (3) 2007.

Brown. T. J. & Dacin. P. A. The company and the product Corporate associations and consumer product responses. Journal of Marketing. 61 (1997).

松村浩良・土肥隆(2007)「プロスポーツクラブにおける地域活動の効果—学校訪問のアンケート調査から」『体育・スポーツ科学』vol. 16.

アメリカのスポーツ業界とコーズ—Social Market press　http://www.social-market-press.jp/column/27/index.html

Democracy Matters - Adonal Foyle　http://blog.goo.ne.jp/kunihiromorimoto/e/62c4e3513ac0984099730d7b5abecdea

スポーツ界にも多数いる「伊達直人」。選手たちはなぜ社会貢献に熱心なのか　DIAMOND online　http://diamond.jp/articles/-/10962?page=4

伊多波良雄・横山勝彦・八木匡・伊吹勇亮編 (2011)『スポーツの経済と政策』晃洋書房.

町田光 (2008)「日本のスポーツ経営の現状と取り組むべき優先課題—スポーツ経営における『ブランド』の重要性—」『立命館経営学』第47巻第4号、pp. 257-278.

Jリーグ「Jリーグ入場者数総括」『J. LEAGUE NEWS』vol. 144、2008年.

大坪正則 (2002)『メジャー野球の経営学』集英社.

Carter. David. M. Rovell Darren On the Ball; What You Can Learn About Business from America's Sports Leaders. Pearson Education. Inc. 2003.

デビッド・M・カーター、ダレン・ロベル (2006)『アメリカ・スポーツビジネスに学ぶ経営戦略』大修館書店.

MLB薬剤汚染報告の「功徳」- Number Web: http://number.bunshun.jp/articles/-/12870

バックスクリーンの下で〜 For All of Baseball Supporters: http://blog.livedoor.jp/yuill/archives/51462541.html

社団法人日本プロサッカーリーグ (2008)「米国プロスポーツにおけるコミュニティー活動の現場」.

Paul C. Godfrey. Corporate Social Responsibility in Sport: An Overview and Key Issues. Journal of Sport Management 23 (6). 698-716. 2009.

Kathy Babiak & Richard Wolfe. Determinants of Corporate Social Responsibility in

Professional Sport: Internal and External Factors. Journal of Sport Management 23 (6). 717-742. 2009.

Sutton, W. A., McDonald, M. A., Milne, G. R. & Cimperman, J. (1997) Creating and fostering fan identification in professional sports, Sport Marketing Quarterly, 6 (1), 15-22.

Katsioloudes, M. K., Grant, J., & McKechnie, D. S. (2007) Social marketing: Strengthening company-customer bonds. Journal of Business Strategy, 28 (3), 56-64.

Meyer, H. (1999) When the cause is just. Journal of Business Strategy, 20 (6), 27-31.

Sen, S., & Bhattacharya, C. B. (2001) Does doing good always lead to doing better? Consumer reactions to corporate social responsibility. Journal of Marketing Research, 38, 225-243.

Till, B. D., & Nowak, L. I. (2000) Toward effective use of cause-related marketing alliances. Journal of Product & Brand Management, 9 (7), 472-484.

Varadarajan, R. P. & Menon, A. (1988) "Cause-Related Marketing: A Coalignment of Marketing Strategy and Corporate Philanthropy", Journal of Marketing, No. 52, July, pp. 58-74.

column 9

スポーツ界からの貢献

　日本において、スポーツを通じた国際協力が活発になっている。プロ野球の和田毅投手は、2005年より1球投げるごとに10本、勝利した場合は20本など、自身のプレーに応じて寄付するワクチンを増やすルールを決め、反響を呼んだ。サッカー界でもJリーグが、2011年のタイの大洪水の際に、タイのプロサッカーリーグを通じて義援金を贈り、被災地の学校の改修を行った。海外への支援のみならず、東日本大震災後は、サッカー、野球、ゴルフなど多くのプロ選手が被災地に赴き、子どもたちとスポーツをすることでストレスの軽減に貢献した。近年スポーツ界は、自らのプレーや活動で国内外に貢献しようという機運が高まっている。

　私自身、国際協力や社会貢献においてスポーツが果たせる役割を感じた一人である。今はJリーグに勤務しているが、大学卒業後はJICAに就職し、アフリカや東南アジアで主にインフラ整備のプロジェクトを担当していた。現場での仕事で感じたのは、適切な施設よりも、①施設を整備することが本当に住民の求めることか、②施設ができたとしても維持管理をどのような組織・人が担うのか、という2点が大きな問題であるということだ。

　大洋州のある島で、毎朝人が集まり市場と化している空き地に、売り場、水道、冷蔵庫等の本来市場として持つべき機能を整備するプロジェクトを担当した。設備が整えば、魚介類の保存能力が向上するなど待望のプロジェクトであるが、この空き地は、放課後に子どもたちがボールを蹴る貴重な広場でもあった。朝市が終わり、お昼過ぎには人もまばらになった空き地に子どもが三々五々集まり始め、裸足で楽しくボールを蹴り始めた。夕方には30〜40人になったであろう。2チームに分かれて、落ちていた木を地面に挿してゴールを作り、皆笑顔で必死にボールを追いかけていた。市場ができると子どもたちはこの場を失うし、今でも人々は炎天下の中、笑顔で会話しながら買い物を楽しんでいる。本当に市場を建設することが島民の望むことなのか、という疑問が頭をよぎった。施設ができた後の維持管理も問題だ。これまで空き地であったため、

ゴミはほったらかしで誰も掃除などしない。しかし、施設ができた場合にはそうはいかない。売る側は使用料を支払い、その収入で掃除や冷蔵庫の電気代などを賄うために管理団体が必要となる。この課題をどう克服し、プロジェクトを進めるか。コンサルタントから提案された市場の計画図面には、子どもたちがボールを蹴るようなスペースはなかった。そこで私は、子どもたちが最低限ボールを蹴ることができるスペースの確保と同時に、市場の維持管理団体の研修に日本の地域スポーツクラブの経営を学ぶことを含め、市場管理のみならず、子どもたちのスポーツを起点に地域のコミュニティ形成を図ることを提案した。当時、JICAの広報イベントとして途上国でサッカー大会を開くことはあったものの、プロジェクトにスポーツを含むことはほとんどなかった。当然、このアイデアは即座に却下されたが、その後も私は、特に地域コミュニティの育成などにスポーツを活かした国際協力ができないか試行錯誤した。しかし、上司や先輩に相談する中で、国際協力の中でスポーツを取り入れることの限界を感じ、ならば、スポーツ界の中で国際協力の可能性を探ることを目指しJリーグに転職した。

　Jリーグは、2012年よりアジア戦略に力を入れている。2013年で20周年目を迎え、その事業規模は今やアジアNo.1となり、日本代表の活躍につながっている。私たちはこの20年間のノウハウをアジア各国とシェアし、アジア全体の人気・実力を底上げする中でJリーグがトップにい続けることに挑戦している。最近は、タイ、ベトナムなどからリーグ関係者を日本に受け入れ、Jリーグの理念やビジネスモデルを学んでもらっている。また、ベトナムでは、現地リーグのイベントにJリーグの専門家を派遣し、広告露出を意識したカメラワークを指導するなどして広告価値を高める協力を行い、高い評価を受けた。

　日本では、ここ20年でサッカーを生業とする人々が格段に増え、一大産業に成長した。アジア各国でも同様に国内のサッカーリーグが成長すれば、雇用が生まれ、貧困対策や子どもたちの体力向上といった社会問題の解決につながる。Jリーグに転職して5年、ようやくスポーツと国際協力がタッグを組む事業が始まった。

（大矢丈之）

■6
障害者スポーツと国際協力

> 概要●この節では、障害者スポーツを通じた国際協力というフィールドの広がりを確認し、その上で私たちがこのフィールドに向き合うための視点を明らかにする。ノーマライゼーションの理念に基づき、すべての人々の生活の質を向上させる国際協力の形を考え、国境だけでなく、障害者スポーツと一般のスポーツという2つの領域設定を越えることに思いが至るようであって欲しい。

　障害者スポーツを通じた国際協力を行う上で大きな課題となるのは、支援者の障害者スポーツに関する情報不足ではない。支援を決意した者にとって障害者スポーツのフィールドで国際協力を始めるハードルは必ずしも高くないが、その活動を継続的に実施するハードルが高い。モチベーションの維持が難しい、と言い換えることもできる。

　もし障害者スポーツを通じた国際協力が、統計解析を使ってどのような施策を取るべきかがわかるような、効果が約束された活動であれば継続した取り組みも可能であろう。しかし、後述するように統計分析を支えるデータ数に欠け、個別事例の分析結果の類推で検証を繰り返しながら実施するのが、障害者スポーツ領域の国際協力である。その中でモチベーションを維持していく力となるのは、モチベーションを内から呼び起こす周到な「物語」である。効果が現れるまで時間がかかる障害者スポーツの途上国支援においては、物語の周到さ（利益循環性など）は、時間がかり効果がなかなかみえない活動を継続する仕掛けとなる。「障害者・開発途上国は、かわいそうなので助けたい」というレベルの物語では、気づかぬうちに手を抜き（「してあげるのだから、まあこのぐらいでいいだろう」）、疲弊し、長期的な活動は難しい。

[1] 障害者スポーツを通じた国際協力というフィールド

　スポーツを通じた国際協力のフィールド地図は図12のように描くことがで

きる。
①イメージしやすいフィールド

　❶❷が通常想定されるスポーツを通じた国際協力のフィールドであろう。開発途上国への学校体育支援や障害者スポーツ支援、そして様々な国際大会の開催・参加などが該当する。

　ところで、スポーツの普及・競技力向上の道筋は国家や地域によって異なり、スポーツ環境に大きな違いがあることを知っていても、私たちは日本のスポーツ環境から多くの思い込みをしてしまう。例えば、文部科学省の施策によってヨーロッパ型の総合型地域スポーツクラブ制度が輸入されても、まだスポーツは学校教育（部活）の中に組み込まれており、そこから自由になれない。その思い込みで国際協力に乗り出してもうまくいかない。

　筆者は、2002年のサッカーワールドカップ日韓共同開催を前に、市民レベルの交流事業を計画したことがある。日本の草サッカーチームがソウルを訪問し、現地の草サッカーチームと日韓戦を行い、翌日にはミックスチームにして交流試合をするという計画であった。しかし、適切な草サッカーチームが見つからなかった。大学交流協定を結んでいる体育系学部がある韓国の大学にはサッカー部すらなく実現できなかったのである。

　日本と韓国を比較すると人口は日本が3倍弱であるが、18歳以下の少年サッカー人口は日本が35倍、高等学校の野球のチーム数は日本が80倍ほどになる。[*1]トップレベルは同レベルであっても、韓国ではそれが一部の優秀な選手を特別に教育する形で実現されている。学校教育の中で幅広い裾野が形成されているという思い込みは大きく外れた。

　また、開発途上国では障害者に対する偏見の除去からスタートしなければならないわけではない。例えば、カンボジアでは地雷被害などで多くの身体障害者がおり、小学校段階から社会科の項目として大きく取り扱われ学校教育で継続的に学習されている。

　そして、すでに障害者スポーツが福祉の一環ではなくアスリートスポーツとして成立している欧州の人たちから、日本の障害者武道大会におけるレギュレーションづくりの甘さを強く指摘されたこともある。日本の障害者大会における思い込みも、また外れる。

＊1　FIFA Big Count 2006によれば、韓国のU-18競技人口は18,250人、日本のU-18競技人口は629,140人で、韓国の約35倍。また、大韓野球協会によれば韓国高校野球チーム数53校、公益財団法人日本高等学校野球連盟平成24年データによれば、日本高校野球チーム数4,071校（硬式）、475校（軟式）。硬式のみで比較した場合約77倍、軟式＋硬式で比較した場合約86倍となる。

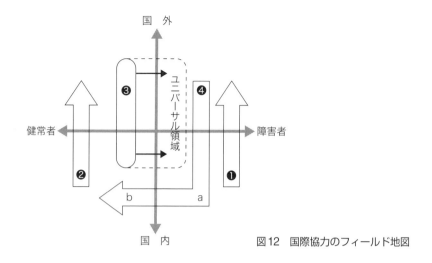

図12 国際協力のフィールド地図

②イメージしづらいフィールド

　障害者スポーツ領域で国際協力活動をする上で意識すべきなのが、❸のユニバーサル領域である。健常者スポーツ側から障害者スポーツ側へ、または障害者スポーツ側から健常者スポーツ側へ、どのようにアプローチするかという視点である。この視点が、それぞれの領域の可能性も広げる。実は障害者・健常者の境目は明確ではない。障害者手帳の有無で判断するのは妥当ではない。また、同じ障害名・クラスに分類されていても状況は異なる。

　そして、知的障害者への指導法が一般の幼児や初心者にも有効であったり、身体障害者への指導法が一般の高齢者にも有効であったりする。このような流れを示したものが❹である。スウェーデンの障害者武道指導の事例が、日本の障害者にも応用できるのはもちろんであるが（❹a）、同時に日本の武道自体に、その歴史認識と武道文化の形成について深い気づきをもたらすことがある（❹b）。

　すなわち、そもそも武道は戦場でいかに戦うかを切実に希求する武術を起源としているが、戦場で負傷した時は残された身体機能でいかに戦うかを希求したはずで、そもそも障害者に開かれた体系をもっていることに気付かされる。例えば、隻腕や隻眼の達人、指導者が存在する。[*2]

　図13に示したように、スポーツ領域は「A」「C」「G」「I」に独立している

[*2] かつて隻腕の国際武道大学学生が千葉県学生剣道大会で優勝し、柳生十兵衛は隻眼となった後に剣術を極め、将軍家の剣術指南役となった。

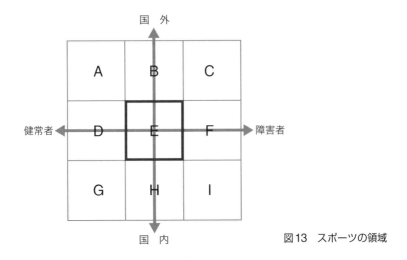

図13　スポーツの領域

のではない。「B」「D」「F」「H」のような中間領域に広がっており、最終的にはすべてにまたがる領域「E」が拡大していき、「A」〜「I」の領域全体が「E」領域に飲み込まれることがイメージできる。

　領域「E」が全体化することで、それぞれの区別はなくなるが、その中での効果は「障害者スポーツ」からの影響、「国際協力」からの効果などとして認識できる。

　例えば、国内の障害者スポーツの現状を変えるには、国内状況の問題だけを提起するではなく、日本では「黒船効果」を利用するのが効果的である。「福祉の先進国スウェーデンでは……」などという話は人々の関心を引き出してきた。これは日本人の弱点でもあるが、海外事例へのキャッチアップを目指した改革で、より良い社会を構築してきたのも事実だ。

　また、例えば、障害者スポーツの枠組みを超えるユニバーサルスポーツ化の領域は、障害者スポーツの手法やルールの健常者への普及という側面も有する。単に国境を超える（図における上下の移動）だけでなく、領域をも超える（図における左右の移動）大きな効果だ。

　そして、障害者スポーツの国際協力は、単に海外へのモデルの提示にとどまらず、モデル強化の可能性もある。すなわち、国内の成功事例を海外に紹介すること（例えば武道でリハビリを行うモデルの提示）、特に障害者が自身をモデルとして海外に提示することは、その国際的に評価される過程の体験が大きな自信となる（モデルの強化）。

[2] 障害者スポーツ支援と開発途上国支援のアナロジー

①用語法にみる問題提起

　かつて「先進国」という用語の対義語として「後進国」が使用されたが、1970年代には差別的であるとされ、その表記は消えていった。「先進国」という用語が現在も生き残っていることを考えると、少なくとも日本語として本来的には差別性はなかったのかもしれない。

　障害者に関する状況も類似している。障害者に対する差別的呼称が使われなくなるのは当然として、例えば、本節のタイトル自体に不当性を見出す人もいるだろう。障害者スポーツに関する活動に携わると、用語、表記に関して多くの修正意見をいただく。「障害者」ではなく「障碍者」や「障がい者」という用語を使うべき、という意見であり、無用な対立を避けるために「障害者」という用語を回避することもある。

　内なる差別意識が用語法にないとしても、「障がい者」「途上国」という用語を使うことで、内なる差別意識に対する問題意識を喚起したり、ノーマライゼーションや対等性といった思想を想起したりすることには意義がある。それでも本節のタイトルに「障害者」を用いているのは、このような問題意識を理解した上で、新たな段階にきていると認識しているからである。差別は皆無ではないが、ことさらに入り口で健常者を脅し、それで関わることの怖さや面倒さを感じさせることは避けたいからだ。

　いずれにしても、この節のタイトルも用語法を用いた問題提起であることに変わりがない。一方が正しく、他方が誤っているわけではない。アナロジー関係に論を戻そう。

　障害者も発展途上国も「自立」という目標を掲げながら、その実現までの道のりは遠く厳しい。そのため、能力のある側から能力が劣る側への一方通行の支援をするという構造では、人材や資金が潤沢な国家や国際機関プロジェクトでないと支援の継続はおぼつかない。民間の活動は数年が経過するとドナー側の疲弊感が増してくる。この状況が変わらなければ、継続的な支援も難しくなってくる。

　それでも、支援と効果の因果関係が統計学的見地から裏打ちされているのであれば、継続的な取り組みが期待できる。しかし、統計学の手法でそのような施策を選び得るのであろうか。

②統計学的な実証に基づく支援が困難な分野

150か国程度ある開発途上国[*3]の中には、中央集権的な国から地域ごとに自由な裁量で施策を実施できる国まで様々である。地域・現場ごとの裁量が大きく認められるところでは、民間団体が支援活動を始めることは比較的容易である。しかし、上からの指令がなければ援助の受け入れの判断さえできない地域もあり、その場合は自ずと国際協力の手法も異なってくる。

加えて、障害者の中でスポーツを実施する人口は少ない。さらに同じ障害に分類されても状況が異なる。例えば、脳性麻痺であっても、車椅子利用者、クラッチ利用者、自立歩行可能者など状況は様々である。このように、限られた事例の個別特殊性が統計学的な実証を困難にしている。

また、そもそも障害者スポーツの場合、支援活動を立ち上げる時点で、障害者がスポーツに接近しにくい状況や、そもそも障害者自身がスポーツをあきらめている状況にあるのが大部分である。そのため、障害者スポーツ支援を通じた国際協力の特徴は、障害者のニーズに応えるのではなく、ニーズを創造するところにある。障害者がスポーツを行うモデルを提示することにより、障害者のニーズが生まれ、やがては障害者の自立につなげるという支援が必要となる。その出発点になかなか統計学的な実証が伴わない。

しかし、統計学的実証が可能になる事例数が自然に出現するまで待つわけにはいかない。結局、具体的事例の中で仮説の検証を頻繁に行いながら支援活動を進め、いずれは統計学的な実証が可能になるように事例数の拡大にも努力するという手法を取ることになる。

③支援分類ではなく、物語の読み替え

国際協力の形は、支援国Aが支援対象国Bの活動を後押しする支援協力型と、相互協力型に分けることができる。

ここで重要なのは、支援協力型、相互協力型に区別することではなく、一つの事案の説明を、この2つの見方で説明することが可能である、という点だ。例えば、日本がカンボジアの小学校における学校体育を支援する活動は、支援協力型とも理解できるし、日本側がカンボジアから受けるメリット、例えば支援スタッフである学生のキャリア構築に着目すれば相互協力型とも理解できる。すなわち、カンボジアは学生教育の現場を日本の大学に提供し、日本の大学は教育した学生を通じてカンボジアへのスポーツプログラムの提供を行うのである。

実態としての支援は変わらないので単なる説明の違いと理解されるかもしれ

＊3 OECDのDACによる。1人当たり国民総所得（GNI）などから援助受取国を分類した「援助受取国・地域リスト」より（2011年10月直近データ）：149か国。

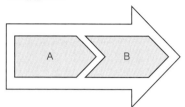

図14　国際協力の形

ない。しかし、この説明の違い、すなわち「物語」の読み替えが、活動の大きな原動力になることも経験上事実である。数値、データだけでは人は動かない。活動参加者が情熱をもって行動する原動力は、当該活動がもつ「物語」だ。相互協力型は、その中に利益循環サイクルを内包しており、参加者が他者のために行動することになる。人は他者のために行動すると脳内にドーパミンが分泌されるという研究も多数あり、[*4] 相互協力型は参加者、特にこれまで被支援側にいた開発途上国の人々、障害者のモチベーションを高める形を構成する。

　例えば、支援協力型で理解している支援側の参加者が「あげるんだから、この程度でいいだろう」という無自覚な手抜き状態に陥ることを何度も見てきた。また、相互協力型という理解をすると被支援側の姿勢も変わる。例えば、障害者スポーツの講習会の参加者の大部分が健常者になることが多いが、参加する障害者に「当日は健常者が多いのでアドバイザーとして参加して欲しい」とお願いすると、障害者側の積極性が変わる。物語の読み替えも力になるという視点が重要である。

　このような被援助者である国家・社会・障害者が、援助側である国家・社会・個人に利益をもたらすという読み替えは、支援側と被支援側の対等性を確保し、ノーマライゼーションの思想とも適合的である。

[3] 障害者がスポーツを行う意義

①Spots for all, sports for everyone.

　障害者がスポーツを行うのはなぜだろうか。スポーツは「みんなの」ものではあるが（Sports for all）、「それぞれの」形がある（Sports for everyone.）。

＊4　例えば、Bachner-Melman R, Gritsenko I, Nemanov L, Zohar AH, Dina C, Ebstein RP (2005). Dopaminergic polymorphisms associated with self-report measures of human altruism: a fresh phenotype for the dopamine D4 receptor. Molecular Psychiatry 10, 333-335.

健常者でも「健康づくり」のためにウォーキングする人、「楽しみ」のために
ゴルフをする人、「仲間づくり」のために草野球をする人、「限界への挑戦」の
場としてオリンピックを目指す人など様々であり、それは障害者も同じである。
リハビリテーションやパラリンピックへの挑戦だけに、障害者がスポーツをす
る目的を押しこむことはできない。健常者によるスポーツと同列に考える姿勢
が重要である。筆者がスウェーデンで受けた障害者スポーツ研修で、講師が最
初に行ったのは、少女がコンピュータを見て微笑んでいる画像を見せ、「少女
は何をしているんだろう？」と受講者に問いかけることだった。「インターネッ
ト検索でハワイのことを調べている」「旅行の計画をたてている」などと受講
者が答える。講師が「そうだね」と言ってコンピュータをクリックする。する
と画像がズームアウトして少女が車椅子に乗っていることがわかる。

「どうだろう？」しばらくの沈黙の後に講師が言う。「もしね、印象が変わっ
たとしたら、君たちは障害を見ている。彼女ではなく、車椅子を見ている」

どうしても「少女は障害があるために自由に海外に行けないのでインター
ネットで見ている」というようなマイナスのニュアンスを感じてしまう。しか
し「障害児は障害児である前に子どもであり、障害者は障害者である前に人で
ある、ということを見失わないようにしなければならない」ということを最初
にたたき込まれた。

もちろん、障害者のみならず社会全体を豊かにする障害者スポーツの普及に
は、スポーツ一般の普及と同様に様々な領域と方法がある。どのように物語を
つくるか。活動領域によって自ずと異なってくると考えることもできる。同時
に両者がつながっていると考えることもできる。

パラリンピック支援のように、トップの層の強化を中心に展開するトップダ
ウン効果を狙った方式や、スポーツを楽しむ層の支援を主に広げるボトムアッ

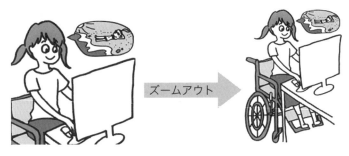

図15　少女は何をしているんだろう？

■トップダウン方式　　　　■ボトムアップ方式

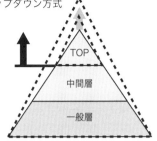
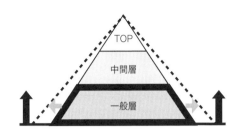

図16　トップダウン方式とボトムアップ方式

プ方式が挙げられよう。これらの重要なことは二者択一ではなく、同時並行処理がなされていくことである。常に他の方式を意識した活動は必ず活動の幅や支援の和を広げることになろう。

②障害者がスポーツをする効果・利益

　では、障害者がスポーツする意義はどこにあるかという問いを、障害者がスポーツをする効果・利益はどこに生ずるのかという問いに変えて考えていこう。

　パラリンピック競泳の元スウェーデン代表選手であるポントス・ジョハンソン氏は表16のように効果・利益をまとめている[*5]。

　ここでは、「私個人」と「国家・社会」のどちらか一方が一方的な負担をするのではなく、相互に利益を得るという認識の仕方＝物語の作り方がなされている。国家・社会が担う福祉サービスに経済活動の成果（税収）を一方的に分配するシステムとして理解するのではなく、ドナー（この場合は国家・社会）も被援助者（この場合は障害者）も共に利益を得る循環モデルとなっている。この物語が、国家・社会側の活動をスタートアップさせ、周囲を巻き込み、活動を継続させる力となる。それと同時に、障害者側が一方的にサービスを受ける機会としてではなく、社会参加する機会として構築されていることに意義がある。

　もちろん、障害者スポーツ事業の出発点は、人が人として生活するために保証されるべき一定レベルの生活の質の保証にあり、あくまで経済問題（経済活性化等）は付随的な効果である。また、利益の循環があるからといって、投資しただけの経済的利益が直接的に障害者から返ってくるわけではない。しかし、公的福祉サービス支出の減少や、福祉サービス産業全体で経済効果を算定する

＊5　2010年9月12日　日本応用心理学会大会（京都大学）

表16　障害者がスポーツをする効果と利益

私個人が得た効果	国家・社会が得た利益
・身体動作の改善 ・身体機能の向上 ・自尊心 ・アイデンティティ ・友　人 ・他の障害者への理解 ・社会性の獲得 ・仕　事	・支援サービスの減少 ・バリアフリーサービスの減少 ・送迎サービスの減少 ・医療サービスの減少 ・納税者の獲得

など、経済的合理性に関する議論を事例ごとに深めることは可能だ。

　支援対象となる障害者自身が自らの社会貢献の可能性を認識することで、自身を対象者から主体者に転化させ、モチベーションを高めていく。さらに、開発途上国における障害者スポーツを通じた国際協力に対する「まずは十分にスポーツができていない健常者への支援を先に」という順番論による抵抗に対して、この利益循環論が開発途上国側などを説得する糸口となるであろう。

③プラス面に着目する手法

　世界保健機関（WHO）は、障害者の健康状態、心身機能、身体構造、環境などを分類する基準として、国際生活機能分類（ICF）を2001年に採択した。これは1980年に策定した国際障害分類（ICIDH）がマイナス面を分類する視点に立っていたものを、生活機能のプラス面をみる視点に転換したものである。「分類」として機能し、国際比較が容易になるだけでなく、対象者を全面的に把握するためのチェックリストとして利用でき、スポーツ指導においても役立つものである。

　生活機能を、生命レベル（心身機能・身体構造）、生活レベル（活動）、人生レベル（参加）で把握し、その一つひとつを実質的にみていくことにより、マイナス面の減少よりも、プラス面の増加という視点を重視し、プラス面を活用した活動＝スポーツを促すことに役立つ。そして、例えば、生活レベルでも、実際の活動（実行状況）と、可能な活動（能力）の双方を捉え、現時点でみえるプラス面だけでなく、潜在的なプラス面にも着目する。

　マイナス面に着目し、マイナス面を減少するためにスポーツを通じて特訓するのではなく、プラス面を引き出して、そこを伸ばすことで結果としてマイナス面がカバーされる事例に多く接する。

　例えば、脳溢血によって右片麻痺となった場合、なかなか右片麻痺の改善がみられない。利き手が動かず字を書かなくなる。そうではなく、左手は動くと

いうプラス面に着目し、左手で字を書く訓練をすると、約3か月で右手を使って書いていた時と同様の字が書けるようになる[*6]。健常者であった時から楽しんでいたスポーツや、かつてはやらなかった武道を通じて生活レベルの機能を獲得することができ、また人生レベルでの充実がモチベーションを維持し、リハビリテーション運動効果があるスポーツを結果として継続することが可能になる。

[4] 関係者のモチベーション維持

①指導される者（障害者）のモチベーション維持

　リハビリテーションという観点からみると、効率的な手法は理学療法士による運動療法のはずである。しかし、運動継続のモチベーションの維持が課題となる。部活動において新入部員がゲームをさせてもらえず、ただひたすら走り込まされるなどの過剰なトレーニングの結果、退部者が出るのと同じ構図に落ち込むことになる。効率的であるはずのリハビリテーションには明確なゴールがあるが、結局、実施継続できずゴールできないのであれば、少々非効率でもスポーツを活用することは有効である。

　スポーツ指導においては小さくステップを刻み、確認修正する指導がなされる。段階に応じたゴールやステップ設定が容易であるからだ。小さく刻むことで効果認識が容易となり、それぞれのステップで効果が確認しやすい。その達成過程にすでに十分なゲーム性がある。「できた、もう一回」「できなかったので、もう一回」というゲーム効果を利用したモチベーションの維持が可能になる。

　また、目的設定をリハビリテーションからスポーツにスライドさせる意義も大きい。リハビリテーションには時間がかかるため、自分で効果を確認したり、別の楽しみに目的をずらすことが有効になる。リハビリテーション効果ではなく、スポーツを楽しんだり、記録や競技力を高めたり、試合に勝ったりすることにゴールをずらすことで、結局、遠い目標にゴールする近道になる。

　例えば、障害者にとって武道稽古は「逆説的『カラテキッド』訓練法」となる。映画『ベスト・キッド』（原題：The Karate Kid）では、少年に武道を教える師匠が少年に日々繰り返し上着の脱ぎ着という日常動作をさせる。その退屈さに少年は耐えられなくなる。すると師匠は、その日常動作の中に武術があることを教える。知らぬ間に技を身に着けているという物語だ。障害者の場合

[*6] 上田敏　ICFの理解と活用——人が「生きること」「生きることの困難（障害）」をどうとらえるか　pp.37-39　きょうされん　2005

は映画の逆ルートを行く。武道の稽古に参加する。武道の技を一所懸命に稽古していると、知らぬ間に日常生活動作（例えば自分で上着の脱ぎ着）ができるようになる。

　状況を「リハビリテーション」からスポーツの「トレーニング」や武道の「稽古」に転化し、それに取り組む自分自身を「障害者」から「アスリート」や「武道家」という物語へと転換することが重要である。その意味では、手間はかかってもユニフォームや道着に着替えることは形式以上の意味がある。[*7]

②指導者のモチベーション維持

　例えば、ライ症候群のM君は6年間空手道の稽古を継続している。その変化が図17の写真（左が2006年、右が2012年の写真）からわかるであろうか。

　よく見ると、M君の左手が上がっている。その変化に感動できる読者も多いと思うが、ここで着目してもらいたいのは、逆に「なんで、こんな少ない変化なのに、6年間もM君の指導者は指導を続けられたか」という点である。特に指導者のモチベーションの維持継続は見落とされがちだが、重要な点だ。

　M君の麻痺した左手を動かすトレーニングは困難を極めた。しかし指導者はプラスの面に着目し、様々な手法を試し、そのささやかな効果を確認しながら、さらに新たな手法の導入に挑戦した。M君の小さな変化は他にもたくさんあり、指導者はその変化を発見し伸ばすというその時々の新しいチャレンジを重ねている。例えばM君が上半身の回旋運動が可能なことを準備運動に利用して徐々に改善していった。「6年かけてこの程度の変化しかない」という点ではなく、M君の指導者が「この程度の変化で6年間もモチベーションが維持できた」ことに着目すべきである。

　M君はリハビリテーションではなく、空手道家としての稽古を続け、全国障害者空手道選手権に出場し続け、優勝もしている。障害者は同じ障害名で分類可能であっても、それぞれの状態が異なる。一人ひとりが世界

左が2006年、右が2012年の写真。

図17　M君の変化

＊7　道着に着替えることで明らかに動きが良くなる障害者もいる。「道着効果」と呼んでいる。

で唯一、世界で初めての事例である。その世界で唯一、世界で初めての事例に取り組んでいるという物語や、将来の類似事例に応用可能な指導法を開発しているという物語が、指導対象である障害者だけでなく、指導者側のモチベーションも維持させるのである。

[5] インターネットを通じた国際協力

　インターネットがいくら発達しても、直接行って会って一緒に行動することの重要性は変わらない。しかし、行動が制限される障害者にとって、インターネットは外部とつながる有効な手法となる。障害者自身が情報発信の主体になり、また自分と同じ障害、同様な状態であるスポーツ同好者と世界的規模でつながることができる。言語の壁も翻訳エンジンによって超えることが容易になった。

　特に、YouTubeのような無料動画サイトの普及の意味は、単にインターネットを使って動画を共有できるというだけではない。重要なことは、情報を1か所に集めて共有するための情報センターを作ったり、サーバーを設置したりするコストが不要になったことである。世界中の障害者スポーツに関わる個人が、自分の部屋から情報を発信し世界中で共有できるようになった。開発途上国でも先進国とは異なる形で飛躍的にインターネット環境が拡充しており、携帯電話端末で撮影した映像を動画共有サイトにアップロードして簡単に共有できるようになった。

　この状況下で情報共有のために重要となるのは、ニーズに的確に応える動画情報として検索ヒットしてもらうためのタグの設定になる。YouTubeに障害者が武道稽古する同じ映像のタグを様々に変えて2つの異なるアカウントにアップロードし、閲覧回数を経過観察し比較したことがある[*8]。その実験とその後の活動の中で特徴として認識されたことは以下の2点である。

　まず、障害サイドからの接近に関することある。当時、「脳性麻痺」などの障害名や「車椅子」のような用具名で検索をかけたと思われるアクセスが全体の6割を占めるという結果が出た。実験に用いた動画が一般的な障害者スポー

[*8] 2007年6～9月にかけてYouTubeに障害者が武道を稽古する同じ映像をタグを様々に変えて2つの異なるアカウントにアップロードし、閲覧回数を経過観察する比較実験。2007年6月19日にYouTubeが日本語化されたが、その日をまたいで実施された。『障害者への武道普及方法に関する研究―動画共有サイトを利用した障害者武道に関する情報共有化の可能性―』(2008) 国際武道大学　武道・スポーツ研究所年報

ツに関する動画ではなく、マイナーな障害者武道に関する稽古動画であったことも影響していると思われるが、いずれにしろ障害者スポーツへの接近はスポーツサイドではなく障害サイドからの接近が大きいことが特徴であった。その時点ではスポーツへの興味より、障害への興味関心の方が多かったのだ。

例えば同じ脳性麻痺に分類される障害でも自立歩行する人もいれば、車椅子を利用する人もいる。自分と同じような障害者が何をやっているのかということが非常に重要な情報となる。医学的な分類情報だけでなく、どのような身体能力があるかという情報も、非常に重要となる。

次に、スポーツサイドからの接近に関することである。タグに記載するスポーツ用語を世界語化している英語などに翻訳することは当然であるが、その方法に関して、武道に関する動画の実験を通してわかったことがあった。それは、日本語の武道用語が国際的に浸透しており、例えば「蹴り」を"keri"などと日本語をそのままローマ字化しただけのタグをつけた動画へのアクセスが全体の7割を占めた。ただ、「蹴り」を"kick"と翻訳したタグをつけた動画へのアクセスが残りの3割を占めており、この層を無視することはない。たとえ武道普及上、最終的には日本語の武道用語の浸透を図るにしても、タグに関しては英語化したものも付け加える必要があろう。

そしてこれは武道特有の問題ではない。例えば、障害者用のスポーツとして開発されたボッチャ（Boccia）に関して、類似したスポーツであるローン・ボウルズ（lawn bowls）やペタンク（Pétanque）などのタグ付けも重要であろう。[*9] 障害者スポーツに関わっているとボッチャはあまりに有名であるが、それでも一般的にはまだまだ知られていないという認識も必要である。そして「障害」を表現する言葉としてhandicappedという用語は用いなくなっているが、それすらも検索用のタグには付けておく必要があるかもしれない。問題意識が低いからではなく、問題意識をもたずに接近してくる者を、問題意識をもたない動画のみにアクセスさせるのではなく、問題意識ある側が作成した動画にアクセスしてもらうためである。

いずれにしても、タグの翻訳問題は国際協力だけに関わることではなく、国内普及も含め多くの問題意識をもたらす。

おわりに──障害者スポーツ、国際協力など存在しない？

議論のフィールドとなる「障害者スポーツ」や「国際協力」の定義をせずに

---

* 9　2012年時点でこのような配慮がなされていたサイトはなかった。

議論を進めてきた。なぜ定義から議論を始めなかったかといえば、実は、障害者スポーツや国際協力が、その他のスポーツや協力と厳密な形で区別され、独立して存在しているわけではないからである。

　たしかに、パラリンピックは「障害者スポーツ」の祭典であり、JICAは「国際協力」を行っている。本節の中でも障害者スポーツの「定義」を用いて観念的に、障害者スポーツと健常者スポーツを分けることもできるし、国際協力と国内協力を峻別することもできる。

　しかし、いよいよ障害者スポーツや国際協力を実施しようとした時に「定義」にもとづいて他と厳密に区別すること、具体的には障害者スポーツとそれ以外のスポーツを、また国際協力とそれ以外の協力を厳密に分けるのは困難である。さらに、その厳密な峻別はスポーツ・協力活動の広がりを失わせる。定義によってフィールドを限定して議論する方法が間違っていると主張しているのではない。ただ、この節では「定義による限定思考」ではなく、共通要素や関連性を見出しつなげる「類型による連結思考」を採用して論を進めてきた。

　私たちの目の前には「スポーツ」という大きな世界が広がっており、その中の様々な活動が「障害者による」という要素をもっている。「協力」という大きな世界が広がっており、その中の様々な活動が「国際的」という要素をもっている。このような類型思考は、共通要素で定義を作成することによる定義内容の希薄化を回避し、また一部要素が共通する領域をつなげるメリットがある。例えば、知的障害者に有効なスポーツ指導法は一般の初心者にも良い指導法となり得る。「障害者スポーツ」や「国際協力」という用語がもつ漠然とした領域をすでに私たちはもち、それは拡縮自在であると考えたい。

　このような考え方は、議論を拡散させるだけで意味のない理想論だろうか。この問いに対する答えは読者が実際に支援活動して下すことになる。この節を読んで、「障害者スポーツ、国際協力など存在しない。スポーツと協力が存在するだけだ」という思考方法に辿りついてもらえれば、逆説的に、障害者スポーツ、国際協力の持続的な普及、発展につながると目論んでいる。二者択一的な世界観ではなく、ゆるやかに総てがつながっているという発想をもつことで、日頃、障害者や海外との接点をもたない読者の生活の中にも、すでに障害者スポーツ、国際協力に関わっている部分を見出すことが可能になる。そして、最終的なゴールは障害者スポーツや国際協力にあるのではなく、世界中の個人がそれぞれの能力を伸ばし、活かし、他者と共有しながら人生を豊かにすることにあることがより明確になると考える。

（松井完太郎、山平芳美）

■ 7

オリンピックを通じた国際交流と貢献

> 概要●IOCは、2009年に国連との協力関係を構築し、スポーツを通じた国際貢献を推進している。一方、日本国内では「スポーツ基本法」が成立し、その基本理念にスポーツを通じた国際交流と貢献が明確に位置づけられた。現在、エリートスポーツ[*1]においても、Development of Sport から Development through Sport へ国際交流と貢献のキーワードが変化して推進されている。

[1] オリンピックと国際平和

　1896年に創設された近代オリンピック競技大会は、五大陸にまたがる国と地域を代表するアスリートが異なる民族・宗教・政治制度を越えて参加し、4年に一度、最高水準のパフォーマンスを競い合うスポーツの祭典である。夏季大会は、2012年に開催されたロンドン大会で30回目を数え、冬季大会は2014年に開催のソチ大会で22回目を迎えた。

　国際オリンピック委員会（International Olympic Committee：IOC）には、204の国と地域が加盟している[*2]。

　近代オリンピックの創設者であるピエール・ド・クーベルタンは、大会での勝利を目指すだけでなく、スポーツを調和のとれた人間の発達に役立て、人間の尊厳保持に重きを置き、平和な社会を推進することを「オリンピズムの根本原則」（表17）の中で推奨している。オリンピズムは、クーベルタンによって提唱された普遍的な社会哲学といえるであろう。

　クーベルタンが近代オリンピックのモデルとした古代オリンピックは、紀元前776年から紀元後393年までの1169年間、ギリシャのオリンピアで開催さ

---

*1 欧米を中心としてスポーツの中で競技に特化した分野をエリートスポーツおよびトップスポーツと呼んでいる。

*2 2014年9月時点でIOCに加盟している国・地域の数。（http://www.olympic.org/national-olympic-committees より）

表17　オリンピズムの根本原則

1	オリンピズムは人生哲学であり、肉体と意志と知性の資質を高めて融合させた、均衡のとれた総体としての人間を目指すものである。スポーツを文化や教育と融合させるオリンピズムが求めるものは、努力のうちに見出される喜び、よい手本となる教育的価値、普遍的・基本的・倫理的諸原則の尊重などに基づいた生き方の創造である。
2	オリンピズムの目標は、スポーツを人間の調和のとれた発達に役立てることにある。その目的は、人間の尊厳保持に重きを置く、平和な社会を推進することにある。
3	オリンピック・ムーブメントは、オリンピズムの諸価値に依って生きようとする全ての個人や団体による、IOCの最高権威のもとで行われる、計画され組織された普遍的かつ恒久的な活動である。それは五大陸にまたがるものである。またそれは世界中の競技者を一堂に集めて開催される偉大なスポーツの祭典、オリンピック競技大会で頂点に達する。そのシンボルは、互いに交わる五輪である。
4	スポーツを行うことは人権のひとつである。各個人はスポーツを行う機会を与えられなければならない。そのような機会は、友情、連帯そしてフェアプレーの精神に基づく相互理解が必須であるオリンピック精神に則り、そしていかなる種類の差別もなく、与えられるべきである。スポーツの組織、管理、運営は独立したスポーツ団体によって監督されなければならない。
5	スポーツが社会の枠組みの中で行われることを踏まえ、オリンピック・ムーブメントのスポーツ組織は、自律の権利と義務を有する。その自律には、スポーツの規則を設け、それを管理すること、また組織の構成と統治を決定し、いかなる外部の影響も受けることなく選挙を実施する権利、さらに良好な統治原則の適用を保証する責任が含まれる。
6	人権、宗教、政治、性別、その他の理由に基づく国や個人に対する差別はいかなる形であれオリンピック・ムーブメントに属することとは相容れない。
7	オリンピック・ムーブメントに属するためには、オリンピック憲章の遵守およびIOCの承認が必要である。

出所：IOC（2011）「OLYMPIC CHARTER 8 JULY 2011」

れた。特筆すべきは、この間一度も戦争による大会の中止がなかったことである。

　クーベルタンは、オリンピズムの根本原則にも示されているように、スポーツを通して、友情、連帯、フェアプレーの精神を培い、相互に理解し合うことにより世界中の人々が共に手をつなぎ、国際平和を目指す運動を普及していった。これが、オリンピック・ムーブメントである。オリンピズムの根本原則に基づくオリンピック・ムーブメントは、スポーツを通した国際貢献を行う上で欠かせない重要な思想であり、理念である。スポーツを通した国際平和への寄与は、オリンピックが目指す大きな目的の一つである。

　これらのことについては、オリンピックに関する憲法と呼ばれている「オリ

ンピック憲章」に明文化されている。オリンピック憲章は、IOCによって採択されたオリンピズムの根本原則、規則、付則を成文化したものである。憲章はオリンピック・ムーブメントの組織、活動、運用の基準であり、かつオリンピック競技大会の開催の条件を定めるものである。

IOCは、これまでに多くの国際貢献を独自に実施してきたが、2009年10月に国連と提携し、国連総会等の会議のオブザーバーとなる資格を得た[*3]。この結果、国連と連携し国際貢献をさらに推進していくことが可能となった。

[2] オリンピック・コングレスにおける国際交流と貢献の推進

IOCは、これまで13回に渡り、オリンピック・コングレスを不定期に開催してきた。オリンピック・コングレス[*4]とは、IOCが原則として8年に1度、国際競技連盟、各国オリンピック委員会、国連等関係機関、メディアなどを一堂に集め、今後のオリンピック・ムーブメントの方針について議論する全体会議である。

ここでは、2009年10月3〜5日にコペンハーゲンで開催された第13回オリンピック・コングレスについて紹介する。このコングレスでは、スポーツを通した国際貢献が重要なテーマの一つとなっていた。

今回のコングレスには、国連の潘基文(パンギムン)事務総長、東ティモールのジョゼ・ラモス・ホルタ大統領（ノーベル平和賞受賞者）がオリンピック憲章4に従って列席した。

また、IOC委員および名誉委員、国際競技連盟および国内オリンピック委員会（National Olympic Committee：NOC）の会長、事務総長およびその他代表、アスリート、コーチ、審判、技術代表、役員、2010年・2012年・2014年・2016年オリンピック大会組織委員会代表、今後のオリンピック開催の立候補申請都市代表、世界アンチ・ドーピング機構（World Anti-Doping Agency：WADA）代表、スポーツ仲裁裁判所代表、ならびに多数の政府系・非政府系組織代表、一般市民代表、マスコミ代表、オブザーバーなど、1,249

---

*3 現在、国連のオブザーバー資格を有する組織は、国連総会等の会議にオブザーバーとして参加できる等の特典がある。

*4 日本オリンピック委員会ホームページ（http://www.joc.or.jp/olympism/charter/chapter1/7_8.html）によれば、オリンピック・コングレスの招集は、IOCの決定に基づいてIOC会長が行う。開催地および開催日の決定は、IOCが行う。IOC会長は議長を務め、議事手続きを行う。オリンピック・コングレスは、IOCの諮問機関的性格をもつものである。

表18　2009オリンピック・コングレスのテーマとサブテーマ

テーマ1　アスリート
1-1　アスリート、クラブ、競技連盟、NOCの関係
1-2　トレーニングおよび試合中の健康保護
1-3　競技生活中および競技生活後のアスリートの社会生活、職業生活
テーマ2　オリンピック競技大会
2-1　どのようにしたらオリンピック競技大会を最上のイベントとして維持できるのか？
2-2　オリンピック・バリュー
2-3　普遍性と途上国
テーマ3　オリンピック・ムーブメントの構造
3-1　オリンピック・ムーブメントの自治
3-2　良き統治と倫理
3-3　オリンピック・ムーブメントとその利害関係者の関係
テーマ4　オリンピズムと若者
4-1　活動的な社会に向かって
4-2　エリートスポーツはいまだ魅力的か？
4-3　ユース・スポーツ・イベント
テーマ5　デジタル革命
5-1　スポーツ権の新たな管理
5-2　スポーツの観衆の規模をどのようにしたら増大させられるのか？
5-3　デジタル世代における利益関係者とのコミュニケーション

出所：IOC（2009）「121th IOC SESSION & XIII OLYMPIC CONGRESS」

人が参加した。

　コングレスは、5つのテーマに沿って議論された（表18）。これらの議論から、IOCの方向性を読み解くことができる。

　テーマ1では、すべてのアスリートはオリンピック・ムーブメントの中心であることが改めて示された。さらに、アスリートの競技面のみでなく生活面における保護の必要性についても言及され、引退後のキャリアプログラムへの参加に関する提言もなされた。

　テーマ2では、草の根からオリンピック競技大会のレベルまで、スポーツは幅広い層に様々なメリットや価値をもたらすことが示された。さらに、オリンピズムの根本原則が競技会の中心的支柱であることが確認され、オリンピック競技大会が、プログラム、競技、種別を含めた多くの変化を受け入れ、最上級

のイベントであり続けるための提言がなされた。

　テーマ3では、オリンピック・ムーブメントがスポーツの自治および良き統治という考え方を基礎としていることが示された。スポーツの自治とは、敬意、責任、信頼を根本とするスポーツを行う者、自らの行動によって守られるべきものである。スポーツにおける良き統治（Good Governance）とは、スポーツの組織、運営、管理が透明性と統一性をもって統合された状態をいう。さらに、オリンピック・ムーブメントがその主要な課題や懸案事項（ドーピング問題、違法賭博、八百長等）と国連ミレニアム開発目標へのコミット等について、スポーツのグローバルで普遍的、調和的なアプローチで臨めるよう、各国政府、国連、WADA、国際競技連盟、NOC等との連携を推進する機会の創出等に関して提言がなされた。

　テーマ4では、近年の深刻な社会問題として多くの国や地域における身体活動の減少と肥満の増加、若者のスポーツ離れを挙げている。そこで、若者のニーズを明らかにした上で、オリンピズムを通した健全な若者の育成と、そのための基盤整備について各国への提言が行われた。

　最後にテーマ5では、時代の変革に伴いデジタル革命がもたらす大きな変化に即して、今後の戦略の立案とアプローチを考えていくことの重要性が示された。具体的には、若者を対象にオリンピック・ムーブメントを推進していくことを前提として、彼らが日常から活用している最新のデジタル機器やソーシャルネットワークシステムを視野に入れること等の提言がなされた。

　このように第13回オリンピック・コングレスにおいてIOCは、時代の変革に対応する意味から、その根本にあるオリンピック競技大会、オリンピック・ムーブメントを見直し、次世代の育成やデジタル革命の活用といった新しい取り組みに重点を置いていることが理解できる。

[3] ユースオリンピックゲームズを通じた国際交流と貢献

①夏季ユースオリンピックゲームズ

　ここでは、オリンピック・コングレスのテーマ4でも取り上げられた「オリンピズムと若者」に関する具体的な試みとしてのユースオリンピックゲームズ（Youth Olympic Games：YOG）の詳細を示す。

　現在、欧米諸国を中心に、バーチャルゲームやテレビによる弊害であるスク

リーン病[*5]と肥満の関係が社会的な問題として取り沙汰されている。IOCのジャック・ロゲ前会長は、このことが子どもたちのスポーツ離れにつながり、将来オリンピックの価値を脅かすのではないかと懸念していた。

　そこでロゲ前会長は、新しい戦略として14歳から18歳のジュニア層に焦点を当てた第1回YOGの開催を打ち出した。YOGについて前会長は、「エリート選手の競争の場というより、スポーツを通じた教育に重点を置きたい。友情や健全な肉体、社会との関わりなどのオリンピックの価値を学んで欲しい」と、オリンピックがもつ若者への教育的価値についての思いを語った。

　すなわち、「Excellence（卓越）」「Friendship（友情）」「Respect（尊敬）」で表されているオリンピズムの価値について学ぶ場を若者に提供しよう、というのである。

　YOGの招致には2007年8月に9都市が立候補し、その後、モスクワとシンガポールの2都市に絞り込まれた。最終的に翌年2月2月のIOC委員の郵送投票の結果、シンガポールに決定した。

　ジャック・ロゲ前会長は、YOGを文化・教育とスポーツが融合した新しい大会にしたいとの意向をもっていたため、国を揚げて教育に力を入れているシンガポールが第1回開催国に選ばれたことは決して偶然ではないだろう。

　一方、これまでの日本の実情を顧みると、オリンピックの価値を伝えるオリンピック・ムーブメントについても、一過性のイベントと捉えられている感は否めない。一つの理由としては、日本においてエリートスポーツの基盤となっているのが学校体育であることが挙げられる。これまで小学校、中学校、高校の体育授業の中にオリンピック教育[*6]が位置づけられてきたわけではなく、競技大会でオリンピックについて学ぶ機会があるわけでもなかった。総じて、ジュニアアスリートは、オリンピックについて学ぶ機会がなく、その価値について考える場もなかったのが実情であった。しかし、学習指導要領の改訂に伴い、中学校では2012年4月より、高校では2013年4月より、それぞれ体育科の中にオリンピック教育が導入されるようになった。

　このような背景の中で、日本オリンピック委員会(Japanese Olympic Committee：JOC)と日本スポーツ振興センターが協力・連携して推進している「タ

---

*5　現代の多くの子どもにみられる現象。多くの子どもが携帯電話、携帯ゲーム、テレビゲーム、テレビ、パーソナルコンピューター、タブレットPC等スクリーンを見て遊んだり、会話をしたりしている。その結果、傾向として運動量が少なくなり、肥満の子どもが増える原因の一つとされている。

*6　オリンピズムの根本原則とオリンピックの歴史等について学びオリンピックへの理解を深める学習。

写真9　YOG選手村に設置された教育ブース

レント発掘育成事業[*7]」では、いち早くプログラムの中にオリンピック教育を取り入れてきた。このタレント発掘・育成事業をどう展開していくのかも日本の今後のエリートスポーツを考える上で重要である。

さて、YOGの第1回夏季競技大会は、2010年8月14日〜26日にシンガポールにおいて開催された。対象となった競技者は、14歳から18歳の若者であり、205か国・地域から26競技201種目3,528名が参加した。日本からは、71名（男子25名、女子46名）が16競技に参加した。

一般的にオリンピックに出場するアスリートとコーチは、出場する競技・種

---

*7　2004年に福岡県で将来のオリンピックやワールドカップ等の世界レベルで活躍するアスリートの育成を目的として開始された事業。当初は小学校3・4年生を対象として運動能力の優れた子どもを発掘して育成する内容で始められた。現在では全国に広がり約25の都道府県や市町村で実施されているが、JOCと国立スポーツ科学センターが支援しているのは11の地域である。

目が開催される期間のみ現地に滞在する。しかし、YOGでは、参加するアスリートとコーチは、全日程期間、選手村に滞在することを義務づけられた。さらに、多くの「文化教育プログラム」への参加も促されていた。

　文化教育プログラムは、YOGの趣旨が端的に表れており、このプログラムが成功するかどうかが今大会の成否を決めるといわれていた。そのため、シンガポールYOG組織委員会とシンガポール教育省は互いに連携し、ユーススポーツカンファレンス等においてプログラムの分析を繰り返し実施してきた。最終的には、「オリンピズム」「能力の発達」「健康で幸福なライフスタイル」「社会的責任」「豊かな表現」という5つの教育的テーマを支柱として、7つのフォーマットで構成され、全体で50以上の活動プログラムが準備されていた。

　とりわけ注目すべきは、"Chat with Champion"であった。オリンピック金メダリストや世界チャンピオンが自らの競技と人生についてジュニアアスリートに直接語りかけ、質問を受け、共にオリンピックについて考えていく。多くの参加者は、チャンピオンの経験に基づく話に耳を傾け、質問をする中でアスリートとしての将来に向けた準備をしていく。

　選手村の中には、世界の国々を紹介するブースやアンチ・ドーピング、エイズ、貧困に関する国際連合エイズ合同計画、国際連合環境計画、ユニセフらのブースも設置され、参加したジュニアアスリートへの教育活動が展開されていた（写真9）。

　2014年8月16〜28日に中国・南京において第2回YOGが開催され、第1回大会同様に成功を収めた。

②冬季ユースオリンピックゲームズ

　YOGの第1回冬季競技大会は、2012年1月13日〜22日にオーストリアのインスブルックにおいて開催された。対象となった競技者は、夏季大会と同じく14歳から18歳の若者であった。70か国・地域から7競技63種目に1,023名の競技者が参加、日本からは、32名（男子17名、女子15名）が5競技に参加した。

　インスブルックで開催されたYOGでは、6つの文化教育プログラムが用意されていた。なかでも夏季大会で注目を集めた"Chat with Champion"を進化させた"Meet the Role Model"には、33人のシニアアスリートがロールモデルとして参加した。シニアアスリートの経験もオリンピックのレガシー（遺産）であり、そのレガシーを若い世代に伝えていくことの価値は大きい。

　第2回冬季大会は2016年にノルウェーのリレハンメルで開催される。

[4] 近年の国連とIOCの動向

　国連は、2000年9月に開催されたミレニアム・サミットにおいてミレニアム宣言を採択した。国連ミレニアム宣言と1990年代に開催された主要な国際会議やサミットで採択された国際開発目標を統合し、一つの共通の枠組みとしてまとめられたものがミレニアム開発目標（Millennium Development Goals：MDGs）である。MDGsは、2015年を達成期限としているため、様々なセクターの多くの協力を必要としている。その一つとしてスポーツの力に着目した国連が、2000年代に入って急速にIOCへの接近を進めた可能性が考えられる。

　2001年、時を同じくしてヨーロッパオリンピック委員会委員長であったジャック・ロゲ氏が、IOC第113次総会で会長に選出された。この時から彼は、YOGの構想をもっていたのかもしれない。なぜなら若者のオリンピックへの参加についてかねてより危機感をもっており、ヨーロッパオリンピック委員会の会長時代[*8]に「ヨーロッパユースオリンピックフェスティバル」を創設していたからである。

　YOGの開催など新しい施策を進める中、2009年10月に開催されたIOC第121次総会では、IOCオリンピック・コングレスの提言（社会におけるオリンピック・ムーブメント）がなされた。

　IOCは国連のオブザーバー資格を得、これにより国連のMDGsへのスポー

表19　国連のミレニアム開発目標（2015年までに達成すべき8つの目標）

1．極度の貧困と飢餓の撲滅
2．初等教育の完全普及の達成
3．ジェンダー平等推進と女性の地位向上
4．乳幼児死亡率の削減
5．妊産婦の健康の改善
6．HIV/エイズ、マラリア、その他の疾病の蔓延の防止
7．環境の持続可能性確保
8．開発のためのグローバルなパートナーシップの推進

※太字はスポーツが関与できる部分とIOCが判断している。
　　　出所：外務省、ODA政府開発援助ホームページ（2012）より作成

＊8　ジャック・ロゲ氏は1989年にヨーロッパオリンピック委員会（EOC）会長に就任。1991年にIOC委員となり、2001年までEOC会長。

ツを通した協力を公に進めるための体制が整っていった。さらに、2010年5月には、国連-IOC第1回合同フォーラムをスイス・ローザンヌで開催し、スポーツを通じた開発に向けて協力関係を強化していくことを確認した。また、このフォーラムにおいて、国連の8つのミレニアム開発目標の内、5つについてスポーツが協力できる可能性が示唆された（表19）。

　IOCの側からみればこれら一連の提携によって、国連とのつながりを強固なものにしていく戦略に成功したといえるであろう。

　2010年12月にIOCは、「第7回スポーツ・教育・文化世界会議」をユネスコとのパートナーシップの下、南アフリカのダーバンで開催した。各国オリンピック委員会、国際競技連盟、オリンピック組織委員会、教育・文化機関、国連関係機関、政府系・非政府系組織などから600名以上がこの会議に参加した。

　この会議を受けて、「ダーバン宣言」が採択された。宣言は、すべてのスポーツを通した社会への貢献を謳い、スポーツの世界だけで完結するものではない

基本方針原則					
オリンピズム	オリンピズムは人生哲学であり、スポーツを人類発展に役立てることにある。				
構想・展望	スポーツを通じ、より良い世界の構築に寄与する				
使命	・オリンピック競技大会の定期的な開催を確実なものとする ・スポーツを通して青少年を育成する ・社会にオリンピズムを推進する				
諸価値	努力を促す ⇩ 優れたものになる （結果を出す） ために努力する	人間（として）の尊厳を保つ ⇩ 尊敬の念を示す（行為で）	調和を生み出す ⇩ 友情をたたえる・喜ぶ		
基本方針原則	普遍性	連帯	連携	自律性	社会的責任

出所：IOC (2011) IOC Interim Report 2009-2010, p. 39 をもとに筆者作成

図18　スポーツと国際協力の関係性を示すIOCの概念図

ことを再確認する内容となっている。

　2011年4月、IOCと国連環境計画のタイアップによって「第9回IOCスポーツと環境に関する国際会議」が開かれた。テーマは『より環境にやさしい未来のためにできること』であり、カタールのドーハで開催された。さらに、同年5月、IOCと国連の提携による「第2回スポーツと平和、開発に関する国際会議」が『ミレニアム目標達成にスポーツが果たす役割』をテーマにスイスのジュネーブで開催された。

　これらの一連の共同事業を受けて、2011年の『Interim Report』でIOCは、スポーツと国際協力の関係性を示す概念図を提示し、IOCにおけるスポーツを通した国際貢献の位置づけを明確にした（図18）。

[5] 日本におけるオリンピックを通じた国際交流と貢献の動向

①国際交流と貢献の推進に必要なスポーツ基本法

　50年ぶりにスポーツ振興法を全面改正する形で施行された「スポーツ基本法」の基本理念には、「スポーツは、スポーツに係る国際的な交流及び貢献を推進することにより、国際相互理解の増進及び国際平和に寄与するものとなるよう推進されなければならない」と記載された。このことは、わが国がスポーツを通した国際交流と貢献を推進するための基盤を整備したことを意味する。折しも、2020年夏季オリンピック・パラリンピックが東京に決定した今、オリンピックがもつ本来の価値を考え、スポーツを通した国際交流と貢献に取り組む絶好の時期を迎えている。

②国際交流と貢献に必要なスポーツのコア・バリュー

(i) JOC Team Japanポリシー・ステートメント

　現在、JOCを始めとしたエリートスポーツの関係組織では、スポーツがもつ本来の価値（コア・バリュー）を見直し、再考していこうという動きが大きくなってきている。JOCでは、オリンピック憲章に定めるオリンピズムの根本原則を鑑みた上で、オリンピック・ムーブメントの価値および理念に基づき、『JOC Team Japanポリシー・ステートメント』を作成した（写真10）。

　JOCはポリシー・ステートメントにおける理念の中に、「JOC Team Japanは、高い競技力を通じて、スポーツの意義を実践するとともに、国際社会の中で平和とフェアプレーの礎を築き、国民一人一人の心に結びつきをもたらす」と明確に記載した。さらに、目標として「国際社会への貢献：JOC Team

Japanは、スポーツを通じた国際貢献や善隣友好に積極的に関与する」と示している。また、『JOC Team Japanポリシー・ステートメント』の冊子は、2012年に開催された第1回YOG冬季競技大会、第30回ロンドンオリンピック競技大会に派遣された日本代表選手団全てに配付された。

これらのことから、エリートスポーツが単に勝利を目指すだけでなく、スポーツを通して国際交流と貢献に関与し国際社会におけるわが国の存在価値を高めようとしていることが理解できる。

さらに、一連のJOC Team Japanポリシー・ステートメント作成の過程において、

写真10　JOC Team Japan
　　　　ポリシー・ステートメント

これまで多くを語られてこなかったオリンピズム、オリンピックの価値、そしてスポーツの価値等について、ここにきてスポーツ関係者が真摯に向き合い出したことは大きな意義がある。スポーツ関係者は、2020年東京オリンピック・パラリンピック開催を機会として、よりこの動きを推進していく必要がある。

(ii) **アンチ・ドーピング活動**

スポーツを通した国際交流と貢献を推進していくためには、スポーツがもつ本来の価値（コア・バリュー）を守り、継承していく必要がある。その一つがアンチ・ドーピング活動である。

エリートスポーツは、公平、公正に競い合うことで多くの人々に感動を与えることはいうまでもない。しかし、公平なルールの下で最高の技術を競うオリンピックという舞台でさえ年々エスカレートするドーピング行為は、大きな問題としてスポーツ界に影を落としている。IOCは、この問題を深刻に受け止めてアンチ・ドーピング活動に力を注いできたが、規則の網をかいくぐる新種のドーピング行為を完全に取り締まるまでには至っていなかった。そこで、競技者、スポーツ団体、各国政府が中心となって国際的なアンチ・ドーピング活動を行うことを目的に1999年11月にWADAが設立された。

2004年に開催されたアテネオリンピックでは、初めてWADAが作成した世界アンチ・ドーピング規定と国際基準が用いられた。IOCは競技会検査や選手村内外での競技外検査を約3,000件実施するという史上最大の検査体制で臨み、選手村開村期間中に24人ものドーピング違反者を見つけ出した。

わが国においてもアンチ・ドーピング活動を統括し、検査の公正・中立性を保障する国内調整機関として、財団法人日本アンチ・ドーピング機構[*9]が2001年9月に設立された。WADAと日本アンチ・ドーピング機構は、スポーツの価値を象徴する理念として「PLAY TRUE」を掲げ、スポーツがもつ本来の価値を守るためにアンチ・ドーピング活動を展開している。

[6] まとめ

これまで述べてきた通り、IOCはオリンピックというメジャーイベントを通してオリンピック・ムーブメントを推進している。オリンピック・ムーブメントの解釈は様々あるが「スポーツを通した国際平和活動」といえるであろう。

わが国は2020年東京オリンピック・パラリンピック招致にあたり、国を挙げてのオリンピック・ムーブメントの推進を国際的に約束した。このことの意義は大きく、深く認識していかなければならない。

1世紀前、わが国初のIOC委員になった嘉納治五郎は、オリンピック・ムーブメントを国内外で推進していった。柔道の創始者であり教育者であった嘉納の教えは数多くあるが、最も代表的なものが「精力善用」「自他共栄」である。

本来、国際貢献とは、富める国が貧困国に人材および物資等を提供することではなく、国際社会の発展のために同等な立場で貢献活動に資することである。まさに嘉納が教えている、自分も他人も共に栄えるよう人間と社会の発展に貢献する自他共栄の精神が不可欠なのである。その自他共栄に向かって、自身がもつ心身の力を最も有効に活用していくことが、精力善用である。

嘉納の崇高な理念と行動力に共鳴した近代オリンピック創設者のクーベルタンが、嘉納にアジア初のIOC委員を要請したのは自然な流れであったのであろう。

イギリスは、2012年ロンドンオリンピック・パラリンピック実施にあたり多くのレガシーを提示した。その中で最も大きなものの一つが、スポーツを通した国際貢献 "International Inspiration Program" である。International Inspiration Programとは、開発途上国の学校やコミュニティーにスポーツを普及させ、スポーツ、遊びを通じて子どもと若者の才能を啓発し、持続的でより豊かな人生を送れるようになることを支援するものである。

ロンドンオリンピック・パラリンピック開催前にイギリスでは、政府予算の

---

*9 2011年4月から公益財団法人として登録。

大幅な見直しが行われた。その中で唯一、政府開発援助だけが予算削減を免れた。International Inspiration Programは、その予算によって円滑に実施されている。この点も見落としてはならない。

2020年東京オリンピック・パラリンピック招致活動最終プレゼンテーションにおいて、安倍首相がIOCに提示したスポーツを通した国際交流と貢献が「スポーツ・フォー・トゥモロー」である。スポーツ・フォー・トゥモローとは、これまでのスポーツ交流に関する知見と実績を踏まえ、IOCや世界の国々との交流・協力関係を築きながら、スポーツの価値をさらに高めようとする国際的な取り組みに貢献する新しい事業である。この事業を具現化し、スポーツを通して国際交流と貢献活動を推進していくことを世界に示す必要がある。

今後、約6年間、わが国において、様々な問題による国内外からの影響があるかもしれない。しかし、国際的な約束であるオリンピック・ムーブメントの推進を止めてはならない。

(久木留毅)

[参考文献]
AROUND THE RINGS (2010) First UN-IOC Forum in Lausanne [online].
　http://aroundtherings.com/articles/view.aspx？id=34808.
IOC (2008) Factsheet Youth Olympic Games [online].
　http://www.olympic.org/Documents/Reference_documents_Factsheets/The_Youth_Olympic_Games.pdf.
IOC (2009) 121th IOC SESSION & XIII OLYMPIC CONGRESS [online].
　http://www.olympic.org/content/The-IOC/CONGRESS/XIII-OLYMPIC-CONGRESS/
IOC (2010) REPORT OF THE IOC PANEL OF EXPERTS 1st Summer Youth Olympic Games in 2010.
IOC (2012) Olympic Charter [online].
　http://www.olympic.org/Documents/olympic_charter_en.pdf, 02.04.
The European Olympic Committees, The European Youth Olympic Festival [online].
　http://www.eurolympic.org/en/sport-events.html
遠藤利明 (2007)、スポーツ振興に関する懇談会「スポーツ立国」ニッポン～国家戦略としてのトップスポーツ～.
外務省 (2000)、ミレニアム開発目標 [online].
　http://www.mofa.go.jp/mofaj/gaiko/oda/doukou/mdgs.html.
自由民主党HP、スポーツ立国調査会／中間報告発表 (2009) [online].
　http://origin.jimin.jp/jimin/daily/08_06/10/200610e.shtml.
久木留毅ら (2011)「スポーツ情報戦略に関する一考察Ⅵ―情報戦略からスポーツ政策過程へ―」『専修大学社会体育研究所紀要』第35号、pp. 11-18.
文部科学省 (2009)、「スポーツ基本法に関する論点整理」(スポーツ議員連盟〈超党派〉新

スポーツ振興法制定プロジェクトチーム　平成21年5月）[online].
　http://www.mext.go.jp/a_menu/sports/kihonhou/attach/1308902.htm
文部科学省（2011）、主な検討経緯 [online].
　http://www.mext.go.jp/a_menu/sports/kihonhou/attach/1308899.htm
文部科学省（2013）、戦略的スポーツ国際貢献事業 [online].
　http://www.mext.go.jp/component/b_menu/other/__icsFiles/afieldfile/2013/08/30/1339149_01.pdf
西日本新聞朝刊（2012.01.24）.
日本経済新聞（2007.8.22）「スポーツ省設立を提言、文科副大臣ら私的諮問機関」.
日本アンチ・ドーピング機構（2013）[online].
　http://www.playtruejapan.org/guidebook/story/
日本オリンピック委員会（2010）、第1回ユースオリンピック競技大会（2010／シンガポール）関係資料集／事前調査報告書.
日本オリンピック委員会（2013）[online].
　http://www.joc.or.jp/olympism/charter/chapter1/7_8.html
日本オリンピック委員会（2011）、JOC Team Japan ポリシー・ステートメント.
結城和香子（2004）『オリンピック物語』中公新書.

column 10　ス포ーツと平和

「平和」についてユネスコは、「家庭、学校、コミュニティー、国家にいたるすべてのレベルにおいて、日々の習慣や普遍的な価値観に基づいて絶えず変化する参加的で長期的なプロセス」と定義しており、すなわち概念としての「平和」は、自然発生的に生まれるものではなく、あらゆる時代や環境、社会に属する人々が、変化に応じて作り上げる文化であり価値観であると説明することができる。

スポーツの持つ非営利性や平等性といった特徴は、人々が触れ合い、助け合い、競い合うという意味でまさに「平和」と共通する観念を持っている。私は、スポーツの範疇に「武道」も含めることが可能であるのなら、「武道」の真理にこそ「平和」への願いが込められているのではないかと思う。戦いの中から生まれた術である「武術」が「道」と結びついて「武道」となったが、生死をかけた戦いの中で生まれた術は、その戦いを二度と行わない、行わせないためのものであり、平静な世、すなわち「平和」への願いが込められているのでは、という解釈である。

合気道は「和の精神」を活かすものであり、杖道では相手を傷つけずに戒めることが真髄で、居合道ではいかに刀を抜かせない、抜かない状況をつくるかということ、「勝負は鞘のうち」が目指され、空手では「先手なし」として、攻撃のためでなく防御のための技を磨くことが重視される。武道は、人と人の間の間合いを量るという意味において、「平和」を目的とした文化的な身体活動であるといえるのかもしれない。

"BUDO FOR PEACE"という、イスラエルを拠点とした、武道による「平和」教育を行うことを目的にして2003年に設立されたNPO団体がある。武道を学ぶことで相互の信頼を深め、「尊敬」「協調」「自制心」「自己修養」等を学び、青少年が忍耐や非暴力的行動を身につけることを目的としている。

青少年を対象に、空手や合気道、カンフー、少林寺拳法、テコンドーといった様々な武道の理念も含めて指導している。高学年になると、指導補助としてのトレーニングを受けて低学年者をまとめ、良き「先輩」となることを目指す。また、地域の清掃や、入院している青少年の訪問といった奉仕活動を通じ、自己の責任感や先導感覚を磨いている。

　このクラブの創設者であるDanny Hakim氏によると、武道とは「対立を解決する道」であり、また「精神」「身体」「心」の関係性を重視する身体活動であるとして、武道によって"気"を高め、その力によって世界における自己と他者との和（調和）を生み出すことを目指している。クラブの青少年たちには、①自分自身と他者に敬意を持ち、②精神の平静さを保ち、③自分自身に対する自信を強め、④自分自身と他者の内面に静穏さを見出すことによって、彼らにとって最も深刻な問題である「イスラエル対パレスチナ問題」に直面する地域の人々が、武道の教えによって解決への糸口を探ることを期待している。

　人間の身体運動による「平和」へのアプローチとは、行われるスポーツが身近な仲間内から民族や宗教、文化や生活環境といった属性が異なる者へと広がることによって、その「平和の輪」を広げていくことであると考える。身体的な活動から得られる感覚、感動、そして言葉が通じなくても理解しあえるのが「スポーツ」である。

　私自身も青年海外協力隊の体育隊員としての活動体験から、草の根レベルの交流が人間味のある国際理解につながる源になることを痛感している。スポーツの利点を生かしての「平和」構築は、今後ますます発展させていくべきものではないだろうか。

（栗山　緑）

第4章

スポーツを通じた国際協力の将来展望

■1——「スポーツと国際協力」の新しい時代へ
■2——スポーツを通じた国際協力を進める際の留意点
■3——スポーツを通じた国際協力に携わるには

■1

「スポーツと国際協力」の新しい時代へ

概要● 2020年の東京オリンピック招致の成功の理由のひとつに、日本政府が実行を宣言したスポーツ・フォー・トゥモロー政策があったと言われている。また、スポーツ界の悲願であったスポーツ庁が創設される見通しである。これら近年注目されているスポーツ政策およびスポーツ行政について、「スポーツと国際協力」の視点から課題を整理し、今後を展望する。

[1] 東京オリンピック招致とスポーツ・フォー・トゥモロー

　2020年東京。2013年9月に7年後の夏季オリンピック大会の東京での開催が決定した。招致の最終プレゼンテーションに登場した安倍晋三首相は、「我々が実施しようとしている『スポーツ・フォー・トゥモロー』という新しいプランのもと、日本の若者は、もっとたくさん、世界へ出て行くからです。学校をつくる手助けをするでしょう。スポーツの道具を、提供するでしょう。体育のカリキュラムを、生み出すお手伝いをすることでしょう。やがて、オリンピックの聖火が2020年に東京へやってくるころまでには、彼らはスポーツの悦びを、100を超す国々で、1000万人以上の人々へ、直接届けているはずなのです」（首相官邸訳、一部筆者修正、2013年）と述べた。

　日本国内の報道では、東日本大震災後の福島第一原発への対応に関する部分がクローズアップされ、そのイメージのせいか招致活動で最もアピールされたのは、復興、環境であるという印象を持った人が多かったであろう。「環境」は、前回の2016年招致の際に「半径8km以内の世界一コンパクトな大会」をアピールしており、2020年招致においても、この部分は基本線として維持されていた。加えて東日本大震災後の日本が開催することで、「復興」をアピールする招致であったとの論調が大半であった。

　しかし、いくつかの報道で指摘されていたように「東京」で開く大会と「東北」の抱える課題とは、心理的にも物理的にも距離がある。距離があるどころ

か、「こんな時にオリンピック？」との批判は免れず、この矛盾は招致の過程においても認識されていた。

　そんな中で出てきたのが、「スポーツ・フォー・トゥモロー」であった。招致成功後のあるコラムの中で、「日本の招致委がIOCにアピールしたのは、『スポーツ・フォー・トゥモロー』という概念です。正確に言うと、日本政府が国の政策として、この『スポーツ・フォー・トゥモロー』を実行すると宣言したことで、日本の方針をIOCが高く評価し、それが招致決定の決め手になった[*1]」（冷泉、2014年）と述べられている。もう少し詳しく説明すると、「震災の際に助けてもらった日本がスポーツで恩返しをする、それはオリンピック大会中のみでなく、大会前から世界各国で行われる」という物語が伝えられ、日本は、震災後間もない状況にあっても世界の国々に貢献できる、当然ながら震災を含めた国内の課題には十分に対応できているというイメージを与えようとしたものであった。

　実際の招致の成功にスポーツ・フォー・トゥモローが決め手となったか否かは誰にも分からない。一部では、北京、リオデジャネイロでの開催（とその準備）を経験したIOCがストレスを感じなくて済む国を選んだ、FIFAワールドカップのブラジル開催にまつわる様々な問題が表出していた時期と招致の最終プレゼンテーションの時期が重なったことなどが招致成功の要因とも言われている。

　スポーツ・フォー・トゥモローは、①スポーツ・アカデミー形成支援事業、②戦略的二国間スポーツ国際貢献事業、③国際アンチ・ドーピング強化支援事業からなる計画であり、スポーツの価値をさらに高めようとする国際的な取り組みに貢献することを目的に行われる。

　2014年に文部科学省は、図1の中ほどにある②戦略的二国間スポーツ国際貢献事業の委託先を公募し、日本スポーツ振興センター（Japan Sport Council：JSC）が3億4,400万円の事業を受託した。この部分が本書で取り上げる「スポーツと国際協力」に最も関わるところであり、2015年度予算案でも11億円強が要求されている。今後、JSCを中心に、後に詳述するスポーツ庁、スポーツ・フォー・トゥモローコンソーシアムなどによって、少なくとも6年間は二国間スポーツ国際貢献事業が行われる予定である。しかし、オリンピックに関わる事業が、日本オリンピック委員会（Japanese Olympic Committee：JOC）に

[*1] 冷泉彰彦『2020 東京五輪の「テーマ」はどうして知られていないのか』News Week, Voice コラム＆ブログ、プリンストン発　日本／アメリカ 新時代　http://www.newsweekjapan.jp/reizei/2014/08/2020-3.php ［2014.10.03］

戦略的スポーツ国際貢献事業

これまでのスポーツ交流に関する知見と実績を踏まえ、2020年オリンピック・パラリンピック東京大会の開催国として、IOCや世界の国々との交流・協力関係を築きながら、スポーツの価値をさらに高めようとする国際的取組に貢献するため、「スポーツ・フォー・トゥモロー」プログラムに取り組む。

①スポーツ・アカデミー形成支援事業

IOC、JOC、NOC、体育・スポーツ系大学等が連携して、オリンピズムの普及とスポーツ医科学研究の推進を図るため、IOC関係者等を外国人教員・研究員として招聘、各国のスポーツ指導者の受入れ・養成を行う中核拠点を構築する。

②戦略的 二国間スポーツ国際貢献事業

青年海外協力隊等と連携し、学校体育カリキュラム等の策定支援など、途上国のスポーツ環境の整備に協力する。
官民連携協力によるスポーツの国際協力コンソーシアムを構築し、各国の協力要請に迅速かつ的確に対応する。

③国際アンチ・ドーピング強化支援事業

- 世界の製薬企業等との連携を強化したネットワーク形成のためのスタッフをWADAに配置し、薬物ガイドラインの策定に協力・貢献するとともに、薬剤データベースの構築、国際シンポジウム・セミナー等の共同開催を進める。
- アジアのドーピング防止活動の発展を促進するため、「アジアドーピング防止基金」に対し資金を拠出する。

出所：文部科学省「平成26年度予算（案）主要事項」
図1　戦略的スポーツ国際貢献事業[*2]

よって行われないことに対する違和感を指摘する声が上がっており、「華麗なる予定調和」[*3]とも表現されている。

　筆者らは、日本がスポーツによる国際貢献の実施を決めたことを喜ぶ一方で、スポーツ界の国際協力への進出が、予定調和と表現されるような既存のスポーツ権益を拡大する性質のものになることを危惧している。スポーツ・フォー・トゥモローが単なる招致の際のアピールに留まらず実効的であるためには、ス

[*2] 文部科学省ホームページ　http://www.mext.go.jp/component/b_menu/other/__icsFiles/afieldfile/2014/01/10/1343221_1.pdf ［2014.09.30］

[*3] 河島徳基「文部科学省『スポーツ・フォー・トゥモロー』の華麗なる予定調和と嘉納治五郎先生の遺志」スポーツについて考えるホームページ

ポーツ界のみでなく、国際協力の現場の声を聴くことができ、様々な事業実施の経験を持つNGOやJICA、国際機関などの国際協力に関わる分野の関係者の参画が不可欠であることは言うまでもない。

[2] スポーツ庁の設置へ

　文部科学省の外局として「スポーツ庁」が設置される予定である。スポーツ庁の新設は、議論されながら消えかかり、を繰り返して実現される関係者の悲願である。遡って2000年代後半から、日本が「スポーツ立国」となるために国が戦略的にスポーツに関わる必要性が議論され始めた。その後、2010年に「スポーツ立国戦略」が発表され、2011年には「スポーツ基本法」が成立した。スポーツ基本法の附則第2条においてスポーツ庁の設置を検討することが明示されており、「スポーツを国家の重要な政治的課題と捉え、国家論の一つのバリエーションである『スポーツ立国論』を具現化したものである」(友添、2012年、p.11) と説明される。基本法を元に、2012年に制定された「スポーツ基本計画」でも、スポーツ庁について、「行政組織の在り方を検討し、必要な措置を講じる」(文部科学省、2012年、p. 7) と示された。

　これらを受けて、2013年に「スポーツ庁のあり方を検討する超党派議員プロジェクトチーム」(議員PT) が組織された。2014年5月には、議員PTの諮問のための有識者会議が報告書を出し、6月に議員PTが「スポーツ議員連盟今後のスポーツ政策のあり方検討とスポーツ庁創設に向けたプロジェクトチーム議論のまとめ」を発表した。

　この間、複数の省庁にまたがるスポーツ行政を一元化するために、スポーツ庁の設置形態に関する議論も活発化した。「省庁横断型」「文部科学省外局型」「他組織融合型」「地域主権型」(笹川スポーツ財団、2013年、pp. 1-4) などが検討されていたが、中でも消費者庁と同様に内閣府に置かれる案 (省庁横断型) と文部科学省の外局とする案が有力視されていた。結果として、現在の文部科学省スポーツ・青少年局を再編し、文部科学省の外局とする案に落ち着いたが、このスポーツ庁設置に向けた議論自体が日本のスポーツの追うべき姿を議論する一つの機会になった。[4]

　現在のスポーツ行政は、文部科学省の他に「障がい者スポーツ (厚生労働省)、

---

*4 文部科学省「平成25年度スポーツ庁のあり方に関する調査研究事業」の報告書の中では、①内閣府集約型、②内閣府連携型、③文部科学省集約型、④文部科学省連携型の4パターンについて議論されている。

第4章-1 「スポーツと国際協力」の新しい時代へ　223

高齢者スポーツ（厚生労働省）、スポーツ産業（経済産業省）、スポーツ施設整備（国土交通省）、スポーツ観光（観光庁、文部科学省）、スポーツを通じた国際協力（外務省）」（スポーツ議員連盟、2014年、p. 5）などによって行われており、これらを新設スポーツ庁で一元化することが検討されている。

　文部科学省は、2012年、2013年、2014年に「スポーツ庁の在り方に関する調査研究事業」を行い、諸外国のスポーツ政策、特に他省庁と関わりのある政策に関する情報収集を委託した。2014年度の研究事業では、

①スポーツを通じた健康増進
②障害者スポーツの振興
③スポーツ産業の振興や、スポーツ産業との連携を通じた競技力強化
④地域スポーツ施設の整備
⑤スポーツを通じた地域活性化
⑥スポーツを通じた国際交流・貢献の推進

などが調査項目として挙げられており、競技スポーツ振興や学校体育、部活動などに加えて、これらのスポーツ関係分野も取り入れた形でスポーツ庁が発足する予定である。この中の「国際交流・貢献」のカテゴリーで、スポーツと国際協力に関わる事業も行われる予定であり、「スポーツ・フォー・トゥモロー」との兼ね合いは不透明であるものの、オリンピック後においてもスポーツ行政の枠組み内で国際協力が行われていくであろうことが決まりつつある。

（岡田千あき）

[参考文献]
笹川スポーツ財団（2013）「スポーツ庁の設置形態に関する研究」．
文部科学省（2012）「スポーツ基本計画」．
今後のスポーツ政策のあり方検討とスポーツ庁創設に向けたPT有識者会議（2014）「今後のスポーツ政策のあり方検討とスポーツ庁創設に向けたプロジェクトチーム有識者会議報告書」．
スポーツ議員連盟（2014）「今後のスポーツ政策のあり方検討とスポーツ庁創設に向けたプロジェクトチーム議論のまとめ」．
遠藤利明（2014）『スポーツのチカラ』論創社．
友添秀則（2012）「『スポーツ立国論』をめぐって」、友添秀則・清水諭（編）『現代スポーツ評論』創文企画．
関春南（2012）「『スポーツ立国戦略』から『スポーツ基本法』へ―展望と課題―」、友添秀則・清水諭（編）『現代スポーツ評論』創文企画．

■2

スポーツを通じた国際協力を進める際の留意点

概要●国際協力の分野でスポーツの力を活用する際に必要な視点を「スポーツのグローバル化」と「スポーツの特性」の2つの観点から整理する。大事なことは、二者択一の視点に立つのではなく、多様性を認め、複眼的思考をもつことである。

[1] グローバル化の流れの中で

　スポーツを通じた国際協力の研究や活動を進める際にはいくつかの点に留意しなければならない。これらの一部は、他の国際協力分野と共通しており、一部はスポーツに関わる独自の点である。いずれにせよ「スポーツを通じた国際協力」が、2000年以降に発展している新しい分野であり、現場主導で進められてきたからこそ、ここで一度、立ち止まって、国際協力にスポーツの力を活用する際の負の側面に焦点を当てて整理してみたい。

　第一に、スポーツのグローバル化への対応である。一般にスポーツ界と呼ばれる先進諸国を中心とした近代スポーツの世界は、長い時間をかけて組織化され標準化されてきた。このことにより、スポーツの場での国際交流が可能となり、メガスポーツイベントやプロスポーツの発展にみられるような経済的利益を生む「市場としてのスポーツ」が確立された。スポーツは、もはや余暇や健康維持、教育の場としてのみでなく、よりわかりやすく「儲けた金額」を用いて価値を説明することができる公共財として認知されている。

　このような時代にあって、開発途上国におけるスポーツが、国際標準化を目指して加速する動きを止めることはできない。各種地域大会（東南アジアのSea Gameやアフリカの All African Gameなど）やFIFAワールドカップ、オリンピック大会などの国際大会に出場したり結果を残したりすることは、しばしば国内外にその国のスポーツや選手、国そのものの存在をアピールする機会

と捉えられ、国のGDPにそぐわない額の資金が投入されている。地方の農村部で布をボール代わりにサッカーをする大勢の子どもたちを尻目に、数パーセントの一流競技者にスポーツに関わる国家予算の大半が使われる現状は、「分不相応に」スポーツに国家の威信をかける姿と捉えられることが多い。しかし、外部者の目線でこの状況を頭ごなしに批判し、過度に国際標準化への取り組みを抑制することは、スポーツがもつ他分野と異なる価値をそぎ落とすことにもなりかねない。

筆者とカンボジアで共に仕事をしているスポーツ関係の行政官は、外部者(時には当事者)が、「現在のカンボジアでは、このレベルのスポーツで十分だ」と考える向きに警鐘を鳴らし続けている。経済的な理由から、スポーツを行う際に「運動をしづらい服装でもかまわない」「フィールドの状況が悪くてもかまわない」「ルールが難しいから守らなくてもかまわない」とどこまでも譲歩し、行われるスポーツのレベルを落とし続けると、それはもはやスポーツではなく「遊び」であるという。

遊びは遊びとして必要であるが、開発途上国におけるスポーツが、いつまでも遊びの域を出ないとなると、スポーツが発展しないばかりか、スポーツを糸口として他国に追いつき追い越そうとする関係者の意欲やプライドを潰してしまうことにもなりかねない。スポーツと国や地域、社会のグローバル化の流れは表裏一体である。開発途上地域がスポーツの国際標準化を進めることを贅沢とする論調に対しては、国や地域の未来像を見据えた上で、その国ならではのスポーツの発展に関する議論が必要であることはいうまでもない。

[2] スポーツの特性の光と影

スポーツの大きな特徴の一つとして「勝敗が決まる」ことが挙げられる。スポーツの場では、勝者と敗者が決められ、強者と弱者が無情なほどに明らかになる。この特性をどの程度活かすのか、あるいは抑制するのかは、スポーツを通じた国際協力を考える上での重要なポイントとなる。

スポーツの場では、誰もが勝ちたいと思うのは当然である。「勝ち負けは関係ない」といってみても、真剣な勝負であればあるほど、負けるより勝つ方が喜びが大きいことは誰にとっても変わらない。また、勝利に向かって努力すること、闘志をむき出しにすること、時には対戦相手に敵意を示すことが称賛される場合もある。しかし、これらが競技場以外の場所でも容認され始めると話は異なってくる。過度な勝利至上主義が、暴力性の発露を容認したり、社会的

弱者への偏見や差別を生んだりすることもあり、さらにひどい場合には、意識、無意識に関わらずスポーツの場から弱者を追いやり、最終的には排除してしまう。

　激しい競争は、人々が暴力性や闘争性を表現する「社会の代替の場」として機能するかもしれないが、同時に強者の論理がスポーツの場から漏れ出て、社会生活においても周縁化を助長し、格差を固定化させる負の可能性も有しているのである。このスポーツの危うさを念頭に置き、フェアプレイやスポーツマンシップを徹底するというようなわかりやすい点のみならず、多様性を認め、他者の尊厳を重視するといった人々の人生観や価値観に触れる点にも踏み込んで考えなければならない。見方を変えれば、この特性こそが、スポーツが勝負を避けて通れない現代社会を疑似体験する場となり、社会性を獲得する練習の場として機能する可能性を示している。

　前述した国際標準化についてもスポーツならではの特徴がみられる。グローバル化している現代において、国際競技会を頂点としたいわゆる「競技スポーツ」の急速な普及や発展が、固有の文化としてのスポーツを駆逐する危険性が指摘される。近代スポーツの枠組みの外にある地域独自のスポーツは、急激なグローバル化の波の中で、いとも簡単に消滅の危機を迎える。このことは、多くのスポーツが様々な形態の民族スポーツから派生し、統合と分裂を繰り返して生まれたことを鑑みると、スポーツ界の発展の自然な流れと捉えることもできる。しかし、現代のように国境があいまいになり、文化の交流と淘汰が短期間に繰り返される社会にあっては、国や地域の固有の民族スポーツを積極的に保護することも必要であろう。

　スポーツの発展を、国際標準化を目指すか、保護主義的な鎖国化を目指すかという二者択一ではなく、発展と保護を両輪としてバランスよく考えることは、長い目で見て開発途上国の利益になると推測される。また、文化資源としてのスポーツは、多様性や固有性、自発性などの観点から、社会の開発そのものに影響を与えることがあるかもしれない。国際協力を考える際に、地域に根付いた丁寧な観察と対話、保護といった概念を重視することは、スポーツ界のみでなく、様々な開発分野においてもますます重視されるべきであろう。

（岡田千あき）

3

スポーツを通じた国際協力に携わるには

概要●スポーツを通じた国際協力に携わるにはどうしたらよいのか。そのためには、JICAボランティアなどで開発途上国に赴き、国際協力活動に直接携わるのも一つの方法である。また、国連など国際機関での業務遂行に備えて、大学などで高い専門性を養っておくことも重要である。

[1] 開発途上国での経験

　スポーツを通じた国際協力に携わるには、様々なアプローチがある。国内にいながらも例えば、スポーツを通じた国際協力を実施している団体に募金をするとか、あるいは運営スタッフにボランティアとして関わるとか、また大学などでこれらのことを学ぶことも、関わりの一つである。ただ、おそらく読者の多くは、自身が直接スポーツを通じた国際協力に携わりたいと強く思っているのではないかと思う。

　そうなると、第2章-2で述べた、JICAボランティア事業での体育・スポーツ関係の職種での派遣に参加してみるとか、第2章-3で述べられているスポーツを通じた国際協力を実施しているNGOのスタッフとして活動に参加するという方法がある。もちろん、これら以外にも様々な関わり方がある。

　筆者は、スポーツを通じた国際協力に携わりたいという方には、まずは青年海外協力隊などのJICAボランティアに挑戦してみることをお勧めしている。というのも、JICAボランティア事業はこれまでの派遣実績も多いことから、国際協力活動を実施する上でのノウハウが蓄積されており、開発途上国においては心配事の一つとなる、治安の面や健康面に対して万全ともいえるバックアップ体制があるからである。加えて、派遣前の訓練、技術や経験が十分ではないとされる者に対しては技術補完研修、現地に入ってからの語学訓練や、帰国後のサポート体制なども整備されており、これほど充実したシステムは他に

はなかなか見当たらない。2年間という期間では派遣が難しいといった場合にも、1年さらには最短で1か月といった派遣もあり、より多くの人が参加できるシステムになってきているのも魅力的である。本格的にスポーツを通じた国際協力に携わりたいと希望する方には、是非、開発途上国に赴き、現場の空気を思い切り吸ってきて欲しいと思う。国際協力活動を遂行する際に不可欠である語学力やグローバルマインドを養いながら、得られた知見・経験をその後の活動の淵源として欲しい。

[2] 専門性——学位のもつ意味

スポーツを通じた国際協力をライフワークにしたいと考えるならば、途上国での経験に加え、専門性の研鑽が必要となる。つまりは大学、大学院などでアカデミックな修行も積みつつ、スペシャリストになっておく必要がある。

開発途上国の多くは、ある意味において、日本以上の学歴社会であるとよくいわれる。日本も学歴社会であるといわれるが、その場合の学歴とは一般的にはどの大学を卒業したのかという意味においての学歴である場合が多く、大学名が社会の中で大きな意味をもつ場合が少なくない。開発途上国等においてももちろん「大学名」がもつ意味もあると思われるが、多くの国において「学歴」というのは、どのレベルの学位を有するかということである。つまり、「学士号所有：バチェラー」なのか、「修士号所有：マスター」なのか、「博士号所有：ドクター」なのか、これらの学位が高いほど、社会的に高いポジションを得られるしくみになっている国は多い。

日本では入学するのが難しい大学を卒業したことがその人の能力を示す一つの指標とみなされる場合が少なくないが、開発途上国ではこれと同じようなものさしはあまり通用しないであろう。学士（学部卒）なのか、修士（修士課程修了）なのか、あるいは博士号所有者なのか、これらが日本の社会とは比較にならない大きな意味をもつことがあり、学位のレベルが専門能力を示す指標として理解されている場合が多い。

国連などの国際機関では修士号は必須条件であるといわれる。開発途上国において国際協力に将来的に携わることを目指すなら、先述した語学力、健康、グローバルマインドはもちろん、修士号に挑戦することも視野に入れていただきたい。もちろん可能なら博士号取得も目指し、開発途上国において高度なレベルでの業務が遂行できるバックグラウンドをもっておけば、活躍の場も増えると思われる。ただし、国際協力の現場で求められるのは机上の理論を並べら

れるだけではなく、専門性をもちかつ実務的な対応能力が備わっている「プロフェッショナル」である。

[3] 専門性を身につけるには

　「スポーツを通じた国際協力」を専門的に学べる大学等は少なく、この領域に通じた研究者もわが国にはまだ少ない。本書は、その数少ない研究者により執筆されている。近年、これらを学問分野として位置付けるという動きが出始めている。例えば、国際開発学の中でも中心的な学術団体である「国際開発学会」での学会大会（第13回春季大会・2012年6月）において、企画セッションとして「開発におけるスポーツの新しい役割」が開催され、国際開発学の中でもスポーツ分野の参入がみられた。さらに体育系学会などでも「スポーツ国際開発学」領域立ち上げの動きがみられている。この書籍が世に出る頃には、新たな領域として、位置付いているかもしれない。

　とはいえ、学問分野としてはまだまだ歴史の浅い新しい分野であることには違いない。となると、当面は専門性を身につけるためにも「スポーツ学」および「国際協力学」をダブルメジャーにしておくことをお勧めしたい。つまり教育学、体育学、スポーツ学などを専門にしながら、国際協力学につなげていくというやり方、もしくは、国際協力学に軸を置きながら、体育学、スポーツ学の勉強をするなどである。スポーツ学と国際協力学は全く異なる領域であり、領域を変えたりまたがったりすることは困難を伴うであろう。しかしこの学際的な発想や挑戦こそが、「スポーツを通じた国際協力」を体系化、具現化していくことにつながる。スポーツ競技にずっと関わってきた人は、スポーツの特徴や価値をよく理解しているし、その指導法にも詳しいであろう。しかし、国際的な課題や現状、地域固有の問題や価値観などへの理解が伴わなければ、スポーツを国際協力の文脈の中で位置付けることがうまくできない可能性がある。逆に、国際協力学のみを学んできた人は国際協力の全体像には詳しい一方で、スポーツのもつ価値や可能性への理解が十分ではない場合がある。特に社会開発のツールとしてのスポーツの機能に大きく着目すればするほど、即効性のないツールだと判断してしまうかもしれない。スポーツのもつ様々な可能性やスポーツが社会に浸透していくことの意味についてぜひとも学んで欲しいと思う。

　ダブルメジャーをお勧めするのは、もう一つ理由がある。「スポーツを通じた国際協力」をライフワークにする一つの方法として、大学教員になるという選択肢もある。大学教員は、他の職業と比べると、時間を自由に裁量しやすく、

関心の深いことを研究につなげたりすることができる。国際協力活動を実践するにも時間もつくりやすいし、開発途上国の様々な問題や、スポーツを通じた国際協力について研究することもできる。さらには、「スポーツを通じた国際協力」に関心をもつ若者を育成することも可能な立場であり、ライフワークとしてスポーツと国際協力に携わりやすい職業の一つであるといえる。

　ところが、前述したように「スポーツを通じた国際協力」の研究はまだ盛んではなく、先人のいない領域であり、それを専門に教育研究できる「ポスト」そのものがほとんどないのである。こうした状況からすると、「スポーツ学」や「国際協力学」など、既存の学問体系の中で研究活動を行い、大学などでのポストを得た後、自身で学問領域を広げていかねばならないのが現実である。「スポーツを通じた国際協力」に詳しいだけでは大学での求人需要は少なく、周辺領域である「スポーツ社会学」「スポーツ教育学」などの分野でも相応の業績がなければ、それぞれの領域でのポストを得ることは大変厳しい。国際協力関係の分野においてもそれは同様である。

　いずれにしても複眼的な思考と挑戦意欲をもち、幅広い分野から様々なことを吸収し、「スポーツを通じた国際協力」に携わる仲間が増えることを切望する。

（齊藤一彦）

[編者略歴]
齊藤一彦（さいとうかずひこ）
広島大学大学院教育学研究科・准教授。1969年山口県生まれ。青年海外協力隊員（シリア）、JICA客員研究員、日本学術振興会特別研究員、徳山工業高等専門学校准教授、金沢大学学校教育系准教授を経て現職。広島大学大学院国際協力研究科博士課程単位修得退学。博士（教育学）。専門はスポーツ教育学、国際教育協力学。

岡田千あき（おかだちあき）
大阪大学大学院人間科学研究科・准教授。1973年三重県生まれ。青年海外協力隊（ジンバブエ）、大阪外国語大学外国語学部助手、講師、准教授を経て現職。神戸大学大学院人間発達環境学研究科博士課程修了。博士（学術）。専門は、国際社会開発学、スポーツ社会学。

鈴木直文（すずきなおふみ）
一橋大学大学院社会学研究科・准教授。1975年東京都生まれ。東京大学大学院工学研究科助教を経て現職。グラスゴー大学大学院社会科学研究科博士課程修了。Ph. D (Urban Studies)。専門は都市政策学、スポーツ社会学。

スポーツと国際協力——スポーツに秘められた豊かな可能性
©Kazuhiko Saito, Chiaki Okada, Naofumi Suzuki, 2015
NDC780/viii, 231p / 21cm

初版第1刷	2015年3月20日

編著者	齊藤一彦・岡田千あき・鈴木直文
発行者	鈴木一行
発行所	株式会社 大修館書店
	〒113-8541　東京都文京区湯島2-1-1
	電話 03-3868-2651（販売部）　03-3868-2299（編集部）
	振替 00190-7-40504
	［出版情報］http://www.taishukan.co.jp
装丁・本文デザイン	石山智博（TRUMPS.）
組 版	加藤 智
印刷所	横山印刷
製本所	三水舎

ISBN978-4-469-26773-0　　　　Printed in Japan

Ⓡ本書のコピー、スキャン、デジタル化等の無断複製は著作権法上での例外を除き禁じられています。本書を代行業者等の第三者に依頼してスキャンやデジタル化することは、たとえ個人や家庭内での利用であっても著作権法上認められておりません。

21世紀スポーツ大事典
Encyclopedia of Modern Sport

スポーツにかかわる
すべての人の知識の拠り所

概念、歴史、ルール、技術・戦術、オリンピックはもちろん、人種、ジェンダー、障がい者をはじめ、経済、政策、倫理など、スポーツにかかわるさまざまな分野からスポーツ事象を解説。

スポーツの"いま"を知るための決定版！

編集主幹 **中村敏雄**

髙橋健夫

寒川恒夫

友添秀則

●B5判・上製・函入
1,378頁

定価＝
本体32,000円+税

978-4-469-06235-9

スポーツの"いま"をこの一冊に網羅

＊体育・スポーツ界の泰斗19名を編集委員として、各分野の第一線の約400名が執筆。
＊グローバルなものとしてスポーツが認識された1900年以降に焦点を当てた、かつてない、最大規模のスポーツ大事典。比較的新しい分野である「女性スポーツ」や「障がい者のスポーツ」「倫理」などの事項も収録。
＊国際大会が行われる主要なスポーツ種目では、1900年以降の技術・戦術の変遷を軸に紹介。

高校生・大学生から専門家まで

＊「スポーツと○○」といった分かりやすいテーマごとに章立てし、項目を解説。
＊項目構成にすることで、知っておきたい内容を体系的に整理して収録。
＊スポーツ種目は、五輪・パラリンピックでの競技を含め、約200種目を五十音順に配列。

大修館書店 ☎03-3868-2651（販売部） http://www.taishukan.co.jp